Unstoppable

Finding Hidden Assets to
Renew the Core and Fuel Profitable Growth

コア事業進化論

成長が終わらない企業の条件

ベイン・アンド・カンパニー
クリス・ズック著　山本真司＋牧岡 宏訳

ダイヤモンド社

Unstoppable
by
Chris Zook

Original English language edition published by Harvard Business School Press
Japanese translation rights arranged with Harvard Business School Press, Boston
through Tuttle-Mori Agency, Inc., Tokyo

訳者まえがき

「アンストッパブルな成長―企業価値向上に向けた終わりなき戦いの始まり―」

近年日本を代表する複数の大企業の経営幹部の方々と懇談する機会を得た。彼らの経営上の悩みには共通点が多かった。

●国内市場の成長に期待できない
●海外、特に成長市場であるＢＲＩＣｓやＶＩＳＴＡ、アジアへの進出、あるいはＭ＆Ａを考えない限り成長を獲得できない
●しかし、社内のケイパビリティが十分とは言いがたく、また優秀な人材の採用難という問題も現実化している
●資本市場の国際化に伴い、持続的企業価値の向上というテーマを片目で十分意識した経営の舵取りが必要である。そのためには、現在の企業価値の向上だけでなく、その絶えざる成長を目指していくことが大事である

といった、共通項である。これまでのコア市場での稼ぎだけでは、やっていけない。今までに十分研鑽を積んだわけでもない海外M&Aまで戦略選択肢に入れざるを得ないが、それに応えられる人材プールが不足したままであり、かつ、株価を意識した利益成長が求められる。近年、弊社に持ち込まれるコンサルティング案件の多数が、この問題意識のどこかに、あるいは、すべてに関係したテーマとなっている。また、依頼企業の業種、企業規模にかかわらずこの傾向は観察される。明らかに潮目は変わった。ポストバブルの「コスト削減」と「選択と集中」の時代、その後のプライベート・エクイティの本格参入、M&Aの本格化の時代を経た今、すべての日本企業が、真剣に永続的株主価値向上を求められている。これは、一見、具体的な切り口や方策が見えにくく、かつ、見えたとしても実行リスクの極めて大きそうな経営課題に直面し始めている。これが一〇年以上コンサルティングの世界に身を置いている我々が見ている構図である。

企業の寿命が三〇年といわれる。一九七〇年代の後半に確立された日本企業の成功パターンが拡張され、バブル時代に踊り、その矯正措置を実行したと考えれば、ちょうど三〇年がたとうとしている。これは、ひょっとすると日本企業の寿命を左右する大きな激動が、変貌著しい国内のマクロ社会・経済環境、グローバル経済、そして、ボーダレス金融という大きなうねりの中で、牙をむき始めたのかもしれない。そんな危機感すら覚えつつある。

原著の*Unstoppable*（終わりのない成長戦略）というタイトルの示すとおり、本書には、寿命という構造的な壁が、遠方にちらちらと見えるという危機意識の中で、先手を打って本格的な企業転換を実現したいと考えている経営幹部の方々に向けたものだ。ここには、日本企業の進むべき道を考えるヒントが凝縮されていると自負している。本書は、ベイン・アンド・カンパニーの日本も含めた全世界の組織を挙げた永続的な企業価値向上戦略の研究から生まれたものである。我々ベイン・アンド・カンパニーは、長年、クライアント企業の企業価値向上という財務的な「結果」を追求することを目的とし、かつそれを差別化の源泉として、コンサルティング活動に従事してきた。言い換えれば、我々は継続的な企業成長の成功確率を高めることに心血を注いできたつもりである。実際にアメリカでは、我が社のクライアントの株価は、S&P五〇〇の株価指数の五倍以上のパフォーマンスを上げている。また、コンサルティング活動以外にも、実証的データを通じた企業価値向上戦略の研究も継続的に行っている。このような実績の裏づけとして本書は書かれたものである。原著は、昨年後半に欧米で出版されたものだが、本書を一日でも早く我が国で紹介したいという東京事務所のパートナーグループの強い思いから、アメリカの出版に前後して翻訳、日本語版執筆のプロジェクトチームを組成し完成に至った。

事業転換で結果を出すための「実証済みの成功法則」

本書が強調したいメッセージとして、以下の二点を挙げたい。

一点は、本書が「企業価値向上への成果」を徹底的に追求していることである。おそらく多くの読者の方にとって、事業変革の必要性はすでにお気づきのことであろうし、日々の活動の中で変革に向けた意識を高め、さまざまな議論を進めていることであろう。しかし今求められているのは変革の意識や理論ではなく、実際に変革を遂げ、その結果として企業価値が向上したという「具体的な成果」である。したがって本書では、企業が直面する問題をどう克服し、どうやったら成果を上げられるかに関する

「具体的な処方箋」の提供を目指している。かつ、本書は成果をより具体的に追求する観点から、事業転換の成功確率を高めるための「実証済みの成功法則」を提供しようと試みている。なぜなら、机上の理論ではなく具体的な実証データに基づき、示す必要があると考えたからである。本書では、日本企業も含めたグローバル企業データベースの実証データによる分析・検証を通じ、成功企業に共通する「実証済みの成功法則」を導出した。なお事例研究においては、後追いの成功談ではなく、どのようにして変革の必要性に直面し、それに気づき、具体的にどのように変革していったかのプロセスを詳述するよう心がけた。なぜなら、このプロセスを追体験することそのものに、「学び」の大きな源泉があると、我々は考えるからである。

また、本書は「単なる翻訳書」にとどまらない。世界の事例を紹介するだけでなく、原著者の許可を得て、一章分（第7章）を書き下ろし、日本企業二社の事例とともに、このコンセプトが日本においても成功法則足り得ることを示した。また、変革へのDNAと「結果（リザルト）」への強い意志が重要であることを示している。

本書の執筆に際し、まずは事例研究の取材にご協力いただいた三井不動産株式会社、スルガ銀行株式会社の皆様に深謝申し上げたい。高いビジョンと変革への強い意志を掲げ、永続的な成長企業として繁栄を続けられている両社の多大なるご協力なしには、本書が真の意味で日本企業への応援歌たる洞察を含む一冊にはならなかったであろう。取材協力を賜ったスルガ銀行の岡野喜之助副社長、弓削哲哉営業企画部長、小林修シニア マネジメント アドバイザー、三井不動産の多田宏行上席主幹、神谷正樹広報部統括には、重ねて御礼を申し上げたい。

本書では、ベイン・アンド・カンパニー東京事務所の戦略プラクティスリーダーである山本真司と、組織プラクティスグループのリーダーである牧岡宏が原書版の監訳を行うとともに、日本語版向けに新たに第7章を書き下ろした。具体的な翻訳作業と事例取材は、同東京事務所の「アンストッパブル・チーム」が担当した。当チームのリーダーであるマネージャーの橘高友也、コンサルタントの五十嵐みゆきの両名が、本書の出版に向けまさに「アンストッパブル」な活躍を示してくれたことに深く感謝している。翻訳を手伝っていただいた翻訳家の伊能早苗氏、平石美幸、山口剛史を中心とする弊社東京事務所の多数のコンサルタント、本書出版に向けたさまざまなサポートを提供した弊社マーケティング部門の金城朋乃に感謝の意を表したい。最後に、ダイヤモンド社の岩佐文夫氏に、心からお礼を申し上げたい。

ただ、本書において、問題があれば、それは翻訳および共同執筆者である我々の責任であることは言うまでもない。

本書を、今後の企業経営の刺激剤、指針としてご活用いただければ、執筆者として望外の喜びである。

二〇〇八年三月

ベイン・アンド・カンパニー・ジャパン　パートナー　山本真司

パートナー　牧岡　宏

コア事業進化論──〔目次〕

序文

ビジネスの世界は、何かが根本的に変わってしまった。この変化を自ら体感している経営者はまだ少ないようだ。しかし、その結末は衝撃的であり、かつ重大なインパクトをもたらすおそれがある。

一〇年後には、三社に一社の企業が倒産や買収によって独立した地位を失っているかもしれない。また三社に一社は、コア（中核）事業が完全に変わってしまっているだろう。違うコア事業を持っていることすらあり得る。現在とあまり変わらない姿で存在している企業は、残る三社に一社にすぎない。

こうした変化が起こるのはどうしてだろうか。今日の大多数の企業にとって、コア事業が根本的な脅威にさらされる事態は、まれに起きる出来事ではなく、日常茶飯事となってしまったというのが最大の要因だ。しかし大半の企業が、この事態がもたらす多大な影響への準備が十分ではないことが問題を大きくしている。それはまるで多くの業界で事業の気象パターンが変わってしまったかのようである。つまり、普段は適度な気候で、時々定期的に嵐が吹いていた状態から、恒常的に嵐が吹き荒れ、時々周期的なモンスーンに襲われるのが普通という状態になってしまったかのように……。この状況は永久に続くかどうかは分からない。確かなことは、今後一〇年間は続くはずだということだ。

筆者の前の二冊の著書では、利益を拡大させる持続可能な成長の追求をテーマにしていた。これらの書籍では、五年に及ぶ分析作業を通じて、企業が陥りがちな成長の罠について明らかにした。その罠とは、自社コア事業のフルポテンシャル（最大限の利益獲得余地）を十分に自己認識することができないことから、急成長市場や一見魅力的なアイデアを追いかけてしまい失敗を犯すという罠である。コア事業を過小評価したり早まって捨ててしまったりしても、その間違いに気づかず結局手遅れになるという失敗が数多く観察される。そこで先の二冊では、自社のコア事業を見つめなおし、そのフルポテンシャルを適切に評価し、いかにも人間的で、かつ陥りがちな成長の罠に陥らないための体系的な方法を説明したつもりである（注：*Profit from the Core*（邦訳『本業再強化の戦略』日経BP社、二〇〇二年）と *Beyond the Core*（二〇〇四年、未訳））。

今まで筆者は、コア事業再評価の重要性を主張してきた。しかし、そのコア事業自体が深刻な脅威にさらされた時はどうしたらよいのだろうか。どうしたら、手遅れになる前にその脅威を認識できるのか。事業基盤をどのように変革することが賢明なのか。行き詰まりに陥ったり、事態を悪化させるリスクを冒さずに、新しい成長の波を起こすための変革とはどのようなものか。成長法則が、予想より早く限界に到達し始めたように見える時はどうすればよいのか。

本書では、コア事業を継続しながら、同時にコア事業モデルを根本的に変更するにはどうすればよいのか、というテーマを主眼としている。また、どのような経過をたどり、あらゆるコア事業が最終的に成長法則の限界に到達し、戦略や、コア事業そのものを変更することを迫られることになるのか、という課題を取り扱っている。では、なぜ本書のタイトルを*Unstoppable*（終わりのない成長戦略）にしたのか。終わりがないのではなくて終わりはあるものではないだろうか。その理由は、本書で詳細な調査を行い、成功事例として紹介している企業群が、一見勝ち目の少ない賭けに打ち勝ち、持続的な成長を達成し続けている企業であるという事実に所以する。我々は失敗のパターンを分析し、あらゆる状況におけるさまざまな事業転換策について成功確率を推定した。こうした研究成果の多くは本書を通じて紹介されている。他方、実証データに加え、実際の企業事例の研究と、成功企業の経営陣の方々とのディスカッションにも重点を置いている。何年間にもわたってコア事業に対する深刻な脅威と戦い、利益を拡大させ、持続可能な成長の道筋を一新する方法論を発見した経営陣の方々の話は、実際示唆に富むものであった。

本当に未来永劫成長を続ける企業は存在するのだろうか。我々のデータ分析結果によると、世界の動きが加速するに伴い、自社のコアとなる戦略が根本的な脅威にさらされる企業の割合が、ますます高まるものと予想されている。戦略が時代遅れとなるスピードは、今まで以上に加速しているように思われる。しかしここで取り上げる企業は、一見勝ち目の低く見える賭けをものにし、持続不可能な状態からかなりの期間にわたって企業成長し続ける方法を発見している。

本書の執筆を通して筆者は、成長法則を事実に基づき発見した。調査したすべてのコア事業転換の成功事例において、「隠れた資産（Hidden Asset）」の再発見と活用が事業転換の成功のカギとなっていたという事実である。成功企業にあった「隠れた資産」とは、以前は過小評価されていたか、十分に認識されていなかったか、あるいは十分に活用されていなかった資産である。これらは、過去の戦略にとってはそれほど重要ではなかったものの、未来の成功へのカギとなったのであった。長い歴史を誇り、複雑性の高い伝統企業ほど、有望な「隠れた資産」を見つけ出せる可能性が高いという発見もあった。だからといって、社外から新たに持ち込まれた新しいケイパビリティ（組織能力）、アイデアや技術が重要ではないといっているわけではない。しかし強調しておきたいのは、多くの企業が勝つために必要な大半の重要なカードをすでに手中にしており、かつ、そのことを企業が明確に実感していない、ということである。

我々の研究・調査によると、自社のコア事業を徹底的に深く検討したり自社の戦略を再定義したりせずに成長法則から外れた形での事業転換を行った場合、失敗のリスクははるかに高くなる。具体的には、自らのコア事業の深掘りというステップを踏むことなく、①次世代の急成長市場の激戦に参入する、②運を頼りに大化けしそうな技術を買う、③大規模な事業転換を目的とした大型買収の入札に参加する、④会社が偶然に任せて奇跡的にイノベーティブになることに望みを託したり、立ち向かうべき脅威が消え去ることを期待して無策のままでいたりする、といった対応策を企業が選択した場合、成功の可能性がまったくないとはいわないものの、その確率は低く、組織が抱えるリスクは大きい。こうした高リスク施策の誘惑の罠に陥ってはならないのである。

筆者の所属するベイン・アンド・カンパニーのある年のグローバル・パートナー・ミーティングにおいて、本書を世に問おうという私の決心は固いものとなった。このミーティングでは各業界を担当するパートナーグループが、担当業界の構造変化とさまざまな企業が採用している戦略に対する見解を討議し、共有することが主要課題の一つである。筆者は、その過程で次第に何かが見え始めてきた。それは、当社のクライアントとその競合企業のほとんどすべてが、コア事業に対する根本的な脅威に、より頻繁に直面するようになっており、将来の戦略に対して以前よりもずっと幅広い観点からの思考が求められている、ということであった。これは、格安航空会社の登場によってついに大手が抜本的な変革を始めた航空業界や、映画業界から新聞まで、過去数十年間の成長法則が壁にぶつかって株価が急落しているメディア業界、また、放送と通信の融合とインターネットの登場が地殻変動的な変化を引き起こし、かつては難攻不落の砦だったＡＴ＆Ｔのような企業が陥落して買収されても、いまだに新しい砦の基盤はまだ不安定、というテレコミュニケーション業界に当てはまる。コア事業への脅威は、事業環境の激変に直面している多くの基幹産業にも当てはまったが、とりわけ、この脅威は中国企業の出現と、それに伴う世界中のサプライチェーンやコスト構造の革命が波及効果を及ぼしたものであった。

ある時、上海近傍にある蘇州工業団地にバスで向かっていた途中、筆者はコア事業への脅威、事業環境の激変についての強い懸念を感じた。突然窓の外に、多数のビルの周りを幾重にも取り巻いている長くて黒っぽい帯が見えた。バスがさらに近づくと、その黒っぽい帯は何千人もの人々の列であり、二列になって、大きな窓に向かって静かに進んでいた。工業団地の大規模な就職説明会だったのである。一見無限に続く人の列は工業団地に労働力を提供していたのだが、この工業団地は毎年各四方に七マイル（一一・三キロメートル）ずつ拡大し、四日ごとに新たな工場が増えていた。わずか一〇年ほど前まで、蘇州工業団地は巨大な水田だったのに、今や五〇万人以上の人口を抱える「中国版ゴールドラッシュタウン」になっているのだ。

アメリカの産業革命は一〇〇年を要し、戦後の日本経済の発展は三〇年かかったが、中国で同じ水準の変化に必要なのは一五年程度といわれている。中国は、自国のコアを最も高いレベルで変容させる究極の「隠れた資産」が、束縛を解かれた国民にあることを悟ったようだ。こうした変化のスピードを考えると、世界経済の原動力になっている企業の戦略サイクルが短期化しているのも、決して不思議なことではない。

多くの企業において、従来のコア事業が持続可能な成長を支えるには、もはや十分ではなく、根本的な戦略の転換が避けられない段階となりつつある。このような変化は、何万人もの社員と何百もの製品を抱え、世界中で何百万人もの顧客を相手にしている企業にとって、極めて恐ろしい脅威ではなかろうか。

筆者は、まずこの研究・調査を企業の経営陣との一連のディスカッションからスタートさせた。IT、グローバル・ロジスティクス、小売、新聞と、業種は違えど対話では同じテーマが何度も繰り返された。ある企業経営者とのディスカッションの中で、筆者はある質問を投げかけられた。しかし、その場では、明確な答えを口にすることができなかった。その質問の主は、サプライチェーン・マネジメントにおいて世界に名高いリー&フォン（利豊）のＣＥＯ（最高経営責任者）で、同グループ会長であるビクター・フォン博士であった。リー&フォンは現代の中国繁栄のシンボルであり、コア事業を転換するために「隠れた資産」を成功裏に活用した企業の一つである。私は、果てしない貨物船の列を見下ろす香港の同社オフィスでフォン博士と話していた。根本的な変化という困難な課題について話し合っていた時、フォン氏の口をついて出た質問は次のようなものだった。「中国には『時として、新しく生まれるためには、まず死ななければならない』という古い諺があります。ますます事業変化のスピードを加速させている世界において、企業が危機に陥らずに変革を成し遂げるには、どうすればよいのでしょうか」

筆者はその時、質問に答えられなかった。コア事業の再定義への本当のカギ——隠れた資産——という答えを見つけることができたのは、本書執筆のための研究においてデータ分析を終えた後のことだ。

本書は、事業の戦略方針を大幅かつ根本的に変更する時の成功パターンとリスクに関する研究・調査に基づいている（それは私が知る限り最も大規模な調査であると考えられる）。主な情報源は以下のとおりである。

- G7諸国の八四〇〇社の業績を一五年間追跡調査したデータベース
- アメリカの公開企業五〇〇社の一九九五年から二〇〇四年までの調査。この調査では、財務実績とコア事業に対して行われた変革の双方に焦点を当てている
- 過去一〇年間に大企業が発表し行った「ビッグバン型」変革戦略のうち最も大規模な一五件の分析と、現在までの結果評価
- エコノミスト・インテリジェンス・ユニットと共同で行った企業経営陣に対する二件のグローバル調査。二〇〇四年一〇月に行った「成長戦略調査」では、二五九人の経営陣に対し、コア事業の成長における課題と障害について質問した。二〇〇五年一一月に行った「ケイパビリティ調査」では、二四〇人の経営陣に対し、競争戦略の一環として必要としている新しいケイパビリティについて質

問した

●コア事業の再定義という課題にうまく立ち向かった企業として、世界中から慎重に抽出された二五社の詳細な事例研究。この調査には、ＣＥＯや他の経営陣の方々に対して直接行った多岐にわたるインタビューが含まれる

巻末付録で前記の調査方法を詳細に説明している。

本書では、「集中（フォーカス）―拡張―再定義」という企業の成長のサイクルにおける最後のパートに関し考察している。これらの調査はベイン・アンド・カンパニーが実施したものだが、成長のサイクルがどれほど加速しているかが、初期の段階では理解できていなかった。この加速の結果として、今後より多くの経営陣が、コア事業の核心を見直すべきかという根本的な問題に立ち向かうために、ずっと多くの時間を費やすことになるものと想定されている。

本書では、企業がどのようにして事業モデルの再定義の必要性を理解する能力を高めるかを考察し、「コア事業の再定義」という、リスクを伴うが不可欠なミッションの成功確率を高めるための実証済みの方法を説明している。

本書は、三種類の先行する研究との共通点を持つ。一つ目は事業の再生に関する著作で、その代表的な例がジェームズ・Ｃ・コリンズの *Good to Great*（邦訳『ビジョナリー・カンパニー2　飛躍の法則』山

岡洋一訳、日経BP社、二〇〇一年）である。この本は、経営、リーダーシップおよび組織の側面に焦点を当てている。一方、本書は主として業績回復の戦略的な側面を中心に検討している。

本書の基盤になっている二つ目の研究分野は、厳しくかつ低成長の市場における成長機会の探求である。エイドリアン・J・スライウォツキーとリチャード・ワイズによる*How to Grow When Market Don't*（邦訳『伸びない市場で稼ぐ！』中川治子訳、佐藤徳之監訳、日本経済新聞社、二〇〇四年）がこの分野で重要な貢献をしている。本書がこの本と違う点は、低成長市場のみならず、戦略が限界に達して、事業基盤に疑問符がつき、次に何をすべきかが問題になった時の状況を幅広く調査している点にある。

本書が扱っている三つ目の分野は、戦略のイノベーションであるが、これには二つの潮流がある。一つは、競合企業に先駆け、未来に対する（戦略的な変革につながる）新たな視点を持つとともに、新たなコア・ケイパビリティに適切に投資することの決定的な重要性に焦点を当てている。ゲイリー・ハメルとC・K・プラハラードが一九九四年に出版した*Competing for the Future*（邦訳『コア・コンピタンス経営』一條和生訳、日経ビジネス文庫、二〇〇一年）がこの問題を検討している経営書の古典である。二つめは、未開拓の市場――一部の著者は「ホワイトスペース」とか「ブルー・オーシャン」と呼んでいる――を発見するために、コアの事業モデルの範囲内で企業がイノベーションを起こす方法を探究するものである。W・チャン・キムとレネ・モボルニュによる『ブルー・オーシャン戦略』（有賀裕子訳、ランダムハウス講談社、二〇〇五年）が最近出版されて好評を博しているが、同書はこうした未開拓市場の空白地帯を見つける方法を提案しているものだ。一方本書が『ブルー・オーシャン戦略』と異なるのは、さまざまな事業転換の方策ごとにそれぞれの成功確率に関する実証データを提供している点と、とりわけ、成功の確率を高め革新的な戦略オプション（選択肢）を生み出すための「隠れた資産」の重要性を強調している点である。本書では、これまでの戦略が限界に突き当たり始めた時に何をすべきか、という困難な問いに取り組むための方法論も述べている。

この調査結果における重要な新しい発見の一つは、「既存の事業からかけ離れた新しい急成長市場にとびつくことや、先駆的な新技術の最初のユーザーとなること、またはビッグバン型の大規模な事業転換を伴う大型買収が必要となることは、めったにない」ということである。むしろ、コア戦略の転換に最も成功している企業は、これらの策を避け、すでに手元に持っているか、または簡単に手に入れられる資産を活用し成功しているのである。コア事業を再定義する要となる資産は、多くの場合企業内に埋没している。この「隠れた資産」を活用することによって、企業は持続不可能な状態から、（しばしの間ではあるが）永続的企業成長の状態に移行することができるのである。

本書では、「隠れた資産」をどのように事業転換のカギとするかについて、分かりやすいフレームワークを提供し、自社の事業の中で「隠れた資産」を発見し利用するための最良の手法を明らかにしていきたい。

第1章　企業永続の条件

「神々の涙」と呼ばれるダイヤモンドは、人類が知る限り最も富を凝縮したものである。これほど多くの想像と感情を呼び起こす物質は少ない。アフリカの貧しい村に住む鉱夫とインドの活気に満ちたダイヤモンドセンターにいる研磨職人が、世界中のエリートが身につける宝石を作っている。しばしば荒涼とした貧しい地域と結びつけられるダイヤモンドは、永遠に続く愛のシンボルとなっている。

宝石や宝石製品がもたらすさまざまな感情にもかかわらず、ダイヤモンドビジネスの世界は、何十年にもわたり、非常に安定した事業であった。探検家兼冒険家のセシル・ローズが一八八〇年に創設した「デビア・マイニング・カンパニー」の子孫にあたる会社となる「デビアス・コンソリデーテッド・マインズ」社が、世界中のダイヤモンドの供給を支配し、価格を維持して利益を守れるような方法でディーラーたちに宝石を分配していた。二〇世紀に採掘・販売された全ダイヤモンドのうち、おそらく四分の三を支配していた「デビアス」の会長であるアーネスト・オッペンハイマー卿（一八八〇〜一九五七）が、その戦略を明確に述べている。

「市場に出す量を需要に従って制限し、単一のチャネルで販売することで、ダイヤモンド取引の安定性が維持できるのです」[1]

しかし、よいことは長く続かない。デビアスの成功は一九九九年までに終焉を迎えたようだ。新会長のニッキー・オッペンハイマーと、やはり新任のグループ・マネージングディレクターのゲイリー・ラルフは、当時のデビアスが、時価総額が大幅に減少し、市場成長率がマイナスに転じて、利益率はゼロ近辺をさまよい、世界生産に占めるシェアが四〇％程度に下落していたのを目の当たりにした。二人は、株主や他の取締役、外部のアナリストや経営陣と現在置かれている状況を打開するために議論した。しかし、この状況に対して、さまざまな意見が出されたが、確固たる対応策は決められなかった。

市場は将来好転すると見る者がいた。「コストを削減し、デビアスの規模を生かすことがカギだ。もうしばらく現在の方針を続ければ、一世紀の間続けてきた供給管理の成長法則を生き返らせることができるはずだ」というのだ。ただし、新たな参入企業による市場の変化は、一時的というよりむしろ恒常的なもののように思われた。一方で、競合企業の買収や新しい鉱山への投資によって、市場シェアを回復することこそが解決策だと考える者もいた。もちろん、デビアスはすでに新しい鉱山に投資していた。問題は、人工ダイヤモンドの開発が増加している新たな競争環境において、追加投資がどれだけの業績回復をもたらすのかわからないことにあった。果たして、供給の管理者というデビアスの強み（これまでの差別化の主要な源泉）は、ついに限界に達したのであろうか。

デビアスにとって、最も価値ある独自資産の一つは、五〇億ドル分のダイヤモンド原石の在庫であった。同社はこれを市場価格安定のために使うことができた。しかし、この膨大な資産ですらもはや業績回復の効果的なツールではなく、莫大な機会費用を考えると、在庫の維持を続けるのは困難になりつつあった。また一部の者は、デビアスは新しい領域へ多角化を始めるべだと提案した。ダイヤモンド市場はもはや昔の市場のままではない。このことを認めるべきだというのだ。しかし、それこそ最もリスクの高い戦略ではないだろうか。

さらなる市場からの圧力に鑑み、結局、経営陣はこれまでと似たような戦略に従っていても、デビアスが直面している状況を変えることはできない、との結論に達した。そして彼らは、十分には活用されていない多大な顧客資産の中に、答えを見つけられるかもしれないと考えた。その顧客資産とは、消費者が抱く「ダイヤモンドの管理人」としての独自のイメージや、強力なデビアス・ブランド、さらにバリューチェーンのあらゆる段階の顧客に対して同社のみが持つアクセスと顧客からの評判、そして世界で最も価値ある宝石を供給し続けてきた実績、などである。同社は後にこれらを「ダイヤモンドドリーム」と呼ぶようになる。デビアスは、供給主導という従来の差別化要因を源泉に戦うことから、これらの「隠れた資産」に基づく新しい戦略に転換する方法論を、見出すことができたのである。

実際、デビアスの戦略は成功した。同社は戦略の焦点を、鉱山と莫大なダイヤモンド原石の在庫という「目に見える資産」から、同社のみが持つ消費者および顧客との関係と、デビアスのブランド力（事実上、最高品質のダイヤモンドと同義語になっている）という「隠れた資産」へと競争優位の源泉を転換したのだった。それまで、これらの「隠れた資産」は組織内に埋没していた。なぜなら、供給主導型の戦略の成功によって、長い間供給側の「目に見える資産」にばかり集中していたからだ。供給面へのフォーカスは、デビアスと顧客との間の、形式的で、ほとんど秘密主義に近いような関係構築を通じて強化されてきた。顧客は基本的に、事前に商品を検査することができないまま、原石を決められた値段で購入するか、もしくは購入をやめるかしかなかった。だが、戦略を転換しようという考えがひとたび頭に浮かぶと、まるで何年も閉じ込められていたかのように、アイデアが次から次へと猛烈にわき出してきた。ブランディング、個人への販売チャネル、宝石のデザイン、顧客セグメンテーション、そして古今を通じてダイヤモンドドリームの世界的な管理人であるデビアス、といった包括的なマーケティング・コンセプトである。

続く数カ月の間に、デビアスはこの戦略の概要を決め実行に移し始めたが、それは既存の利益獲得モデルとは根本的に異なるものだった。同社はダイヤモンドの在庫のうち八〇％を現金化して需要を生み出し、各顧客セグメントに一層近づくための新たな方法に投資した。ブランド構築にも投資した。また流通業者と宝石商のために、新製品のアイデアと、アイデアを売り込むための新しい消費者向けの広告キャンペーンを開発した。スリーストーンリング（二人の関係の過去・現在・未来、または子供の誕生を祝うために）や、男性用のダイヤの指輪、女性用の右手指にはめる指輪（独立の象徴として、女性が自分で購入するダイヤの指輪）の開発がその例である。

さらに一〇〇年の歴史で初めて、何階層にもなる顧客基盤と、中核的な顧客基盤であるサイトホルダーとの間における、独特で厳格な契約の再構築にまで踏み切った。サイトホルダーとはダイヤモンドのディーラー、カッターおよび研磨業者で、原石を買って宝石に加工し、売却する人たちのことである。

ある評論家はデビアスの歴史と新しい経営方針を見比べ、同社の変革の過程で次のような疑問を呈した。「つい最近まで自社のことをシンジケートと呼ぶのを誇りにしていたデビアスのような、市場操作に熱心な企業が、このような一八〇度の転向を宣言しても、本当にまじめに受け取られるのでしょうか。なにしろ最初の二つの変革（ブランド構築とサイトホルダーとの契約の再構築）だけでも、怪しげな慣行に光を当て宝石取引に革命を引き起こすには十分なのですから。新しいルールは、宝石の取引関係を劇的に変えてしまうものですから」[2]

しかし、デビアスは成功を遂げたのである。

現在のグループ・マネージングディレクターのガレス・ペニーが次のように説明する。

一九九九年に経営陣が集まった時、大規模な変革を行わなければならないのは明らかでした。我々のＤＮＡは何で、本当に得意なことは何なのかという、重要な問題から検討を始めました。私は、ほとんどの人は自社のコアを理解するのがあまり得意ではないと思っています。当社のコアが何で、それがどのように変化してしまったのか、一九九九年に我々がそのことを理解していたかについては自信がありません。

我々は予想以上の成功を収めました。需要を喚起することで、世界の宝石用ダイヤモンドの需要はマイナス成長から年率三％の成長に、さらに最近では五％を超える成長に転じています。全世界の売上高が六〇〇億ドルに上る業界にとって、これは偉業と称してもよい出来事です。二〇〇一年に我々は当社のダイヤモンド関連事業の価値を九三億ドルと評価しましたが、これは二年前にわずか一〇億ドルであった推定価値と比べると劇的な変化です（デビアスはダイヤモンド以外の事業にも携わっており、多角的な鉱業コングロマリットのアングロ・アメリカンの株式の三五％を保有している）[3]。

他の企業でまったく同じ状況が起こることはないであろう。デビアスは明らかに独特の事業を行っており、他の企業とはまったく異なる歴史を持っている。しかし、同社の経営陣が直面した困難な問題は、決してデビアスにしか起こらない珍しいものではない。市場で起きている変化は一時的なものなのか、永続するものなのか。徐々に発生して時間の猶予を得られる性格の変化なのか、それとも今は危機へとひた走る転換点にいると考えるべきなのか。解決策はどこで見つければよいのか。業務の抜本的見直しが必要なのか、組織変更か、抜本的な戦略方針の転換なのか、あるいは、この三つすべての何らかの組み合わせを通しての抜本転換か。戦略転換が必要だとするなら、正しい進路は何なのか。些細な戦術の修正ですむのか、もっと重大なものか。今、何をなすべきなのか。事業を中断することなく継続しながら、同時にその事業の根本的な変革を進めるためにはどうしたらよいのか。

本書では、自社の成功の方程式が限界に近づいていること（またはその方向に急速に進んでいること）、もしくは、かつての勢いが失速してきていることを懸念している企業経営者は何をすべきか、という課題を取扱っている。本書のもとになっている研究・調査は、抜本的な戦略の転換を行い、事業復活を試みた世界中の企業の成功と失敗から教訓を引き出すことに焦点を当てている。我々が理解しようとしたのは、持続不可能な流れに乗っている、もしくはより大きくなりつつある課題に直面している企業が、どのように戦略を再構築し、業績を回復しながら事業を継続できたのか、という課題への答えである。

事業転換の成功企業の経営陣は、どうやって新しい道筋を発見したのか。それを見つけ出すのに、どの方法が最も役に立ったのか。他の事業にも適用できるような反復可能な成功要因は何か。ある道筋から別の道筋へ、企業はどのように移行したのか。

本書の趣旨は、戦略的な変革が、常に正しい答えであることを示すものでは決してないし、むしろ、そうでないことのほうが多い。悩ましい問題に対する魔法の解決策を発見することが目的でもない。むしろ我々が目標にしているのは、過去のコア戦略と競争優位がもはや未来には通用しないと分かった時に、経営者の方々が使える各種の視点（レンズ）と最善事例（ベンチマーク）、ツールを提供することにある。

1　「長期性」の終わりが到来している

世界の環境変化が加速し続け、事業環境の激変が当たり前のこととなるにつれ、より多くの企業が戦略を転換する必要性に直面している。我々ベイン・アンド・カンパニーが行った調査によると、成長法則の大幅な変化と競合企業間のポジショニングの急速な変化を「事業環境の激変」と定義した場合、一九七〇年代に事業環境が激変したと定義される業界は、わずか一五〜二〇％しかなかった。ところが現在では、約半数に及ぶ業界がこの定義に基づく事業環境の激変の渦中にある。そしてこの状況が近いうちに終わる兆候は、ほとんどないように見受けられる。

経営陣が事業の大規模な戦略方針の転換を余儀なくされる可能性は、近年より高まっている。たとえば二〇〇四年に世界各国の経営者二一五九人に対し我々が行った「成長調査」では、六〇％の経営者が

「コア事業における主要な競争優位の源泉が急速に弱まっている」と回答し、六五％が「コア顧客に対する事業モデルを根本的に再構築する必要がある」と回答している。そして七二％が「五年後の最大の競合企業は、現在の最大の競合企業とは異なるだろう」と回答している。競争の圧力がこれほど高いと認識されたことは、かつてなかったことである。

ベインの研究・調査チームは、フォーチュン五〇〇社の過去二〇年間の動向について大規模な分析を行った。これらの企業がどの程度の変化を実際に試み、達成したかを調べたのだ。ここでは重大な変化として、①コア事業に目に見える大きな変化があった場合、②事業ポートフォリオが再構築された場合、③買収された場合、④破綻した場合、の四つを定義した。一九八五年から一九九四年までの一〇年間では、この種の変化を経験した企業はおよそ四九％だったが、一九九五年から二〇〇四年ではこの比率は五七％となった。次の一〇年間には、この比率が七二％に上昇すると我々は予想している（**図表1－1**参照）。

驚くべきことに、一九九四年における大企業上位五〇〇社のうち一五三社は、次の一〇年間に従来と同じ形態で生き残ることすらできていなかった。たとえばワールドコムとポラロイドのように破綻したか、または買収され規模の大きな企業に統合されていたのだ。我々の調査では、生き残って独立を保った三四七社のうち、一三〇社はコア事業の戦略とその重要な構成要素が根本的な変化していたことが示された。つまり、一〇社のうち六社近くが生存か独立に対する脅威に直面したものの、戦略の転換によって成功裏に脅威に立ち向かうことができたのは、およそ半分しかなかった、と考えられる。

失敗した企業を単なる落伍者と決めつけるわけにはいかない。実際のところ、それらの中には、一〇

図表1-1　フォーチュン500社の変容

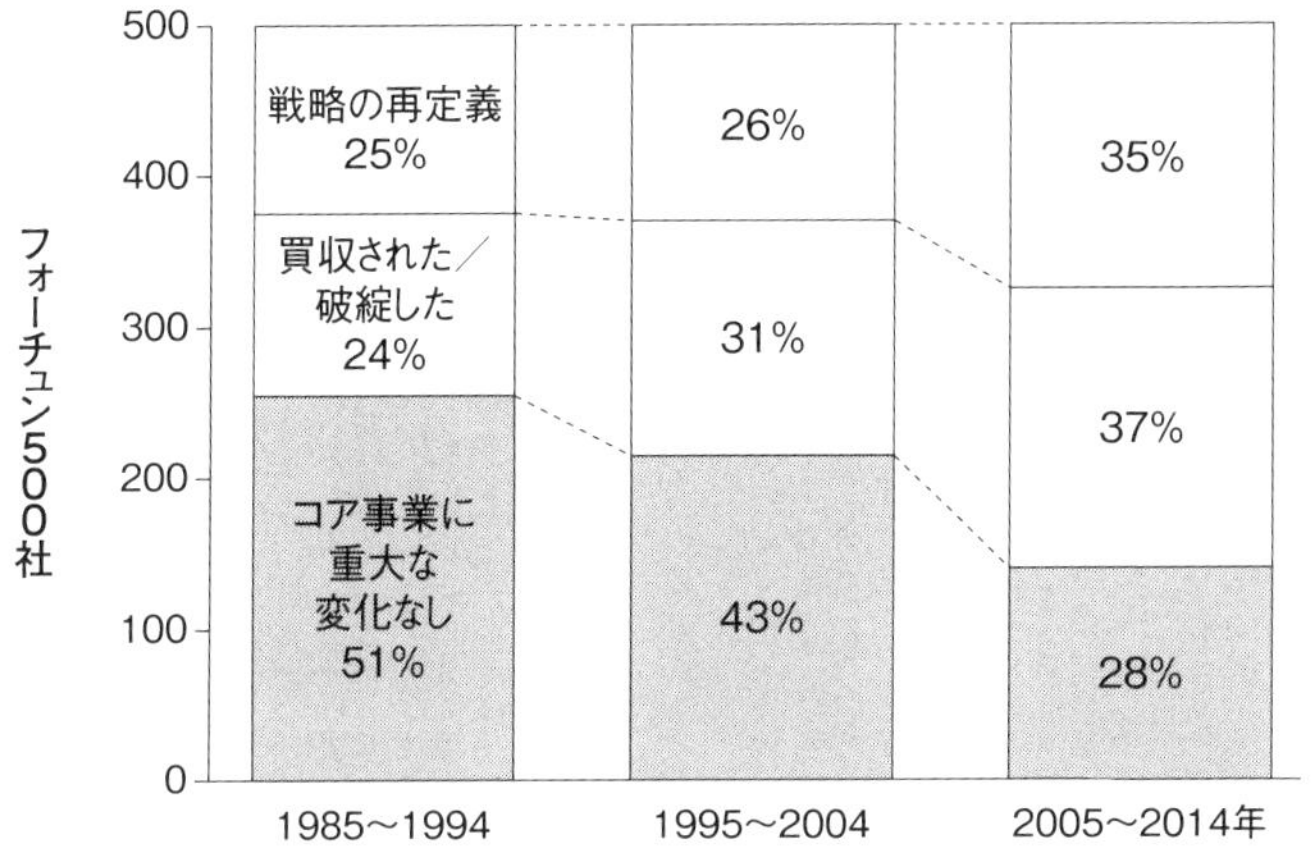

年前には株主資本利益率（ＲＯＥ）で全米トップ二五位以内にランクされていた企業も存在する。このグループには、一〇年にわたる戦略失敗の後、二〇〇六年にアディダスに買収されたリーボックや、ＳＢＣに買収されたが名前は残ったＡＴ＆Ｔが含まれる。ＣＢＳの場合は激変の経緯をたどっていたウェスティングハウスと合併した直後に、ＣＮＮにマスコミ業界のリーダーの地位を奪われた。その後バイアコムと統合されたが、最近、バイアコムの他の放送部門とともに、独立のメディア企業としてスピンオフされた。モトローラは、衛星電話サービスに進出して失敗し、携帯電話機市場でもノキアに（一時的にはサムスンにも）リーダーの地位を奪われた後、現在は回復過程にある。

　何が環境変化のペースを加速させているのか。本書の主題はこの変化の原因ではなく、むしろ、その変化に対し何をすべきかに焦点を当てている。しかしここで、我々のチームが事例研究を通じ突き止めた「事業環境の激変の根本要因となる七つのトレンド」を紹介しよう。

- 競争環境の変化からプライシング、顧客による入札、ノウハウまで、あらゆる事柄に関する情報の流通量とスピードが加速している
- 巨額の資本が流動化し、その移動スピードが加速している
- 経営者の移動が急増し、それに伴い競争の障壁が低下している
- 中国とインドでの低コストの（かつ、時には新たな）競合企業の出現により、多くの産業において波及効果が発生している
- ソフトウエアやバイオテクノロジーのような最も収益性の高い新しい産業において、資本集約度が低下してきている。それに伴い、これらの産業の迅速な変化と統合が可能となっている
- プライベート・エクイティの出現により、業界全体の再編能力が高まっている
- 技術革新が継続的に加速しており、製品のサイクルタイムが短縮化している

これらのトレンドを裏づける驚くべき統計だけで、何冊も本が書けるかもしれない。

ここで、今後特に重要になるものと思われる事実だけを二、三挙げておきたい。たとえば全世界で行われた買収のうち、プライベート・エクイティによるものの割合は、過去五年間に三％から二〇〇五年の資金調達ブーム直後には一六％に上昇した。二〇〇五年にはプライベート・エクイティはアメリカだけで一七〇〇億ドル以上を調達したが、この額はその前の四年間の合計額よりも多く、この業界ができて以来、調達された総額とほぼ同じであった。これらプロの買い手は、近年、業界再編・統合の加速が

可能な業界や、株式市場から短期的な利益を追求されにくいところでリーディングカンパニーの事業転換が可能な業界を、熱心に探し求めている。

株式市場の性急さと資本移動のスピードは、株式の平均保有期間の短縮から見てとれる。一九六〇年代の八年間から、一九八〇年代には三年間になり、現在では一年を切っている。成長が鈍化した、または利益機会が芽生えた、といったかすかな兆候ですら、次の急成長分野に向けた資本の移動を促している。これは、経営者が生き抜いていくには非常に困難な状況ではないだろうか。

企業の平均寿命が短くなっているのも決して不思議なことではない。ここ一〇年で、およそ一四年から一〇～一二年へと短縮しており、ＣＥＯの在職期間の短縮（一〇年前の約八年から、現在の五年未満へ）と重なっている。我々の「成長調査」においても、世界各国の経営層二五九人のうち八〇％以上が、戦略のサイクルタイムが短期化していると答えている。事業の持続は、そのままではますます困難になり、永続的企業成長の難しさと価値を倍増させている。

2　永続的企業成長の条件

戦略の大幅な刷新は、一般的に派手に報道されることが多い。長年の競合企業であるコンパックとヒューレット・パッカードは、デルと対抗するために合併し総資産六〇〇億ドルの新会社を作った。ノキアはゴム長靴で最も名の知れたコングロマリットから、グローバル・テレコミュニケーション企業へと変貌を遂げた。サムスンはコングロマリットを再編して何十もの子会社を売却し、従業員数を三分の一も減らして、商品が多い低品質の多角化企業から、家電製品に重点を置く高品質企業へと変貌した。これによって、破綻に向かっていた同社の時価総額は、一九九六年の二〇億ドルから二〇〇五年の七八〇億ドルに増加し、業界で最も恐れられる企業の一つに成長した。

しかしこの種の事例は、うまくいく時は売上高や利益、時価総額などを一気に押し上げるが、たまにしか起きないので普遍性のある教訓を探すには、必ずしも最適とはいえない。極端な事例は興味深いし、数学や物理では数多くの偉大な洞察の出発点になってきた。しかしビジネスで戦略を策定する上では、必ずしも最初に参考とすべきものではないのかもしれない。

我々の研究・調査を通じて、持続不可能性に直面した企業が成功裏に再生を遂げ、比較的長期にわたり成長を持続させている成功事例のほとんどが、企業自らのコア事業の中かその周辺にある既存の資産を源泉として戦略転換が行われていたことを発見した。この既存の資産とは、将来性を正当に評価されず過小評価され続けてきた資産のことである。この「隠れた資産」は、戦略の転換に成功した二五件の事例研究のうち二一件において新しい戦略の要だったことが判明した。

3　「隠れた資産」：永続的企業成長のカギ

本書で言及する「隠れた資産」とは、すでに自社が所有しているが、その価値や性質、可能性が、十分に評価・理解されていない資産のことを指す。企業が複雑で大きく洗練されていればいるほど、事業の金鉱脈となり得る隠れた資産を数多く所有している可能性が高いように見受けられる。

なぜそのような価値ある宝が埋没したままなのか。数多くの理由が考えられる。市場環境の変化により、その資産の価値が知らず知らずのうちに増したのかもしれない。あるいは他の資源の制約により、戦略上その資産を十分活用できる段階にその企業がなかったのかもしれない。または、新しいケイパビリティを獲得した結果、自社にとってその資産の価値が上がったのかもしれない。それとも、新しい観点からその資産の価値を捉えることに成功したのかもしれない。これらすべての状況に該当する事例が、本書では紹介されている。

本書で紹介する事例の多くにおいて、隠れた資産は、組織に埋没し、普通に見ればあまりはっきりとしない特徴を持っているものであった。次世代戦略の策定に向けた意識的かつ徹底的な検討の過程や、その土台となる差別化の源泉の探索の過程でのみ、捉えられ明確な姿を現してくる。最近の事業転換の事例で最も広く取り上げられているのは、アップルコンピュータ（二〇〇七年一月にアップルに社名変更）

であろう。同社はコンピュータ事業に内在していたデザインとソフトウエアにおける専門性を活用し、それに音楽配信ソフトウエアとレコード会社とのデジタル著作権管理という新しいケイパビリティを加えることによって、事業の重心を音楽事業に移動させた。

複雑な構造を持つ大企業は、長年の間にこれらの「隠れた資産」を自然に蓄積してきた。しかし多くの理由から、たいていはそれらの資産を将来ではなく過去の視点からしか評価していないようである。そのため、こうした資産は、定期的に棚卸ししたり、評価したり、記録したりされることはない。財務諸表や勘定科目表には表れないからだ。このことは、そのサービス自体が事業になる可能性を有するような社内の支援サービスの価値や、コア以外の事業のフルポテンシャルの価値にも当てはまるように思われる。また、顧客情報や、独占的な知識、さらには研究開発、サプライチェーン、継続的な支援サービスのようなケイパビリティには、特に当てはまるのではないだろうか。

記録・測定されていない資産が、たいていは過小評価され認識すらされていないことが多いのも問題だが、確かにそうした資産を一つでも見つけ出すのは、押入れでほこりをかぶっている巨匠の絵画を見つけるようなものだろう。次の事例では、文字どおり目の前にある資産が、重要な価値を持ちながら認識されずに居続けることが、なぜあり得るのかを説明している。

◉――マーベル・エンターテインメント――スーパーヒーローが持つ隠れたパワー

スパイダーマンは普段は野暮ったい高校生だが、突然、壁をよじのぼったり、非常に強力なクモの糸を出してぶら下がったり、危険を鋭敏に察知したりできるようになる。放射能を浴びたクモにかまれた時に、これらの非凡な技を受け継いだのだ。冒険に次ぐ冒険の中、スパイダーマンは、実験で作った薬で超人的な能力を手に入れた悪徳ビジネスマンのグリーンゴブリンのような、人間ではとても太刀打ちできない極悪人と戦う。

マーベル社が生み出したヒーローは、ほとんどすべてがこの定石に従っている。どういうわけか外部の力によって変身した人間が、新たな驚くべき力を手に入れるのだ。現実が作品を模倣したかのように、この一群のスーパーヒーローを創り出し管理している同社も、再生を経験し、スパイダーマンとほとんど同じくらいの驚くべき変身を行った。

一九九六年には、マーベル社は破綻状態にあり、漫画（コミック）の登場人物の膨大なコレクションも、債権者から逃れるのに十分な価値を持ってはいなかった。しかしその時、同社は新しい経営者を得た。取締役のアイザック・パールムッター（その後二〇〇五年にCEOに就任）と、チーフ・クリエイティブ・オフィサーのアビ・アラドだ。就任後しばらくたって、二人には同社の戦略を劇的に変える方法が見えてきた。事業を再建する可能性を最も秘めている資産は漫画の販売権ではなく、すばらしいキャラクターたちだということが分かったのだ。これらのキャラクター数は五〇〇〇以上に上り、漫画のかつての読者は強いノスタルジーを抱いている。二人は、映画会社と協力してマーベルの人気キャラクターを映画スターに変えることに決めた。そして成功した。スパイダーマンが先導し、ウルヴァリン（Xメンに出てくる超能力者）や超人ハルクのような仲間が、すぐ後に続いた。二〇〇五年には、キャラクターの映画と商品販売のライセンス料が、マーベルの売上高三億九〇〇〇万ドルの半分以上と、一億三〇〇万ドルの利益の大半を占めるに至った。

マーベル・エンターテインメントの事例は、変化の大きさという点で注目に値するものである。しかし特に注目すべきなのは、同社がどのようにして新しい戦略を隠れた資産（キャラクターとストーリーのコレクション）の上に構築したのか、というポイントだ。スパイダーマンやウルヴァリンやハルクのように個性的な正義の味方たちに頼れる企業はそうないとしても、コア事業が成長の限界に近づきつつあるという、マーベルが直面していた難局の本質は珍しいものではないだろう。

4 コア事業を再定義する道筋

デビアスとマーベル・エンターテインメントの再生には共通の要素がある。両社とも、何十年もうまく機能していた戦略に終止符が打たれるような、根本的な業界構造の変化に直面していた。そして、経営状態は急速に悪化していた。競合企業との合併、現状維持、急成長市場にとびつくための経営資源の投入など、選択肢はいろいろあったものの、両社とも十分に活用されていない隠れた資産と（非連続的な飛躍に対置する概念としての）自力成長をもとにした戦略に解決策を見出した。

両社とも、一時は成長を停止し、持続不可能な状態に陥ったかに見えたが、少なくとも当時の状況下においては、その状態から永続的企業成長へと転じることに成功したのである。

本書は、成功裏にコア事業を再定義するための、現実的な成長法則の発掘に焦点を当てている。しかし利益拡大に向けた圧力が高まっている中で、解決策の糸口が明らかでない場合には、他の方策が魅力的に見えることが実は多いのではなかろうか。業界が極めて激しい変化に見舞われている時においてすら、企業が現状を維持することは可能であり、まだ残っている資源を集めまくり、考え得る限りで一番の急成長市場にその資源を注ぎ込むこともできるからだ。大掛かりな事業転換を目的としたいわゆる「ビッグバン型」の大型買収や、一連の大掛かりな事業転換策を試みることも可能だからでもある。

●現状死守戦略が成功する可能性はあるか

競争環境が変化している時にとる方策の一つは、現状を死守することである。自分の会社は競争にさらされないニッチなポジションに守られているとか、または他社の戦略が間違っているといった希望的観測の下、現状を死守する論理を掲げるケースが多い。確かに変化の大きさを過大評価している可能性もある。インターネット・バブルの時代に、我々はこの種の過大評価を経験している。たとえば当時、インターネット業界が小売業のような従来型の業界をいかに急速に時代遅れにするかという発言が、随所で聞かれた。しかし現実が、多くの評論家の予想にはるかに及ばなかったことは明白であろう。当時のインターネット関連ベンチャー企業の九九％以上がバブル崩壊から三年以内に廃業しており、インターネット技術を素早くつかんで自社に役立てたのは、実際にはオールドエコノミーの企業が多かったのだ。

しかし、既存の産業の技術基盤全体が変化する時（たとえばアナログからデジタルへ）や、競争のルールが抜本的に変化する時（たとえば小売業における大変化）には、変化に対応できない企業は、急速かつ大幅に後れを取ることになりかねない。我々は、急速かつ根本的な変化という条件を満たした一六の産業を特定し、主な企業の趨勢を追跡調査した。結果は、そうした激変の状況下で現状を維持しようとした企業の利益水準は、そうでない企業よりも平均ではるかに低かった。旧来のモデルの擁護者が、慎重な判断の末、現状維持を選択したような場合もある（書店経営のボーダーズの選択はおそらくこの例であろう）。過去を死守しようとする企業が実際に行動できなかったような場合もある（写真業界におけるポラロイドの例）。一方、変化が想定以上に急速に進展した可能性もある。たとえばわずか五年前、サン・マイクロシステムズの株価が株式分割調整後六〇ドル以上に跳ね上がった時、あるアナリストは同社のことを「明らかにインターネット・インフラのリーダーである」と宣言した。しかし五年後、同社の株式は四ドル未満で取引されている。ピーク時の直後に、株価は八〇％も下落したのだ。

◉——ビッグバン型の大規模事業転換策による失敗

二〇〇〇年一月、インターネットのポータルサイトを提供しているアメリカオンライン（AOL）が、メディアの巨大企業タイムワーナーを一五〇〇億ドルで買収すると鳴り物入りで発表された。まさにインターネット・バブルが崩壊しようとしている時だった。アナリストやジャーナリストも、事業転換をもたらす可能性のあるこの買収劇に感銘を受けたようだった。めったなことでは驚かないことで知られるある雑誌は、この買収をカバーストーリーで取り上げ、その記事の最初のパラグラフで「今後同じようなことは二度と起こらないほど、競争環境を根本的に変えてしまう可能性を持つ出来事である」[4]と述べた。しかし現在両社は再び分割に向かって動いており、両者の組み合わせは個々の合計を上回るどころか、下回ったことが判明している。

戦略の転換が、ＡＯＬとタイムワーナーの合併のような、いわばビッグバンともいえる事業転換策によって生み出されることはめったにない。もし成功することがあるとしても、その成功確率は低いのではないか。同様の例として、米医薬品卸大手マッケソンがＨＢＯの買収によって医薬品の流通から医療情報技術への進出を図った例や、ラグジュアリーブランド品で有名なモエ　ヘネシー・ルイ　ヴィトンが、免税店を展開しているＤＦＳグループを買収して小売業に進出しようとした例、およびＡＴ＆Ｔがケーブルテレビ会社と携帯電話会社のマッコー・セルラーを買収した例などが挙げられる。

我々は、過去一〇年間に高らかに報道された一五件のビッグバン型の事業転換企業を選び出し、その戦略を体系的に研究した。大規模な事業転換のニュースをスクリーニングにかけ、単なる業界再編事例であり、かつ事業範囲や事業モデルに根本的な変化がなかった事例を除外することによって、この一五社を選び出した。これらのビッグバンの大半は、社内のリストラや内部成長をもとにした施策に加え、一つか複数の大規模な買収を含んでいることが多かった。

これらの戦略の帰結の分析は、落胆に値する結果に終わった。この期間中、株式市場平均以上に時価総額を増やした企業は一五社のうち一社もなかったのだ。実際、一五社中一一社は時価総額を減らしており、そのうち七社は時価総額を五〇％以上減らしていた。比較のために、Ｇ７諸国の売上高五億ドル以上の二〇〇〇社の一九九〇年から二〇〇二年までを調査対象とすると、公開企業（現在も存在している企業のみ）で時価総額を五〇％以上減らしたのは、三〇％しかなかった。これもまた驚くほど大きな数字だが、一方でビッグバン型の戦略をとった企業では、半分近くの企業が時価総額を五〇％以上も減らしていたのである。同じ業界内の他の企業と比較したものとも比べてみたが、結果は本質的には同じだった。同業者で時価総額を五〇％以上減らしたのは、わずか三〇％程度だった。

この違いの原因は何だろうか。個々の状況ごとに異なる理由と要因が含まれているのは事実であろう。実際いくつかの事例では、たとえ時価総額に反映されていないとしても、大規模な手を打たなければ状況はもっと悪くなっていたと主張することもできる。しかしアナリストと業界の評論家が特定した理由を一件ごとに調べていくと、これらの企業が共通の課題に直面していたことが明らかになった。コア事業における大規模で複雑な問題が、たった一つの大胆な行動で解決できることはほとんどなかったのである。企業の大胆な行動は、問題を先延ばししすぎた結果、突然打って出ざるを得なくなった結果であることが多い、ということだ。さらに大胆な行動は、隠れた資産を使って段階的に事業転換を進める手法（手遅れになる前にそのような選択肢を見つけられれば、ではあるが）よりも、実行がずっと難しくて複雑なものではなかろうか。

●急成長《ホットな》市場の、「冷たい現実」

別の大規模な事業転換策の一つが、企業の重心を新しい急成長《ホットな》市場に移し、現在のコア事業から多角化するという選択である。この戦略は、低成長の業界で動きがとれない企業や、現在の地位を維持できないと思われる企業、あるいは単に現在のコア事業に飽きた企業にとって、非常に魅力的に見える。しかしながら、大規模な多角化戦略が売上高と株価上昇を伴い、かつ利益を拡大させる持続可能な成長をもたらす確率は、実際には一〇％を大きく下回っている。一方、強力なコア事業からわずか一段階だけ離れ（たとえば新しい顧客セグメント、流通チャネルへの拡大や、現在の事業に隣接した一段階のバリューチェーンの拡張を含む）、既存の知識と資産をもとに新しい成長基盤を作り上げ、周辺事業領域に移行する場合の成功確率はずっと高い。このような手段が成功する確率は少なくとも三〇％から四〇％である。

　コア事業から四歩も五歩も跳び移るのは、実際には成長戦略という名の宝クジを引くようなものである[5]。リスクが高いにもかかわらず、何年にもわたってこのような事例を五万と見てきた。ビベンディは水道事業からエンターテインメントに、モトローラは機器製造から無線サービスに、コーニングは台所用品から光ファイバーに転換した。事例はそれだけにとどまらない。

　たとえばプルサル・グループというメキシコのコングロマリットは、一九九〇年代初頭には非常に成功しており、五年連続で二六％の成長を達成し、保険事業とタバコ事業の所有によって利益率を八倍に増やしていた。さらに成長スピードの速い産業に多角化したいと思った同社は、遺伝子組み換え種子市場に参入して同市場を統合するという戦略を策定し、矢継ぎ早に実行に移した。しかし結果は悲惨だった。株価は二〇〇〇年初めの四・五ドルから同年末にはほとんどゼロ付近まで急降下した。銀行融資の契約要件を守れない事態が次から次へと続き、コントロールを失って暴走したからであった。残った資産は最終的にモンサントに買収された。かつて成長して利益を出していた事業は、知らぬ間に大惨事への招待券と交換されてしまっていたのである。

このことは、一方で独自の事業機会や新事業への洞察が生まれ出た際に、上手にチャンスを捉えた小さなギャンブルを行うことを否定しているわけではない。実際、未来のために種を蒔き、事業機会について習得することは非常に重要である。また、コア事業をある市場から別の市場に移すことを否定しているわけでもない。本書で取り上げているいくつかの重要な事例においても、パーキンエルマーの事業転換のように、この種の事業転換を含んでいる。しかし急成長市場の検討だけをもとに社運を賭けた計画を作るのは、「負けの見えているゲーム」である。こうしたやり方が負けパターンになることは、すでに実証されている成長の方向性に沿って事業の重心を移行させ、コア事業を徐々に再定義していく方法がある場合と比較すると、明らかであろう。ここでいう段階的な事業の重心移動は、すでに所有し、よく理解しているが十分探求されていなかった資産を使うか、十分に絞り込んだ新たなケイパビリティを取得し事業のやり方そのものを変えることで達成できる可能性が高いからだ。

5 戦略転換の成功確率

本書では、我々が行った調査と広範な文献調査に基づいて、さまざまな戦略転換手法の成功確率について詳しく説明している。この確率は、企業を取り巻く状況や計測の定義により大きく異なっている。具体的には、当該事業の強み、業界構造の変化といった状況や、成功をどのように測るかといった尺度の差が挙げられる。しかし、極端な戦略をとった場合の成功確率は、状況や評価尺度の手法の違いによらず、一貫して極めて低い。極端な戦略とは、具体的には大規模な事業転換策、大幅な多角化、さらには業界の競争ルールの変化にもかかわらず現状を死守するといった戦略を採用することである。それでも、それぞれの選択肢に特有の魅力があると映るのは事実であろう。それは、ゴルフのボールが林に入り込んでしまった時に、遠くに見えるグリーンの前に立ちはだかる木々の間の狭いすき間のようなものといえるかもしれない。安全なルートを選択することをやめ、こちらのルートを選ぶように手招きしているのだ。急成長市場は、成長の見込みと勝者になれる可能性で誘惑する。大規模な事業転換は、大胆な行動という分かりやすさ、インパクトが魅力である。現状死守は、嵐からの一時的な避難場所という偽りの安全を提供する。しかし嵐が永久に終わらないとしたらどうするのだろうか。

成功の確率が最も低いのは（一〇％未満）、市場が構造的に変化しており、競合企業や顧客の動向により競争の基本的なルールが変化しているにもかかわらず、かたくなに現状を死守しようとする場合である。最後の一人になるまで頑張り続けることも、しばらくの間は防御可能なニッチ市場に退却することとも可能だ。しかし業界全体が変化している中で、自社のみがコア事業の再定義を避けられることはめったにない。手元にあるデータに、主として事業環境が激変している一六の業種でさまざまな戦略を採用した企業の行く末を分析したものがある。ＡＯＬによるタイムワーナーの買収のような大規模な事業転換の手法の成功確率は極めて低く、せいぜい五％から一〇％である。ビベンディが試みたような新しい急成長市場にとびつく場合の成功確率もたいして変わらず、一〇％から一五％程度である。

全力で新しい急成長市場にとび込み、事業転換を図る方策の勝ち目が薄いという事実だけで、リスクの高い手段をそのまま否定することにはつながらない。むしろ、すべての選択肢とその成功確率を把握し、その選択肢の中から最善の一つを選び出す不断の努力が重要なのだ。実際には、隠れた資産の活用によるリスクの低い道筋が最善のルートであることが多いが、事業環境が激変している状況では、そうしたリスクの少ない手法を選択することが難しいことが多い。悲惨なのは、目につきやすいというだけの理由から、実はそれほど魅力的でない戦略を選択することなのではなかろうか。

6 隠れた資産によって成功確率を上げる

アカデミー賞を受賞した『アポロ13』では、大気圏外を飛行中に宇宙船の酸素供給に問題があることに気づいた乗組員が、地上管制センターに後世に残る控え目な表現で呼びかける。「ヒューストン、問題が発生した」と。地上では部屋いっぱいの科学者が対応策の検討を始める。すぐに彼らは、下着やチューインガムからダクトテープまで、宇宙船にあるあらゆる物の完璧な一覧表を求める。これらの一見取るに足らないものから答えが現れ、解決策が策定されて、乗組員は安全に地球への帰還を果たす。この映画がアメリカ人宇宙飛行士の実際の体験に基づいているという事実は、この話を特に説得力のあるものにしている。

本書で検討している事例は、問題に直面している企業が「取るに足らない資産」を、おそらく違った

図表1-2　コア事業の再定義における隠れた資産

事業基盤	顧客インサイト	ケイパビリティ
●ノンコア事業と孤立した製品	●十分に活用されていない顧客データや顧客情報	●本社における隠れたケイパビリティ
●未開拓の周辺領域	●特別なアクセスルートまたは信頼	●各事業に存在するノンコア・ケイパビリティ
●コア事業を支援するサポート機能	●隠れた顧客セグメント	●各事業において十分に活用されていないコア・ケイパビリティ

観点から、あるいは少なくとも異なる切迫感の下で活用することにより、企業を安全な形で成長に導くための最善の方策を取り上げている。この解決策の適用が可能な場合には、成功確率は先に述べた他の三つの方策に比べ、四倍から六倍は高い。

本書の事例研究から、特に三つのタイプの隠れた資産が戦略を刷新する際のカギとして浮かび上がってきた（**図表1－2**）。第3章、第4章、第5章で、これらを順に検討する。

- 過小評価されている事業基盤
- 未活用の顧客インサイト
- 埋もれたケイパビリティ

過小評価されている事業基盤

過小評価されている事業基盤とは、自社の事業の一部のうち、かつては副次的な重要性しか持っていなかったが、現在では新たなコア事業の基盤になる可能性を持つものをいう。通常このタイプの隠れた資産は、主に次の三種類のうちどれかに該当する。

一つ目は孤立した事業である。十分な経営資源が与えられたことがない周辺事業や、戦略的投資が行われたことのない孤立した製品群のことを指している。

二つ目は成長に伴い付随的に拡大した周辺領域（たとえば新しい地域、新しい顧客セグメント、バリューチェーンにおける隣の機能、新しい流通チャネルへの進出など）のうち、現在ではそれ自身が一定の量、パワーと独自性を持つようになった事業領域のことを指す。

三つ目は、コア事業を支える社内のサポート機能のうち、現在では世界レベルの品質となり活動範囲を拡大できる可能性のある機能のことである。ＩＢＭの過去一〇年間の驚くべき復活は、常にハードウエア事業の陰にいた小規模なサービス事業が基盤となっていた。また、第3章で詳しく説明するパーキンエルマーの事業転換は、さまざまな科学機器事業のあちこちに散らばっていたライフサイエンスの製品ラインを中心に設計されたものである。

●未活用の顧客インサイト

未活用の顧客インサイトは、主に三つの形をとっている。

一つ目は、顧客対応の一環として収集された知識が時間とともに蓄積され、それ自体がより大きな価値を持つようになったものである。アメリカン・エキスプレスの再生は、独自の資産――決済ネットワークの顧客・加盟店のニーズや、ニーズへの対応方法に関する知見を提供する力――に焦点を当てた結果、現実のものとなった。

二つ目は、顧客からの信頼や、顧客との取引関係といった企業独自のポジションに由来するものだ。この資産は一般に認識されているよりずっと強力な顧客へのアクセスと影響力を提供してくれる。デビアスは、同社の未活用のブランド力と顧客からの評判に基づき、成功裏に事業転換を行った例である。

三つ目は、企業が新たな手法を活用して顧客基盤を細分化する時に明らかになる、隠れた顧客セグメントのことである。新たな顧客セグメントのニーズは、新しく、かつフォーカスをより絞り込んだ事業モデルで対応するのが最も望ましい。まだ結果は出ていないが、特定の細分化されたセグメント向けシューズを低コストで製造するナイキがその好例である。同社は都市に住むトレンドセッター（流行を作り出すセグメント）向けに、著名なタトゥー・アーティストのミスター・カートゥーンとコラボレートしたタトゥー入りレザーコルテッツ・シューズを販売している。さらに、もしナイキのケイパビリティ（サプライチェーンとデザインショップ）によって細分化されたセグメントをターゲットとすることが収支上可能であれば、同社の顧客に対する理解と新しい顧客セグメントに対応するケイパビリティの組み合わせは、シューズ市場の競争を一変するほどの、競争優位をナイキに与えることになるだろう。

埋もれたケイパビリティ

埋もれたケイパビリティは、おそらく隠れた資産の中で認識するのが最も難しいと考えられる。ただし、その威力では他に劣らないだろう。市場のリーダー企業が競合企業に攻撃されてその地位を失うのはほとんどの場合、コスト、スピード、ロジスティクス、デザイン、あるいは顧客にミスなく商品・サービスを提供する能力のどれかにおいて、ケイパビリティの差が拡大したことが原因である。このような競争力の逆転の根本をたどると、大きなケイパビリティのギャップが原因となっており、往々にしてそのギャップは気づかれていないか、忘れられているか、もしくは無視されていることが多い。

同様に、我々の事例研究の中には、再定義された戦略に基づき競合企業に逆転勝ちした企業事例があった。これらの企業は、以前から持ってはいたが、活用していなかった、あるいは、過去に完全な形で開発することに失敗したケイパビリティに基づき戦略を策定していたのだ。たとえばコンピュータ支援設計（CAD）ソフトウエア大手のオートデスクのめざましい復活は、次世代モデリングや三次元グラフィックスに関する同社のケイパビリティの優位性が、市場セグメントを垂直方向に深く開拓していく際に競合企業を出し抜く形で役立ったことが、成功の一因となっているのである。

●事業転換の手法の差による成功確率の違い

我々の分析、および事業転換に関する他の研究に基づく成功確率を、**図表1－3**に示した。際立っているのは、（該当する手段が見つかる場合の）隠れた資産を使った内部成長に基づくアプローチと、事業環境が変化しているのに現状を死守したり、新たな急成長市場に急激に多角化するとか、大規模な事業転換を試みるといった、他の事業転換アプローチとの間の大きなギャップである。隠れた資産を使う手

図表1-3　コア事業の競争ルールが変化した際の、各戦略の成功確率

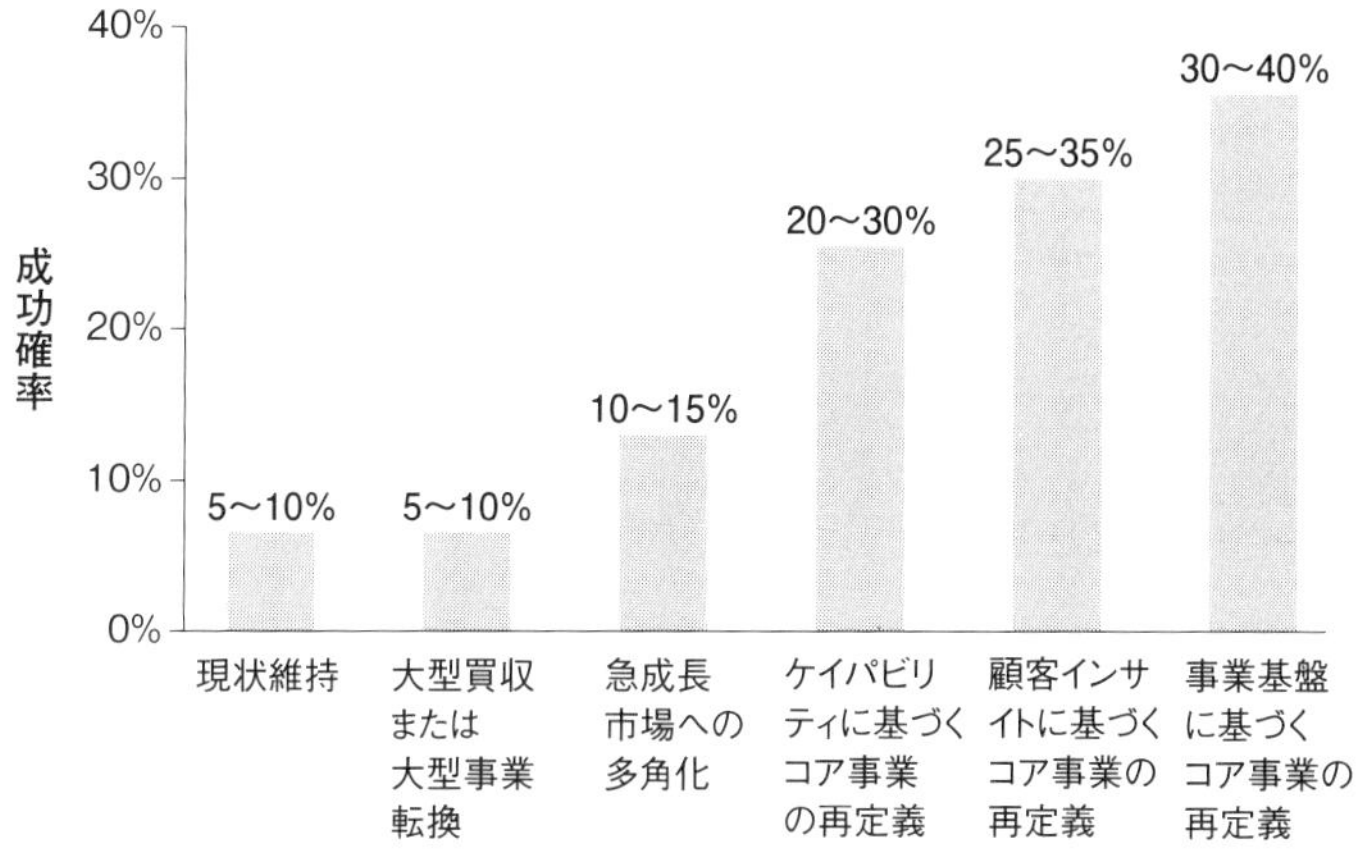

法は、収益性を改善し新たな成長をもたらすことに、ほぼ三回に一回の割合で成功している。一方、他の手法の成功確率は、一〇回に一回程度の水準にとどまっている。

こうした事例のすべてにおいて、隠れた資産に対する知見は、運（資産がそこにあった）、ビジョン（企業が将来何をしたいか分かっていた）、ロジック（事業とその潜在的な経済性について系統的に考えるフレームワーク）、および直観や水平思考（枠を外して自由にさまざまな角度から考えて新しい発想を得る思考法）の組み合わせを通じて生まれている。本書では、隠れた資産の価値を認識する確率を高めるための手法を強調している。

もちろん、それが不可能な場合もある。事業モデルがあまりに時代遅れなために、抜本的改革（ブレークスルー）と再生のいずれもが不可能な場合のことだ。その場合の解決策は、他の企業との合併や、持続可能な小規模事業への縮小かもしれないし、撤

退すらあり得る。こうした手段がどんなに困難でも、勝利の要因を手にしていながら負けを認めてしまうことのほうが、もっと悲劇的といえるだろう。

7 コア事業再生への道のりとは

コア事業を再定義すべき時かどうかを判断し、いつ、どうやって実行するかを決めるためには、一定の手順を踏む必要がある。この手順は同時並行的に行うことも可能だが、一方で自然な順序というものもあるだろう（**コラム**「コア事業を再定義する七つのステップ」参照）。経営難に陥ったり、突然大規模な事業転換に走る企業は、理論的な手順に従っていなかったことや、事実と合意に基づき戦略を組み立てなかったことに、手遅れになってから気づくことが多いようだ。

Column ◆ コア事業を再定義する七つのステップ

コア事業の再定義において有効だと考えられるステップは、以下のとおりである。このステップはまた、本書の基本的な構造にもなっている。

1. 自社が属する業界で今にも起こりそうな事業環境の激変やその変化のスピードに対する視点を育成する（第2章参照）。ここで重要な指標は、現在および将来予想される収益性の分布である。この分布は当該業界の市場、事業モデル、代替品、およびバリューチェーンの各段階のすべてにわたるものである。事業環境の激変を考える際の統一的なフレームワークは、事業のフォーカス―拡張―再定義サイクル（FERサイクル）と、第2章で定義し考察する業界のプロフィット・プール（収益性の分布）の変化の二つである。
2. 自社の「コア事業の現状」を評価する。右の1で明らかになった業界のトレンドに照らしてみた場合、コア顧客に対する自社の差別化の源泉がどのような影響を受けるか（診断手法については第2章参照）に特に焦点を当てる。
3. 右で明らかにした自社の現状の姿に照らし、目標とすべき姿に至るための最初の一連の選択肢を明らかにする。通常、事業環境の激変期の戦略においては、同じものを徐々に変化させていくのではなく、不連続でまったく異なる選択肢を持つ事業モデルを提唱することが多い。
4. 新しい選択肢を生み出したり、現在ある選択肢を修正したり、あるいはそれらの選択肢に基づく実行能力を改善できる可能性のある隠れた資産を探すために、組織の内部を（レントゲン写真を撮るように）精査する。これらの隠れた資産に関する詳細な解説が、第3章から第5章までのテーマである。
5. 隠れた資産について把握したことに基づいて選択肢を改良し、コア戦略の再定義に関連する戦略の選択肢をすべて洗い出し、理解したと判断できるようになるまで、3、4、5のステップを繰り返す。

6. 明確かつ合意済みの基準に従って選択肢を評価する。選択肢の評価において最も重要なのは、コア顧客に対して真の意味で差別化を図れる能力、競合企業と対比して差別化されたポジションを守れる能力、再定義された戦略に必要な新たなケイパビリティを加える能力、および組織の実行力、である。我々の調査によると、新しい戦略に着手する企業は、組織を筋肉質にし、変化のスピードと必要な資源に対応し組織を「戦闘準備完了」状態にするために、一定期間、業務の抜本的見直しを行う必要があることが多いものと考えられる。

7. 総動員して組織を動かす段階に入る。本書はチェンジ・マネジメントを解説する本ではないが、戦略の実行に関して重要な要素のいくつかについては第6章で考察する。特に注目すべき三つの領域は以下のとおりである。①現場の第一線に至るまで熱意をもって高水準の明確なコミュニケーションを維持し合意を形成する、②状況を把握し軌道修正するために、リアルタイムで進捗状況を測定する仕組みを確立する、③進捗状況の監視、支援および問題解決のために、本部にプログラム事務局を設置する。

第2章　コア事業を再定義するタイミング

ＣＥＯが直面する最も難しい意思決定の一つに、いつコア事業を再定義すべきかが挙げられる。伝統的なコア事業のフルポテンシャルを引き出すことに固執するのか、それとも新規事業、または新規事業を見つけるための新しい方法そのものの探索を始めるべきか、といった問いに対する意思決定である。第1章で説明したとおり、事業環境の激変、変化のスピードの加速や、戦略の有効期間の短縮、といった環境変化はますます進展しそうである。こうした環境変化を背景に、ＣＥＯはより頻繁に難しい意思決定を迫られることが宿命づけられる。

一方、決定した戦略を実行に移すのがより難しくなっている。事業の選択肢がより広範かつ複雑になる一方、ＣＥＯの在任期間は短くなり、新規計画を策定しそれを実行するために与えられる猶予期間は短い。ＣＥＯという役職がより不安定になり、投資家はますますせっかちで短期指向になってきているのだ。しかも戦略が間違っていた時に払わなければいけない代償は、ますます大きくなっている。

今日、さまざまな業界における超巨大企業も、こうしたコア事業の危機に直面し、呻吟《しんぎん》している。テレコミュニケーション、メディア、航空、自動車、半導体、コンピュータ、ソフトウエア、およびエネルギーといった業界に属する大企業のことである。最近、全米第五位の規模を誇る大企業、フォードのCEOが、全社員に次のような注目すべきメモを送った。「何十年間も当社を支えてきたビジネスモデルは、収益性を確保するのにもはや十分ではない」[1]。こういった超巨大企業が危機に直面する一方で、それ以外の他の多くの企業も同様に難しい意思決定に直面している。たった一つの強力なコアとなるアイデアから誕生して成長を遂げた企業の多くは、その成長の勢いを何とか維持する方法を見つけ出そうとしている。たとえば、検索エンジンのグーグルや、書籍販売のアマゾン・ドット・コムを挙げることができる。

それでは、いつ、リスクを冒し、必要コストを支払い、注意をコア事業からそらしてまでもあえて事業モデルをつくり変えるか、または捨てる準備をするべきか。逆に、どんな時にはコア事業に集中すべきなのだろうか。判断を誤った時の代償が極めて大きいことを考えると、コア事業の危機をどうやって知ることができるかは重要な課題である。これらの論点に答えていくことが本章の主要テーマである。

1 自社は、持続可能な成長サイクルのどの段階にいるか

人間と自然にかかわる現象の多くは、一定の循環サイクルに従っている。季節、景気循環、月の満ち

欠け、輪廻、時代、人間のバイオリズムなどのサイクルは、図に描き、理解し、さらには予想することも可能である。古代から現代まで、人類は人生の多くの部分を周期的なパターンを活用して説明し、体系づけてきた。周期的に繰り返し起こるパターンは、人間が創った組織の盛衰、そして事業の盛衰についても当てはまる。

利益拡大を伴う成長に関する我々の七年間に及ぶ調査から分かったことは、持続可能な成長を達成している企業は、長期にわたり周期的なパターンを示すことが多いということであった。コア事業への集中から、コア事業の周辺領域への拡張、さらにコア事業とその基本的なケイパビリティの再定義と、これらの企業が経営の重心とするポイントが循環サイクルを形成している。我々はこれをフォーカス（focus）―拡張（expand）―再定義（redefine）の頭文字をとって「FERサイクル」と呼んでいる（**図表2―1**）。このFERサイクルをうまく回すことができる企業は、新たなコア事業と収益モデルを通じ、いうなれば再度ゲームを開始できる機会を創造しながら企業成長を実現する。しかし四分の三の企業が、FERサイクルをうまく回せていないのが実態である。これらの失敗企業では、事業の初期の段階で挫折したり、事業を拡張しすぎたり、あるいは拡張には成功するが事業の再定義ができなかったりといったことが起こっていた。

正しく時宜を得た意思決定を下し、利益拡大を伴う成長を達成する確率を高めるには、まずはFERサイクルにおける自社の座標を正しく認識することが大切である。

すべての企業がFERサイクルの全段階を経験するわけではない。フォーカスの段階から決して離れない企業もある。こうした企業は、現在行っている事業の境界線の内側で、コア事業のフルポテンシャ

図表2-1　フォーカス―拡大―再定義サイクル

フォーカス

- コア事業の境界を設定する
- コア事業の差別化を強化する
- コスト競争力を強化する
- コア事業の業務面でのフルポテンシャルを引き出す
- 競合企業の投資意欲をそぐ

拡大

- コア事業の強みを周辺領域へ拡大・適用する
- 関連する周辺領域に拡大する
- コア事業の境界を押し広げる
- 反復可能な成長法則を追求する

再定義

- 変革の出発点となる業務基盤を強化する
- 将来のプロフィット・プールに的を絞る
- 新しい差別化を構築する
- リーダー企業の優れた経済性を理解する
- 必要なケイパビリティへ大規模な投資を行う

ルを引き出すことにエネルギーを集中させている。また、フォーカスと拡張との間を行ったり来たりする企業もある。こうした企業は、コア事業の既存のケイパビリティと市場におけるポジションを活用した成長策をとり、常に小さな改善を行い、隣接する機会を一つずつ丹念に検討している。一方、生き残りのためであれ、定期的な見直し策の一環であれ、再定義を含む全サイクルを経験する企業もある。こうした企業は、ビジネスモデルの構造的な変更、コア事業の潜在能力を変える新しいケイパビリティの獲得、あるいは新しいコア事業への移行といった課題に対して、企業のエネルギーを集中することが必要となっている。

たとえば二〇〇六年一月まで、日本の「金剛組」は知られている限り世界最古の企業であった。同社はおそらく一五〇〇年近くにわたってフォーカスの段階からほとんど動かなかった。金剛組は仏教寺院や神道の神社や城を建設するために西暦五七八年に設立され、有名な四天王寺の塔を建立し、その後何世紀もの間に七回にわたり火災や戦争の被害を受けた同塔を再建した。これはおそらく、史上最古の顧客リレーションシップだろう。実際、同社が明記している信条の一つは「間口を広げるな」というもので、「コア事業に集中して多角化するな」という意味である。[2] 現代になって初めて同社は周辺領域に進出してアパートとオフィスビルの建設を始めたが、この動きが最終的には災いを招いた。不動産投資のための負債によって清算に追い込まれたのだ（寺社建設事業は、高松建設が設立した金剛組と同名の受け皿会社に譲渡されて存続）。それ以来、企業の寿命世界一の座は「法師旅館」という別の日本企業に移った。同社は七一七年の設立以来、宿泊サービス業へのフォーカスを続けており、現在は法師家の四六代目によって運営されている。

　パリに本部を置くエノキアン協会は、法師旅館など最も古い同族企業の団体である。エノキアン協会の企業が、なぜ長期間にわたって永続できたのかを議論しているうちに、これらの長寿企業の多くがＦＥＲサイクルの全段階を経験していないことが分かった。これは、今日の大半の企業と明らかに違う点だ。多くの企業は、激変する事業環境下で生き残って繁栄するために、ＦＥＲサイクルのそれぞれの段階を通過するにあたって生じる極めて大きなリスクを、少なくとも一〇年ごとに通り抜けなければならないのだ。一方で、エノキアン協会に属する企業は、かたくなにこのリスクを避けてきた。これらの企業の大半は、ガラス吹き、特殊な分野の砂糖菓子、釣鐘鋳造所、調理器具、さらには鉤製造のような狭いニッチ事業に従事していることが、事業形態が変革を迫られるリスクを回避する、最大の要因となっている。

　しかしほとんどの企業では様相が異なる。事業を取り巻く環境自体が企業の変化を余儀なくさせ、新しい機会を生み出し、立ち向かうべき新たな競争相手を生み出している。その証拠に、企業の平均寿命は低下している。定期的にコア事業を再定義する課題から逃れられる企業は少なくなってきているのだ。

長寿企業の研究は興味深い。しかしこれらはシーラカンスの企業版だ。シーラカンスは絶滅したと考えられていたが、変化の少ない深海という環境下で四億年もの間生きていたのだ。しかし、自然界には、環境の激変や突然の変化といった正反対の事例もあり、そちらの事例のほうが、現在の企業が直面する事業環境に近い。たとえば科学者たちは、現在の種の絶滅率が地球の歴史上のどの時代と比べても一〇〇倍から一万倍高いと推定している。学者たちによると、この高い絶滅率は地球環境の急激な変化が原因と考えられ、そのために現在毎年五万種の生物が絶滅に追いやられているという。ダーウィンが『種の起原』で指摘したように、最強のものではなく環境に最も適応したものが生き残る。同じことが企業についても当てはまるだろう。

◉――新聞事業の成長サイクル――ニューヨークタイムズ

事業環境の激変の渦中にある新聞業界において、世界で最も有名な新聞であるニューヨークタイムズが現在直面しているFERサイクルの段階を考えてみることにしよう。一八五一年に高級紙として創刊されて以来、ニューヨークタイムズは地方紙としてのコア事業に徹底的に集中することで成長してきた。一九九三年には売上高二〇億ドル、営業利益一億二六〇〇万ドルを上げていた。しかし同社の成長は限界に近づきつつあるようだった。その時点における過去一〇年間の売上高成長率の平均は三%に満たず、利益は一〇年間を通じ減少傾向が続き、株価のパフォーマンスはスタンダード・アンド・プアーズ（S&P）株価指数を大幅に下回っていた。

次の一〇年間のために同社がとった方策は、流通と広告の両面でニューヨーク都市圏を大きく超えて成長するというものだった。同社は、ニューヨーク以外の新しい流通チャネル、新しい読者セグメント（当時は内容を変えることによってこの層にアピールした）、新しい地域を開拓することで同紙を全国紙に変えた。全国紙への移行は、コア事業への集中からコア事業の拡張への移行の例といえるかもしれない。この戦略は大成功をもたらした。一〇年間で売上高は二〇億ドルから三二億ドルへ、営業利益は五億三九〇〇万ドルへと四倍以上に増加し、時価総額は二〇億ドルから八〇億ドルへと爆発的に増大した。同社はボストン・グローブ紙のような強力な地方紙の買収投資に資金を使うことによって、この成長法則の適用範囲を広げた。

ここでインターネット、新しい競合企業、およびオンライン情報が登場する。新聞の存在意義だった「有料のコンテンツの集合体」という位置づけが、ヤフーの株価検索やモンスター・ドット・コムの求人広告やCNNの速報ヘッドラインのような、ほぼ無料かつ個別に提供されるコンテンツに取って代わられ始めていた。この環境変化を踏まえ、ニューヨークタイムズは何をすればよいのか。同紙のみならず新聞業界全般にとってのコア事業の危機に、同紙がどのような解決策をとるのかに世界は注目した。そんな中で、同社の時価総額は八〇億ドルの最高値をつけた後、ピーク時のほぼ三分の一の水準まで減少した。

ニューヨークタイムズは現在も、新聞業界全体として、および同社固有の事業としてもFERサイクルの再定義の段階に直面していることを、強く実感しているのではないだろうか。

◉―――FERサイクルが戦略的な優先順位づけを規定する

企業が選択し従うべき戦略の基本原則は、FERサイクルの各段階によって異なる。各企業は一度に限られた数の目標にしか集中できないし、むしろ限られた数の目標に集中すべきだからだ。

FERサイクルにおけるフォーカスの段階において、利益の拡大を伴いながら売上高と株価をどれだけ成長させることができるかは、企業が次の三つのアクションをうまく実行できるかによって、強く影響されている。①コア事業の範囲を厳格に決め、それが競合企業とどう違うのかを理解する、②主要な競合企業に対するコスト競争力を絶えず強化する、③自社のコア事業に競合企業が再投資する意欲をくじくための積極的な手を打つ、の三つである。

フォーカスの段階における戦略の最も基本的な原則は、自社のコア事業に競合企業が投資するのを阻むことである。自社が持つ差別化の力、相対的なコスト競争力、および競合企業の投資に対抗できる能力とその意思が、競合企業の意欲に影響を与えるはずである。

もしこの原則を実行できるような理想的な状況があれば、FERサイクルのフォーカス段階における成功はほぼ確実である。たとえばスナック菓子の分野では、フリトレーがコスト、市場シェア、および投資収益率を絶えず改善し続けることによって競合企業を駆逐した。テトラパックも牛乳やジュースなどの飲料用の無菌パックの分野で同じことを成し遂げた。同様に、エンタープライズ・レンタカーは、レンタカー市場における保険事故時の代車セグメントで圧倒的な強さを獲得している。

成長する市場で競合としのぎを削るような比較的新しい事業（たとえばトムトムのカーナビゲーションシステム）ですら、フォーカス段階での成功のカギは、前記の三つのアクションをとることである。

FERサイクルの拡張の段階では、通常、企業はコア事業の強みを生かし、その強みを周辺領域（たとえば新しい地域、異なる顧客セグメント、新しい流通チャネル）に拡大適用しようとする。フォーカス段階での原則であった、コア事業の境界設定、コスト競争力の強化、継続的な施策の実行という三原則は依然として適用可能である。

しかし、新たに三つの戦略的な課題が出現し、その重要度を増してくる。その課題とは、①周辺領域への拡大における反復可能な成長法則を追求する、②顧客に対するより優れた洞察（周辺領域への拡大成功のカギ）を見出す能力に投資する、③コア事業から離れるに従って、周辺領域への進出策の成功確率が急激に低下することを理解する、という課題である。

個々の周辺領域がコア事業からどれだけ離れているかを判断するために、我々はコア事業からの事業距離の測定方法を開発した[3]。コア事業からの距離は、主要な変数（顧客、競合企業、インフラ、チャネルなど）がいくつ変化するかに基づく簡単な公式を使って示すことができる。たとえば、今までとまったく同じ顧客をターゲットとしている場合は、顧客に関する変数はゼロとなり、まったく異なる顧客をターゲットにしている場合は、その変数は1（コア事業から一段階離れている）とする。また、ある程度似通った顧客をターゲットにしている場合は、その類似性に合わせて変数を決定する（0・5あるいは0・75など）。同様のコア事業からの距離の計測作業を競合企業、コスト構造、チャネルなどについても行う。最終的に主要な変数を合計し、コア事業からの事業距離を決定する。ここで分かったのは、コア事業から二段階以上離れる（スコアの合計が2以上になる）と、成功確率が急落し始めるということである。たとえばスコアが1の場合の成功確率は三〇～四〇％であるが、スコアが2以上になると一〇％以下に低下する。あたかもコア事業から離れる歩数に応じて、複雑さと知識不足が指数関数的に増えるかのように、成功確率が急激に低下していくのである。

先に挙げたニューヨークタイムズ紙の一九九〇年代の成長は、コア事業からの距離を考慮し周辺領域の進出を図った成功例であり、同社は周辺領域への拡大をほぼ一〇年間続けることができた。ナイキがリーボックを凌駕したのは、ナイキが反復可能な成長法則を使って、あるスポーツから別のスポーツへと絶え間なくコア事業を拡大していった（バスケットボールから、テニス、サッカー、ゴルフへ）からであり、これは周辺領域への拡大による別パターンの成功の典型的な事例である。

伝統的なコア事業を再定義する必要性が出てきた場合には、次の戦略上の三原則が最も重要となる。それらは、①将来における市場規模・成長性ではなく、プロフィット・プールが将来どのように変化するかを追求する、②競合に対する差別化とリーダー企業としてのポジションを追求できる戦略を構築する、③常に時代を先取りしてケイパビリティに投資する、という原則である。

2　いつがコア事業を再定義すべきタイミングか

コア事業を再定義する必要性は、さまざまな状況においてほぼ例外なく発生している。本書で精査した二五件のすべての事例において、経営陣は以下のような悩ましいジレンマに直面していた。

- 将来のプロフィット・プールの縮小または移動
- 新しい競争モデルもしくは、既存の事業モデルを破壊するような技術がもたらす、コア事業モデルに対する直接的な脅威
- 成長法則の失速と、差別化要因の縮小

この項では、これらのジレンマを一つひとつ簡単に検討し、我々がコア事業の現状診断と呼んでいるコンセプトを活用して、企業が直面する状況を理解する手法を提案する。

◉ 状況1：将来見込まれるプロフィット・プールの縮小または移動

企業は利益を出すことによって成長する。コア事業の利益が次第に減少していき、成長を求め自社のコア市場から離れた事業を追いかけ始めると、衰退が始まる。利益の減少により、まずはコアでない活動や事業に資源が浪費され、やがては再投資や優秀な社員の引き止めに必要な能力に影響を与えるようになる。もしアップルが事業の中心をデジタル音楽に移行させていなかったら、パソコン事業を維持できたかどうか疑わしい。パソコン市場全体のプロフィット・プールが縮小する中で、アップルのパソコンのシェアは三％未満に急落していた。もしマーベルが漫画の中の英雄を映画スターに変えていなかったら、漫画の読者層が毎年自然に侵食され減少していく中で、市場での存在感はより小さなものにとどまっていただろう。もしＩＢＭが収益源をサービス分野に移行させていなかったら、コンピュータのハードウエアに関するプロフィット・プールが縮小する中で、その業績を維持できない状況に陥っていたことだろう。

プロフィット・プールは一般的な意味での「市場」という概念とは異なる。[4] 市場は販売された製品の量と組み合わせであり、当該製品に関連する事業の経済性を表すものではない。一方、市場におけるプロフィット・プールとは、その市場のバリューチェーンの最初（原材料）から最後（エンドユーザー）に至るまでの、市場に参加する各プレイヤーの利益によって構成されている。

プロフィット・プールを測定する方法は数多くある。営業利益を合計してもよいし、全利益のうち資本コストを上回る額や、現在の利益と将来の利益の推計、あるいは株式時価総額の創出分を計算してもよい。どの方法においても、その市場が事業を維持できるかどうかに加え、再投資に、あるいは適正な利益として必要なキャッシュを、市場が各事業に対し提供できるのかどうかを明らかにすることが可能である。

プロフィット・プールの測定は市場の測定とはかなり性格が異なるが、一般的に、市場のみが戦略策定のための研究・測定対象とされることが多い。なぜなら一般的な調査レポートで手に入るのは、市場規模とシェアに関する情報が中心だからだ。しかしコア事業の再定義の検討に際しては、市場のみを重視し、その根底にあるプロフィット・プールの発展に対する洞察を同時に持たない場合には、大きな間違いを犯しかねない。

プロフィット・プールの規模や位置の変化は、業界や市場における（本書の定義による）事業環境の変動を知る上での重要な指標となる。プロフィット・プールの変化の仕方は何パターンか存在する。全面的に崩壊してその業界に属する多数の企業に緊張と混乱を引き起こすこともある（例：規制緩和後のアメリカの航空業界）。新しい経済モデルの出現によって、業界に属する各プレイヤーのポジションが劇的にシフトすることもある（例：新興企業であるデルは、パソコン業界のプロフィット・プールの大半を獲得した）。バリューチェーンの各段階におけるプロフィット・プールの配分が変化することもある。デビアスのケースがこれに当てはまる。ダイヤモンド業界では、プロフィット・プールが消費者により近いほうへ移動し、マーケティング、ブランディング、小売段階での需要創出活動の価値が大幅に高まった。さらには、商品性能としてはまったく異なるにもかかわらず、顧客ニーズの視点からは競合する

（代替）製品にプロフィット・プールが移動することもある（例として、消費者向け写真事業が挙げられる。アナログからデジタル製品にシフトした結果、一部の既存事業者にとって激しい事業環境の激変を引き起こしている）。我々の見るところ、激変する事業環境の進展は、通常、その業界内の企業の大半が予想するより激しくかつ急速なものであることが多い。

急激なプロフィット・プールの変化の例として、写真市場を見てみよう。写真関連製品業界および現像業界（カメラ製造から記録媒体、現像までを含む）が上げた利益の総額は、一九九五年の一九億ドルから二〇〇五年には三四億ドルと、この一〇年間で実際のところ大幅に増加している。これは表面的には、一九九五年時点ですでに業界内に存在した企業にとって好ましい変化のようにも見える。しかし、この一見好ましい変化はすべての企業が享受できるものではなかった。プロフィット・プールの場所がほぼ完全に移動してしまったのだ。フィルム製造、現像およびデジタル以外のカメラの製造販売といった事業活動は、かつてはこの市場のプロフィット・プールのほとんどを占めていたが、現在では全体の二〇％以下である。過去の収益源は崩壊し、消滅し、あるいはフラッシュメモリーカードやオンラインサービスのような新しい分野に移り変わってしまった。

この影響は、企業に甚大かつさまざまな形で現れた。ポラロイドは破綻し、キヤノンはデジタル技術への適応（そして同社はこれに成功した）を余儀なくされた。また、フラッシュメモリーカードを製造販売するサンディスクは、写真市場において最強のプロフィット・プールを占める事業の一つ（デジタル製品メモリー事業）でリーダーとして浮上した。このように、事業環境は急速に激変し、あっという間にプロフィット・プールを組み替えてしまうこともあるのだ。

ゼネラル・ダイナミックス――プロフィット・プールの変化を読むことで達成した成功　大規模なプロフィット・プールが崩壊する予兆に気づき、競合企業に先駆けて行動することで成功を収めた企業の典型がゼネラル・ダイナミックスである。同社は、一〇年以上にわたって防衛機器業界の主要企業の中で最良の業績を上げ続けている。同社の成功の一因は、プロフィット・プールの変化からいち早く洞察を得たことだ。冷戦終結間近の一九八四年、ゼネラル・ダイナミックスは売上高七八億ドルを誇るアメリカ最大の防衛関連企業であり、国防総省の調達額の一〇%を受注していた。しかし、軍縮とともに国防総省は同社からの調達額を大幅に削減し、八六年のピーク時には一二八〇億ドルあった調達額は、九六年には四九〇億ドルにまで落ち込んだ。

一九九〇年代初頭、ゼネラル・ダイナミックスは全事業において、需要と資産価値に関する大規模な外部委託調査・研究を行った。その結果、防衛支出は今後一〇年間を通じて減少し、事業の多くを売却したほうが、事業を維持して需要も利益水準も低いまま事業を続けるよりも多くの利益を生み出すとの結論に達した。そこで同社は、事業の大半を売却。これは史上、最も迅速かつ果断な事業再定義の一つといえる。競合他社が災いの前兆に気づいたのは、ずっと後になってからのことだった。

ゼネラル・ダイナミックスは、一九九〇年から九二年の間に航空宇宙、地上システム、およびエレクトロニクス事業を売却した。それによって同社は三つのコア事業を持つ、売上高三五億ドルの企業に縮小し、三年間で七〇%も売上高を減少させた。かたや、驚くべきことに、同社はその間オペレーションの改善を通じ、利益率を九〇年のマイナス八%から九二年にはプラス八%にまで増加させている。

一九九二年の時点から、同社はコア事業への再投資を開始した。収益性が高い潜水艦事業をコア事業とし、防衛計画に合わせエレクトロニクスと情報システム分野を新たな関連コア事業として強化すべく選択的な買収を開始した。その結果、九二年から二〇〇五年までに同社の売上高は三五億ドルから二一二億ドルに増加した。これは、この期間中、アメリカの防衛関連企業の中で最高の業績であった。

ゼネラル・ダイナミックスの事例は、プロフィット・プールの劇的な変化に伴い、企業がコア事業を再定義する必要性がいかに生じ得るのかを示している。同時に、プロフィット・プールの変化から見出される洞察に基づき、競合企業に先駆けて変化を認識し行動することの重要性も示している。プロフィット・プールの変化が、一部の企業にとって、環境変化に隠れしばしの間、旧来の市場を対象に事業を続ける機会をもたらすこともある。ニッチな白黒フィルム販売業やビデオレンタル業がその例だ。しかし通常は、プロフィット・プールが大幅に変化する時は、自社の事業をどのように変化させる必要があるのかを十分把握することがカギとなる。

状況2：コア事業モデルに対する直接的な脅威

コア事業の再定義のきっかけとして最も頻繁に起こるのは、新しくかつ優れたビジネスモデルを持つ競合企業の出現であろう。このような新たな競合企業は、既存企業に直接的かつ重大な脅威をもたらし、既存企業にコア事業の再定義を促す。警告信号は、まずは、コア顧客からわずかに離れた周辺領域で市場シェアを失うことから現れる。次に、新たな競合企業は、利益率の高いコア事業に忍び寄る。しかし、時ここに至っては、もはや適切に対応するには遅すぎることが多い。

脅威のうち反撃が最も難しいのは、経済性、特にコスト水準が本質的に優れたビジネスモデルを持つ新たな競合の出現である。しかし、そのような脅威を事前に見抜くのは難しい。かかる脅威を事前に見抜くためには、自社の事業を新しい観点から見直し、競合企業のコストを正確に評価する必要がある。しかし、それも簡単ではない。ベインでは、かつて明らかに業界のリーダー企業であった二四社のその後の状況を分析した。これらの企業は、一時的には市場を支配していたが、その後市場シェアを大幅に失い、著しく衰退していた。我々の分析を通じ、これらの企業の大半において、コア事業に対する脅威への対応の遅れが衰退の致命的な原因になったことが判明した。このような事例は数多い。CBSのCNNに対する対応、GMのトヨタに対する対応、コンパックのデルに対する対応、Kマートのウォルマートに対する対応、セインズベリーのテスコに対する対応、ゼロックスのキヤノンに対する対応などが挙げられる。新しいビジネスモデルを採用するためには、場合によってはその過程で、既存の自社顧客・製品市場へもたらされるカニバリゼーションなどの悪影響さえ覚悟しながら、伝統的なコア事業の再定義に向けて踏み出す必要がある。しかし残念ながら、再定義に成功した企業は少ない。

本書の事例の中でコア事業を再定義するきっかけが、競合企業からの具体的かつ直接的な攻撃、もしくは競争力のある優れた事業モデルの出現であった事例は五件存在した。PSAコーポレーションはその一つである。

PSAコーポレーション――独占価格による優位性を失う　政府出資のPSAコーポレーション（シンガポール港湾公社。以下PSA）は、長年にわたって極めて高い利益を上げてきた。この高利益は、世界で最も交通量の多い水路であるマラッカ海峡を通行するコンテナ輸送に対する支配的地位を背景としていた。PSAの売上高対比の純利益率は、一貫して三五～四〇%の間を推移していた。しかし二〇〇〇年にはPSAの高価格と高コストが、世界的なコンテナ輸送業界の低迷と相まって、コア事業に危機をもたらした。他の港の競合企業は、この高価格をチャンスと捉え同社から顧客を奪おうとしていた。

その好例がマレーシアのタンジュン・ペラパス港であり、PSAを三〇%以上下回るコストと価格の提供が可能であった。二〇〇〇年にはPSAの最大手の顧客二社、マースクシーランド（世界最大のコンテナ輸送海運会社）とエバーグリーン（台湾の巨大企業）が、事業を他の港に移すと発表し、その結果PSAの取扱高は九%減少した。

PSAはコア事業を復活させるため、直面する危機に対し果敢な対応策を打った。経営陣を交替させ、コストの劇的な削減に成功した。さらに、これ以上の顧客離れを防ぐために全力を尽くした。PSAは、顧客に特別待遇を提供したほか、長期間シンガポールにとどまるとの約束と引き換えに顧客が専用の停泊設備に投資し管理することを認めた。これはマースクを含む最大手顧客の多くが何年も求めていたことだった。PSAはまた、シンガポール以外にも積極的な投資を続けた（現在では世界一四カ国で二五の港湾に出資している）。現在PSAは再び成長軌道に戻っているが、トップの地位を維持するためには、自社の戦略を劇的に変更しなければならなかったのだ。何年にもわたって築き上げてきた独占的価格・コストによる優位性を破棄しなければならなかったのである。

独占的価格・コストを通じて確立した保護的体制は、他社の新規参入を促すことが多い。他社から見ると参入は、高収益で、濡れ手に粟のようにさえ見えるからだ。高コストと高価格が一般的な業界では、弱い企業でも成功し強力な企業になることができる。既存企業にとって特に危険な状況は、新しいモデルとより優れたコスト構造を持つ競合企業が登場した時である。

かつては強力であったコア事業が競合企業からの直接の脅威にさらされる原因で最も一般的なのは、本質的に低コストの経済構造を持つ競合の出現である。また、その原因はほかにもいくつかある。インターネット検索でグーグルが挑戦者から急速に強力なリーダー企業になったのは、同社の優れた検索エンジンとアルゴリズムのおかげだったが、こうした技術革新は、以前よりずっと望ましい経済モデルを、顧客（よりよい検索をより速く）とグーグル（より多い広告収入とトラフィック）の両方にもたらした。これが二つ目のタイプの脅威である。

第三のタイプの脅威は新しいケイパビリティの出現であり、医薬品業界におけるバイオテクノロジーの発展がその一例である。

◉状況3：成長法則の失速

かつては価値を生み出す差別化要因を有した事業が衰退していくことで、事業の再定義が必要になることがある。それは、競合企業に追いつかれ優位性を失いつつある事業や、かつては決定的に低コストのビジネスモデルだったものが真似されるか徐々に有効性を失い、新しい差別化の方法が必要となった事業などである。競争においての成長法則が永遠に続くことはない。仮に続くとしても、収益の悪化が間近に迫っていることが多い。我々のデータによれば、五年以上失速（売上高と利益の成長がほとんどゼロかそれ以下に減少）していた企業のうち、次の五年間に以前の成長と収益性を回復できた企業の割合は五社に一社にも満たないのである。

過去の成長法則が失速してしまう背景としては、主に次の三つの状況が考えられる。

一つ目は成功を通じて現れる現象である。パックマンのゲームの最後で、スクリーン上のパックマンがついにゲームの中のえさを全部食べ尽くしてしまった時のように、成長法則が市場を支配し尽くし、もはや残された市場が存在しないような状況だ。たとえばボーダフォンは、競合企業に先駆けて、より速くより効果的に国から国へと携帯電話会社を買収することによって、一五年間にわたって驚くべき成長を遂げた。しかしついに進出可能な国も尽き、だれもが携帯電話を持つようになると、経営の重点を別のどこかに移す必要が出てくる。それは携帯電話を通じてもっと高付加価値のサービスを販売するか、小売チャネルを展開するか、家庭向けの電話とブロードバンドサービスを統合するか、あるいはまた別の方策かもしれない。それができなければ失速するしかないのだ。

二つ目の道は、成長法則自体が消耗してしまうような状況だ。征服すべき新しい領土はたくさんあるが、新しい戦いに勝つための費用対効果の成長法則が自社に不利なほうに変化し始めることもある。どの領土に行っても競争相手のほうが上であったり、潜在的な顧客が従来の顧客ほど自社が提供するものを評価してくれなかったりするということだ。

現在起こりつつあるその一例が、ウォルマートかもしれない。その驚くべきパワーと本国での疑いようのない成功にもかかわらず、ドイツと韓国（何年も巨額の投資をした後で、二〇〇六年に両国から撤退している）およびイギリス（アズダを通じて参入しているものの、苦戦中）では、その成長法則を他の市場

図表2-2　戦略の再定義が必要となる状況

プロフィットの変化		コア事業への直接的な脅威	成長法則の失速
コア事業やプロフィット・プールの衰退による圧力	別の新しいプロフィット・プール		

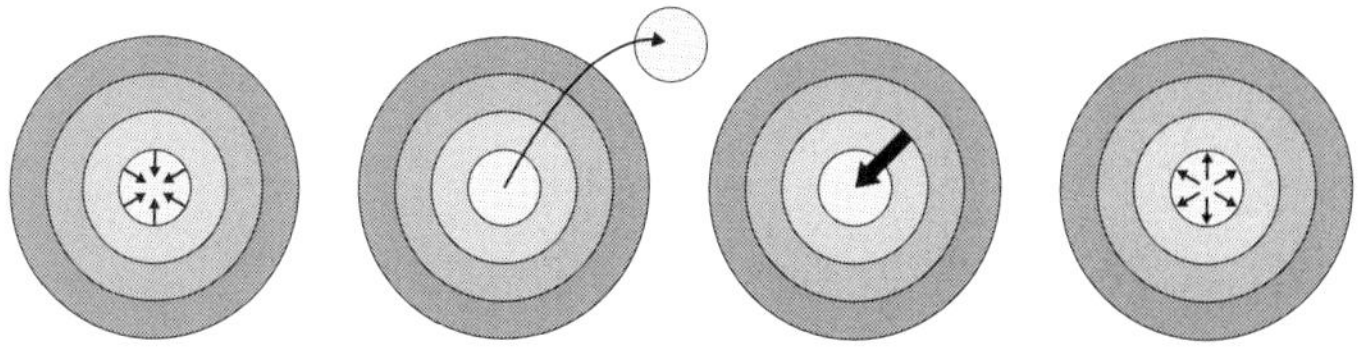

●実行力が衰退している ●業界プロフィット・プールが消滅している ●フォロアー企業のポジションが侵食されている	●プロフィット・プールの移動（バリューチェーンに沿って、または他の製品や利用法） ●他のコア事業との境界が曖昧になっている	●競合する新しいビジネスモデルが成功 ●破壊的な新技術が出現 ●自社の市場において、競合企業がリーダーとなり市場を支配	●従来の成長法則が寿命を迎える ●ニッチ市場において、成長の余地なし ●過去の差別化要因が有効でなくなった

に拡張する能力が疑問視されている。アメリカでの成功をもたらした法則の根底にある差別化は、他の市場では限界があるのかもしれない。ウォルマートが成長法則にどのような変更を加え、事業モデルを当該市場に適応させるかは、今後数年間注目すべき重要なテーマの一つになるであろう。

三つ目の状況は、最も困難な状況であることが多いが、企業固有の競争優位が衰退して、それまでに征服した領土が危険にさらされると同時に、新しい領域、領土での成功確率が低下しているような状況である。

経営層が根本的な変革の準備作業に着手する前に、失速が一時的なものなのかどうかを見極めるための診断が必要である。我々の事例研究において、成長法則が長期にわたって行き詰まってしまった企業には、船舶用モーターとボートのブランズウィック、ダイヤモンドのデビアス、およびコンピュータ支援設計（CAD）のオートデスクが含まれる。これらの事例は後ほど詳述するとし、**図表2－2**に、戦略的な再定義が必要となる状況を要約しておいた。

3　コア事業の現状診断

経営層のもとには、以前よりもはるかに多くの事業に関するデータが届けられている。しかし、その中で真に役立つものは数少ないことが多い。今日の企業情報システムは、世界中の財務データを国、製品、顧客ごとに集めて切り刻む見事な能力を有している。しかし、一方で経営層がこれらのデータで何を測ろうとするのかという分析意図は、逆に不明確になりつつあるようだ。「以前より多くのデータを受け取っているにもかかわらず、重要な意思決定を行う上で本当に大事な情報は、逆に減っている」と経営層の方々がこぼすのを聞くことが、これまで以上に多くなってきているようにも感じる。

数字は企業の共通言語である。しかし、社内向けの財務指標というようなバベルの塔を建てることによって、企業が持つ隠れた戦略的資産と負債という重要な情報を見過ごす結果に陥っていないだろうか。また、事業環境の変化のスピードが加速している結果、企業の現状を示す指標の精度が向上しているにもかかわらず、その指標が提供する示唆はより不明確になってきているのではないだろうか。

経営者はあたかも、最新式のバックミラーとカーナビ技術を備えたスピードの出る車を運転しているようなものだ。たとえ車のカーナビ情報の精度が向上したとしても、眼前に広がる地形は以前よりさらに曲がりくねってより危険になってきている。その結果、これまでどこにいたか、あるいはたった今どこにいるのかという情報ですら、将来に関する意思決定にとってはそれほど重要でなくなっている。これは経営者にとって極めて厳しい状況である。ベインの実行した「成長戦略調査」によると、経営者は戦略の賞味期限が急速に短くなってきていると感じている（八一％が自社の状況に当てはまると回答している）。顧客に関するデータ（七四％が、陳腐化するのが早くなっていると回答している）と競合企業に関するデータ（八〇％）についても同様の印象を感じているようだ。このことは、経営層が、貸借対照表の隠れた資産の側にも、隠れた負債の側にも、戦略的にもっと注意を払う必要があるということを意味している。

隠れた負債があればピンクに変わり、なければ青を示すような、事業判定用のリトマス試験紙は存在しない。業界の目に見えない構造変化は複雑である。隠れた負債を単純にリトマス試験紙で測定することは無理だ。それでも、経営者が自社の現在の競争力と将来の市場の構造変化を明確に理解することは極めて重要である。ベインがよく行っている経営層に対する調査で、「顧客をよく理解している」「競合企業をよく理解している」「将来何が起こるかについて社内で共通認識が持たれている」と考えている人は二〇％から三〇％にすぎないというデータが非常に多い。経営層の時間の使い方の分析を見ても、自社を取り巻く外部環境の構造変化を分析するために使っている時間の割合は一貫して少ない。彼らは、ほとんどの時間を社内の課題解決に使っているようである。

これらの調査によると、業界の将来に関する長期的な視点を持つために上級幹部が使う時間は三％未満にすぎない。また、上級幹部は、およそ四〇％の時間を社外の課題（顧客、競合企業等）解決のため

図表2-3　コア事業の現状診断

質問	主要指標
1. コア顧客の現状はどうか	●収益性 ●市場シェア ●継続率 ●ネット・プロモーター・スコア ●顧客内シェア（シェア・オブ・ウォレット）
2. コア事業の差別化の現状はどうか	●差別化の定義と指標 ●相対的なコスト競争力 ●重要度：強まっているか弱まっているか
3. 業界のプロフィット・プールの現状はどうか	●規模・成長性・安定性 ●自社のシェア ●境界 ●変化と予測 ●質──独占価格・コスト
4. コア・ケイパビリティの現状はどうか	●主たるケイパビリティの棚卸し ●相対的な重要性 ●競合企業との差 ●将来のコア事業に必要なニーズとの差
5. 組織の現状はどうなっているか ──戦略を実行して変化に適応する準備はできているか	●社員のロイヤルティ（忠誠度）と望ましくない退職 ●キャパシティとボトルネック ●目標に対する価値観の共有と合意形成 ●変化への活力と動機づけ ●成長を実現する能力

に使っているようだが、そのうち二年以上先に影響を及ぼす課題に重点が置かれているのは約三〇％（全体の一二％）にすぎない。そのうち、他の経営陣とともに今後事業がどの方向に向かって進むのかといった、事業の長期的な展望を描くために使われている時間は約二〇％にすぎない[5]。我々が持っているあらゆるデータが、事業変革のスピードが速まり経営者の離職率が急上昇するに伴い、経営層の未来に対する視線が短期化していることを示唆している。

図表2-3は、コア事業の現状診断のために五つの分野で用いる主な質問である。コア事業における主な差別化要因の現状（衰退の危機にあるのか、その原因はなぜか）を評価

するために、幾度となく使われてきた。質問によって明らかにされる事柄は、一般的な事業報告書を構成する典型的な業務・財務指標とは異なっている。しかし、これら五つの質問は最も重要なもので、あまりにも身近すぎるために逆に正確に判断するのが最も難しいような質問でもある。それはまるで重要な個人的人間関係を評価したり、自分自身の健康を判断するようなものなのだ。自分に近い領域であればあるほど、新鮮で客観的なデータが最も役立つことがある。我々の経験からは、事業の現状を調査する上でも、等しくこの法則が適用できるように感じられる。

一つ目の質問は、コア顧客の定義と現状に関するものである。本当に事業のコアとなるのはどの顧客で、その顧客はなぜコア顧客であるといえるのかを判断するのは難しい。最も利益率が高いからか。最もロイヤルティが高いからか。最も生涯価値が高いからか。コア顧客を明らかにすることは、戦略構築に必須な第一歩である。

二つ目の質問では差別化の主要要因を分析し、それらの要因が強くなっている（あるいは衰退している）かを尋ね、その根本原因を明らかにする。

三つ目の質問では、市場の規模と成長性のみならず、業界のプロフィット・プールを明らかにする。これは極めて重要な質問である。利益を上げているのはどの部分か。だれが稼いでいるのか。なぜか。それは今後どのように変化するのか。

ケイパビリティ（組織としての企業能力）という、事業を構成する重要要素が、四つ目の質問のテーマである。第5章で、現在のコア・ケイパビリティと将来のために必要なケイパビリティを判別して評価するという問題を詳しく考察する。ケイパビリティは、ほぼ例外なく戦略再定義の重要な構成要素である。

五つ目の質問は、組織の現状と変化への対応準備についてである。組織に関する質問は、より定性的なものではあるが、重要さについては他の質問に劣らない。

これらの五つの質問でカバーされる領域はどれも、どんどん質問を細かくしていって、ほとんど無限のリストにまで拡大させることができる。しかし、まずこれらの質問に明確かつ納得がいくように答えられるのであれば、自社が変化すべきなのか否か、またどのように変化すべきかを考える上でよい出発点となってくれる。

差別化の源泉が失われつつあるか、コアモデルを刷新する必要があるのではないかという懸念を抱く企業は、この診断から作業を始めるべきであろう。この診断は、基本的な事業予測、コア事業の状態、および戦略を変更しなかった場合の最も起こりそうな将来の道筋を確認するのにも役立つだろう。またエイビスレンタカーの例で示されるように、この診断の結果が再生への道を示すこともあるのだ。

◉エイビス――道路の見えない轍《わだち》にはまる

レンタカー会社のエイビスの事例は、コア事業の状態を徹底的に調査・検討することによって、一連の脅威を突き止め、それに対処することができることを示す強力な実例である。かつて、エイビスは史上最悪の嵐に直面していることに気づいた。以下の三つの側面のすべてで問題が発生していたのである。

第一に業界のプロフィット・プールが縮小し、業界全体がより価格に敏感になってきていた。この状況は、地域の競合企業や地方のフランチャイジー、さらには一部の大手企業までも巻き込んだ統合が今後一〇年間続くことを暗示していた（そして実際にそうなった）。次に、新しい競争モデル（具体的には代車市場をターゲットにするエンタープライズ・レンタカーのモデル）が世界で最も利益率の高いレンタカー会社を生み出し、セグメントの異なるエイビスとハーツのコア事業にも潜在的な波及効果を及ぼしていた。第三に、レンタカー会社間の差別化要因が縮小し、新しい競争の方法を見つけ出す切実な必要性が生まれていた。

一般的な外部の目からは、今でもエイビスは過去一〇年間使っていた成長法則にしがみついている企業のようにも見える。しかしボンネットを開けて企業の中身を見れば、業務の改善だけでなく、重大な戦略の転換が行われていたことが分かる。

一九九四年、ウォーレン・エイビスが四八年前に創設したこの企業は、音をたてながら惰性で道路脇に進んだ上、突然停止する自動車のような状態であった。同社の利益は七〇％減少して三〇〇〇万ドルとなり、今にも赤字になろうとしていた。J・D・パワーによるサービス水準の調査では最低レベルにランクされ、コアのレンタカー市場（アメリカの上位一〇〇空港）で市場シェアを失いつつあった。

問題の原因については、経営陣の間でもかなりの議論があったが、意見は食い違ったままだった。周期的にやってくる業界全体の価格水準の低下に不意を突かれただけだと考え、様子見をしていれば事態が自然に好転するだろうと助言する者もいた。特定のコスト分野、特に本社コストと不動産コストが問題の原因だと考える者もいた。また、エンタープライズ社が創出し市場の主導権を握っている収益性の高い代車セグメントに参入したいと思う者もいた。

しかし解決策はこれらの分野ではなく、同社に隠れていた三つの負債の発見を通じてもたらされた。これらの負債は、水面下で大きく増殖し、今や至る所にその影響が見え隠れしていた。エイビスはこれらの負債を、全経営陣によるあらゆる問題に論及したディスカッションを通し徹底的な自己評価の過程で見つけ出した。それぞれの負債は、同社の従来のシステムではカバーされていなかった分野に存在していた。その分野とは、①コスト競争力（ハーツと比べて高コスト）、②同社にとって最も大切な利用頻度の高い顧客セグメントの維持率とリピート率（顧客がきちんとターゲットされておらず、解約率も高い）、③業界のプロフィット・プールの構造変化（その後、空港のレンタカー業者を統合に駆り立てた）である。

このような課題の理解は、漠然とした社内の議論だけでは得られなかったであろう。エイビスのコア事業の健全性に対する五つの診断を通じて初めて得られたのである。最初の診断は、競合企業の経済性をあたかもレントゲン写真を撮るように精査することによって可能となった。競合企業のアニュアルレポートから読み取れる情報をはるかに超えた範囲にまで精査・診断が行われた。基本的には競合企業のコスト競争力と利益の源泉をリバースエンジニアリングしたのだが、その結果、自社のコスト競争力が容認できないほどひどい状態であることが確認され、またコスト競争力に関するいくつもの新たな発見もあった。

二番目の診断は、数十年間に及ぶレンタカー一台当たりの価格とコストの長期的な推移を調べ、この業界に特徴的な周期的変化とそうでないものを分離することによって可能となった。その結果、レンタカー事業の価格とコストは毎年ほぼ一％ずつ非常に規則的に下がっており、そのトレンドの中に異なるサイクルが含まれていることが分かった。コスト管理をますます強めていく計画の必要性と、価格が救世主になるとは考えてはいけないという示唆が得られた。

三番目の診断は業界の長期的なプロフィット・プールの分析で、この評価の結果、経営陣は業界の長期的な動向について統一的な見解を共有することができた。経営陣は、実際に企業統合が起こるはるか前に、将来的に業界内の統合再編が不可避であるという結論に達していた。

四番目の診断は顧客基盤と、特に頻繁にレンタカーを利用する重要な顧客グループの詳細研究によるものであった。その結果、エイビスはロイヤルティ・プログラムの強化策を多数打ち出し、データベースによる追跡調査を改善することになった。

最後の診断で重要な要素は企業文化であった。社内討議とインタビューを行った結果、同社をめぐる売買が何度も繰り返されたことで社員の間に不満がたまっていたものの、彼らは大きな変化を起こしたいという強い欲求を抱いていることも分かった。

結果的に見て、コア事業の現状診断における五つの重要な分野はすべて現在のエイビスの業績に影響を及ぼしており、かつ、それぞれが対策を必要としていることが示唆された。特に三つの分野（コスト競争力向上、プロフィット・プール圧縮への対策、ロイヤルティ・プログラムの強化）での対策は緊急性を要すると判断され、CEOのジョー・ヴィットリア、最高業務執行責任者（COO）のボブ・サレルノ（現社長兼COO）および他の経営陣は直ちに行動をとる決断を下した。このコア事業の現状診断は、エイビスが絶対に立ち向かわなければならない隠れた負債を明らかにした（経営陣の名誉のためにいわせていただくとすれば、彼らはこれらの課題に対して果敢にも立ち向かったのであった）。

たとえば競合企業の分析を通じ、エイビスは、大企業を親会社として持つレンタカー業界の市場リーダーであるハーツと比べ高コストであることが分かった。当時ハーツは約三〇％の市場シェアを持っていたのに対し、エイビスは約二〇％だった。エイビスはＥＳＯＰ企業（従業員に所有されている企業。ＥＳＯＰは従業員持ち株制度のこと）で、社内株価はそれまでの二年間に一七ドルから九ドルに下落し、さらに下がり続けていた。同社の本社はニューヨーク州ロングアイランドにあり、建物はアスベストで汚染された朽ちかけた巨大なものであり、その建物はさながら変革の困難さを象徴しているかのようであった。

ＥＳＯＰ企業となる以前に、エイビスは複数の企業に何度も売買されていた。エイビスを買収した各企業は、あたかもだれが一番エイビスへの投資を怠るかを競争しているかのような状況であった。ボブ・サレルノが言う。「当社がノートン・サイモンからエスマーク、ベアトリスへと転々としていた時、これらの企業はエイビスを買ったのではなく親会社を買った故に、子会社のレンタカー事業のことは気にかけてもいませんでした。そのため、当社は何度も売却されて、その都度現金を搾り取られました[6]」。このように絶えず売買されていたことが組織内の社員の意識に及ぼす影響は、心理的な隠れた負債の一形態と見なせるだろう。エイビスは、「我々は二位です。しかし、もっと頑張ります[7]」という、かつては有名であったスローガンをベースにした広告を相変わらず続けていた。

今日では、エイビスはボンネットの下に違うエンジンを格納している。同社はこの業界内で抜群の成長を遂げ、売上高は四〇億ドル、営業利益は四億三四〇〇万ドルに達した。空港にフォーカスしたレンタカー企業としては世界一である。二〇〇三年のＪ・Ｄ・パワーの調査では、エイビスはサービスで一位となった。一九九四年には経理部に一台もコンピュータがなかった企業が、現在はオンライン・レンタカー・サイトの取扱量で、長年の競争相手のハーツや、新規参入の旅行サイトであるオービッツを抜いて一位を獲得している。エイビスは経営危機に陥ったバジェット・レンタカーを買収して、空港で複数ブランド戦略を展開しているが、バックオフィスの施設は統合して業界最大の規模を生み出している。現在エイビス・バジェット・グループという社名になっている同社は、空港のレンタル市場全体の三四％を占めるまでになった。

ＥＳＯＰに所有されていた失意の時代の一九九四年にエイビスの株を買い、それを現在まで持っていたとしたら、投資リターンは約二〇倍にも達する。さらに、エイビスの空港関連レンタカー事業の基盤は、相対的なコスト競争力と規模の両面で業界最高水準にある。最後に、エイビスは「もっと頑張ります」という重要な企業文化のモットーを維持している。ボブ・サレルノが言う。「『もっと頑張ります』は当社の理念として、数多くの綿密な方法で組織内に組み込まれています。それは非常に強力で、社員にとって驚くほど大切なものです。過去一〇年間にどの広告会社が行った調査でも、この部分には手をつけないように勧告しています。核心の部分で、社員にとって本当に重要な意味を持っているのです。しばらくの間はＥＳＯＰが強力だった理由の一つは、実のところその信念、その絆でした。しかし以前スローガンとして使っていた『我々が二位です』という言葉を使うのはやめました[8]」。なぜなら、彼らは現在一位だからである。

コア事業の現状診断で提起される質問は、短期、中期、および長期の時間軸で事業にフルポテンシャルを発揮させるための要といえるのではないだろうか。

4　再定義の前に既存の事業基盤を再強化する

コア事業を根本的に変えることは、経営者の時間、資金、社員、組織の集中力といった貴重な経営資源を他の活動から奪うことでもある。本書でインタビューした経営層の多くは、変革を成功させることに伴う複雑さ、肉体的な消耗、および必要な資源の量を過小評価していたと述べている。本書を通し、事業を運営しながら変革プログラムを考え、実行するために必要になる追加の労力を想像していただくと、その大きさが想像できるであろう。しかも多くの場合、長期的な企業成長という変革プログラムの本質を必ずしも理解していない投資家の監視の下で、この変革プログラムを実行しなければならないのである。

我々が調べた事例――危機的状況、停滞している状態、あるいは持続可能な成長を遂げている状態など、あらゆる状況に直面している企業の事例――のおよそ三分の二が、なんらかの形で既存事業の再構築（リストラクチャリング）か、または業務の生産性向上の段階を踏んでいた。先に事例に挙げたエイビスも、何年にもわたりこうした業務の見直しを実行している。第3章で取り上げるパーキンエルマーからアプレラへの事業転換では、従来のコア事業において二〇％近くに及ぶコスト削減が実行された。サムスンの驚くべき復活には、プロジェクト開始時点で設置された構造調整本部（現・戦略企画室）がかかわっていた。同本部が先頭に立ち、事業基盤を強化し絞り込むための徹底的な変革を（子会社売却、人員削減および工程品質改善計画を通じて）行ったのである。前に進む前に現在の業務・活動を減らすという、ある意味で「成長のための縮小（Shrink to grow）」の必要性に気づいた企業さえあった。これは、我々が何度も目にしたパラドックスである。

再定義のトピック全体についていえることだが、本書のすべての章と事例を通じて一貫したテーマが存在する。それは、音楽のフーガの各パートのように、新たな形で互いに影響し合ったり変化したりするが、決して消え去ることはない。そのテーマとは、市場のリーダー企業であることの重要性と、リーダー企業の経済優位性についてである。だからといって我々が本書で提示している手法が、最終的に規模において業界リーダーになることを要求しているわけではない。それは間違いであり、目指す価値はあまりないと思われる。ここで意味しているのは、成長の基盤にできる独自の強みを持つ分野――だれにも負けないくらい優れていて、競合に対抗できる顧客基盤、チャネル、立地条件、製品という一連のコア――を見つけ出す必要性があるということである。

ここで少し立ち止まり、リーダー企業の経済優位性のいくつかの側面についてよく考えてみることが重要である。それが何に由来し、どんな意味を持ち、なぜ重要なのか。ここで、リーダー企業の経済優位性に関する側面を見ることにしよう。それらは、①市場のリーダー企業が持つ力、②弱いフォロアー企業であることに伴うジレンマ、③再定義のための最良の第一歩が、新しい戦略を開始する前に安定的なコア事業へと縮小することである場合が多い、という三つである。

◉――リーダー企業の経済優位性

隠れた資産を発掘する意義は究極的には、優位性、差別化要因、およびリーダー企業の経済優位性を持つことができる領域を探すことにある。これは新しい事業基盤（第3章）にも、隠れた顧客セグメントの探索（第4章）にも当てはまる。ある意味ではケイパビリティ（第5章）にも当てはまる。隠れた資産の話に戻る前に、少し横道にそれるが、リーダー企業の経済優位性の価値について考えてみたい。なぜなら、我々のかかわった事例の大半において、その表層から一歩踏み出して本当の核心に到達してみると、多くの場合、最大限に開拓されていない市場への支配力や影響力――顧客へのポジション、製品のマーケットポジション（事業基盤）、またはケイパビリティ――を見つけることができるからだ。

適切に定義された競争市場においてリーダーの経済優位性を分析する中で明らかになった、以下の事実について考察を加えたい。

- 一つの業界にはたいてい六社以上の競合企業が存在する。通常上位二社がプロフィット・プールの七五％以上を獲得し、多くの場合、最大の市場支配力を持つトップ企業が、利益総額のおよそ七〇％と、企業価値の源泉（利益が資本コストを上回る部分）の七五％を獲得する（**図表2-4**）
- フォロワー企業（リーダー企業に追従する二番手以下の企業）は経済システム全体の緩衝材となっており、景気下降期には、より大きな変動と脆弱性を見せる。グローバル市場における明確なリーダ

図表2-4　プロフィット・プール獲得におけるリーダー企業の強み

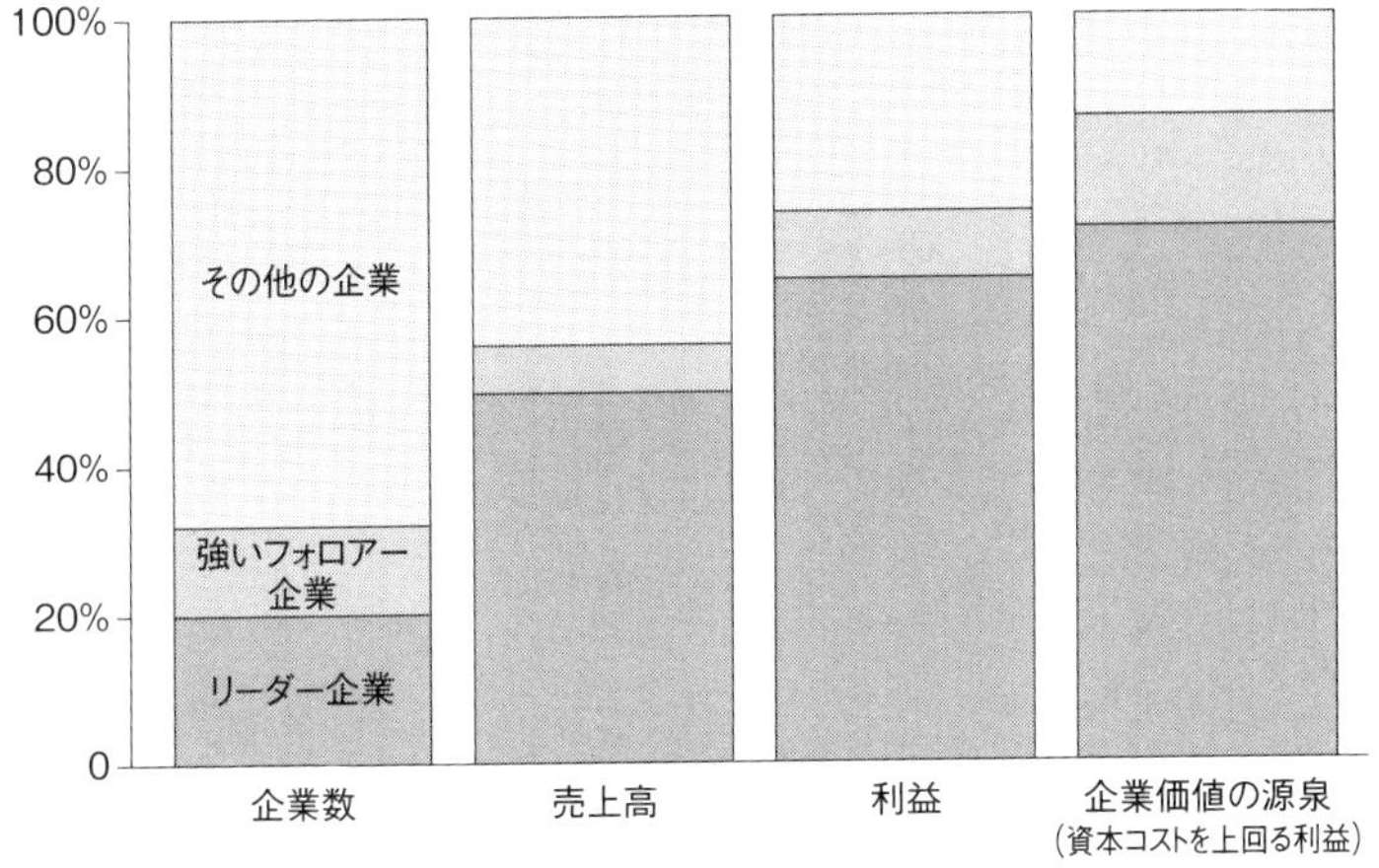

ー企業とフォロワー企業のペア二二組（ナイキ対リーボック、サウスウエスト航空対デルタ、インテル対AMD、メドトロニック対セント・ジュード・メディカル（医療機器会社）、ブリヂストン対コンチネンタルなど）を分析した結果、フォロワー企業の売上高営業利益率の分散の平均は、リーダー企業の三倍も大きいことが判明した。この差は、景気下降期にも利益を上げることができるというリーダー企業特有の優位性を示す。これは、不景気の時には、直接的な打撃を受けやすいフォロワー企業と比べ、リーダー企業の経済優位性の効果がより拡大して発揮されるからだと考えられる

●同一業界内の企業で比較をした場合、資本市場は、リーダー企業にはフォロワー企業に比べより大きなプレミアムを与えている。前記二二組の比較で、時価総額の簿価に対する比率を、市場がリーダー企業につけたプレミアムの指標と

して用いた。リーダー企業の時価簿価比率は、フォロワーの二倍近くに上った。これはリーダー企業に、資金調達、借入金の年間元利返済額の抑制、買収、および社員報酬において、生来的な優位性を与えているものと考えられる

●前記二二組の比較で、リーダー企業の再投資比率はフォロワーよりも三三％高いにもかかわらず、高収益と低コストを維持していた。手ごわい組み合わせである

●リーダー企業は、コアから二段階以内の周辺領域にコア事業を拡大した場合の成功確率も高い。相対的に近距離の成長策の場合においてさえも、明らかなフォロワーの成功確率は一七％程度でしかない。リーダー・フォロワーが競争関係において均衡状態にある企業の成功確率は、全企業の平均である二七％と同じくらいであり、明らかなリーダー企業の場合の成功確率は四〇％を超えている。繰り返しになるが、この差は、長期的な成長と価値の創造を追求する過程において、リーダー企業に非常に大きな優位性を与え得る。強力なリーダー企業はロイヤルティの高い顧客をずっと多く抱えているが、それはこれら企業のネット・プロモーター・スコア（NPS＝推奨者の正味比率）から見てとれる。[9] NPSは、ベインの同僚のフレッド・ライクヘルドが開発した、顧客のロイヤルティを、顧客が製品を他の人々に薦めたいという意思を数値化することによって測定する指標である。たとえばサウスウエスト航空のスコアは五一％だが、デルタはわずか一一％である。一部の企業、たとえばハーレーダビッドソンのスコアは八〇％で、これは通常NPSの測定に使われるグラフのテンプレートの上限値を超えている。既存の市場の境界内でフォロワー企業が伝統的な手法で競争するのは非常に難しい

弱いフォロワー企業の呪縛

本書においては、これまでリーダー企業が持つ力を強調してきた。その一方で、弱いフォロワー企業には何ができるのかについても考えてみたい。彼らにとって、競争環境を変えることができる一縷《る》の望みはあるのだろうか。すぐに効き目の出る魔法のような方法論は存在しない。むしろ、たとえ小さな領域であっても、リーダー企業の経済優位性を発揮できる領域を獲得するために、つらく骨の折れるような努力を続けることのほうが重要である。

我々は、日本の五一業界におけるフォロワー四〇二社（明らかに三位以下の企業）およびアメリカの同じ五一業界におけるフォロワー三九九社（同様に三位以下の企業）の調査を行った。実際にリーダー企業のグループに仲間入りした企業が何社あったのかを知るために、これら合計八〇一社の一九九〇年から二〇〇一年までの軌跡を調べた。その結果、どちらの国においてもリーダー企業のグループへ新たに加わった企業が約一〇％あった。さらに、どちらの国においてもフォロワーの三〇％以上がさらに地位を低下させていた。

市場の上位二位以内に上昇したフォロワー企業は、ほぼ例外なく以下の三つのどれかに当てはまる方法を採用していた。

第一の方法は、リーダー企業が対応できない革新的な製品の開発によるものであった。調査期間のスタート時点でフォロワーだった企業の約四％が、この要因によってリーダー企業のグループに仲間入りしていた。この例にはビデオゲームにおけるプレイステーションのソニーや、一九八七年のドライビールの開発によるアサヒビール、電話機のデザインに対するユニークなアプローチとGSM端末で優位を獲得したノキアなどが含まれる。

第二の方法は、小さな市場セグメントにおける自社特有の強みを、成長戦略を再構築するための独自の事業基盤として利用することである。その一例としては、エンタープライズ・レンタカーが代車と自動車整備工場セグメントにおけるリーダー企業としての地位を成長基盤に、世界最大のレンタカー会社となったことが挙げられる。

第三の方法は、規模で劣るにもかかわらず本当の市場支配力と影響力を与えてくれる低コストモデルの導入によって、業界のプロフィット・プールに対する主導権を獲得する方法である。この方法は、かつてフォロワーだった多くの企業が行った方法であり、例としては、書籍販売のアマゾン・ドット・コムやサウスウエスト航空が挙げられる。

このような成功例はあるものの、一般論でいうと弱いフォロワー企業が市場における地位を大きく上昇させたり、うまく事業転換を果たしたりしたというデータは極めて少ない。この項で取り上げた事例が強く示すように、最も希望の持てる戦略的行動は、社内奥深くに埋もれている差別化可能な優位性を持つ分野や、リーダー企業の経済優位性を有する小さな事業領域を見つけ、そこを出発点に戦略を修正することである。非常に多くの企業において、自社の製品、顧客、あるいは特定の状況に応じた本当の経済性が理解されていないようである。この事実は、フォロワー企業が、多くの場合自社では十分認識してはいないものの、リーダー企業として君臨する小さな事業領域を持っている可能性があることをも示唆している。

持続可能なコア事業を中心に改革を行う以外の方法は、製品イノベーションのアイデアがひらめくのを待つか、急成長市場を求めてコア事業からかけ離れた未知の領域へとび込むことである。しかし一般に、本書を通じて繰り返し指摘することだが、このような手法が成功する確率は、宝くじを買い、それを事業転換戦略だと名づけているのに等しい。そして宝くじを買うのは、通常、投資家や社員が経営陣に望んでいることではない。

●――ロイヤル・ヴォパック――成長するために一時的に縮小を選ぶ

リーダー企業の経済優位性をもたらし得る分野があるにもかかわらず、十分には活用されていないような状況を発見したら、その分野への投資額を「二倍にする」のが時として最善の策である。これをさらに大胆にしたものが「成長のための縮小（Shrink to grow）」という概念である。この概念は、より強固な事業基盤を必要とする企業にとって時として非常に有用であり、衰退しつつあるコア事業を立て直す現実的な作戦として人気を得始めているようだ。

実際、本書の二五件の事例研究のうちパーキンエルマー、サムスン、GUS、およびロイヤル・ヴォパックの四社が、この作戦を活用して大成功を収めている。ロイヤル・ヴォパックはバルクオイルと化学製品の独立系タンク貯蔵会社として首位を誇る企業であるが、海運業や流通業にも携わっていた。しかし二〇〇二年に株価が下落した際、同社は利益率が高く競争力も強い倉庫事業以外の全事業を分離し、二〇〇一年時点では売上高ベースで五六億ユーロであった事業規模を七億五〇〇〇万ユーロにまで縮小した。その結果、驚くべきことに同社の時価総額は事業の縮小前に比べて増大した。資金が潤沢になった同社は、既存事業の内部成長に加え、買収や新地域への進出といった戦略を取ることにより再び成長を始めている。

成長のための縮小という戦略は、それ自体が目的ではないものの、再定義への道を地ならしするためには効果的な戦術である。企業価値を高め、コア事業の一つにおいて経営資源の制約を取り払い、追加資源投入も行い強化・育成するという戦略の成功確率は非常に高く、およそ三件に二件の割合で成功している。

本章の締めくくりに、サムスン電子の簡単な事例を使って、この項の要点を示すこととしたい。

◉――サムスン――事業再定義のために必要な事業基盤を安定させる

一九九〇年代のほとんどは、韓国のコングロマリットであるサムスンの株式を所有したいと思う投資家は、わずかしかいなかった。製品は品質が低いとの評価を受けており、一流ブランドのリストに名前が出ることはなかった。財務状況はまるでフリーフォール（自由落下）を絵に描いたように大きく落ち込んでおり、一年間で時価総額は六〇％、利益は九五％も減少するほどであった。グループの中で最も価値のあるサムスン電子でさえ問題に直面していた。たとえばメモリーチップでは世界首位だったものの、急速に成長している携帯電話機市場においては、上位から大きく引き離され、五位に甘んじていた。

九八年に同社が直面していた状況は極めて厳しいものであった。当時、李健熙《イ・ゴンヒ》会長が社員に向けて「当社は過去最悪の危機に直面しています……生き残れるかどうか自体定かではありません。この危機を克服するためなら、私は財産も名誉も命も投げ打ってもかまわない」[10]と語ったほど、その状況は深刻であった。

幸運にも李会長はどれ一つとして失わずにすんだ。それどころか、同社を劇的な回復に導いたのである。サムスンの時価総額は一九九六年の二〇億ドルから二〇〇五年には七八〇億ドルに増加し、売上高営業利益率は四%から二一%に上昇した。社名ももはやマイナスイメージではなく、現在では世界で最も価値の高い二〇ブランドの一つに名を連ねている。家電製品業界において、サムスンはどの分野においても最も恐れられる競争相手の一つとなった。本書執筆時点で、同社はメモリーチップと携帯電話機のみならず、高価格帯のテレビとフラットスクリーンモニターでも上位にランクされている。

サムスンは瀬戸際まで状況を悪化させた後、構造調整本部を立ち上げて、組織的に問題解決に取り組んだ企業の一例である。サムスンはまずはリストラ、大規模なコスト削減に取り組み、そして戦略方針の抜本的な転換と組織の総点検を成功させた。同社の取り組みを検討してみよう。彼らの事例には他社にとっても役に立つ具体的な教訓が含まれており、また同社のケイパビリティに関する記述は本章の締めくくりとしても適切なものであろう。

成長に向けた集中。そして縮小　ますます厳しさを増すグローバルビジネスの世界で、絶えず技術に対する投資を怠らない競合企業を相手に競争を続けるうちに、サムスンは財務上の壁にぶち当たった。

同社は、コア事業である家電製品事業を安定化させるために必要な経営資源を、業績不振の他事業から解放し、コア事業にシフトしなければならなかった。グループ全体を通して（小型家庭器具など）三四の事業を閉鎖し、そのほかに付加価値の低い四二の事業を売却した。また、社内の二五〇件以上の大型投資プロジェクトを中止した。同社は持てる力の大半を、半導体とテレビといった家電製品を扱っているサムスン電子に集中させたのだ。

コスト基盤を安定させる

国内市場における比較的穏やかな競争環境を背景に、韓国では財閥《チェボル》（韓国の同族所有のコングロマリット）が繁栄していた。その中でサムスン電子は、自らの力では十分に資金を賄えないグループ内の弱体事業に対して資金を供給する「金のなる木」の役割を担わされていた。年々厳しさを増すグローバル競争の世界で、このような状況が続くことはサムスンにとって耐え難い重荷になっていた。また、終身雇用の権利を持つ社員が多く、しかもそういった社員が何世代にも及んでいるという事実も、同じく同社の重荷になっていた。この雇用構造はサムスンのリストラの実行部隊であった構造調整本部の激しい攻撃の対象になった。この結果、サムスン電子の社員数は一九九六年の八万四〇〇〇人から九九年の四万二〇〇〇人に減少している。次にコスト削減とともに、サプライチェーン中の不要資産の削減が構造調整本部チームの焦点となった。チームは迅速に業績不良の製品ラインを閉鎖し、九七年から九九年までに在庫を八〇億ウォン減らした。

業務のケイパビリティと事業基盤を強化する

おそらく最も長く続いた変革は（ある意味最も驚くべ

きことでもあったのだが）製品の品質とサイクルタイム短縮についてベストプラクティスを特定しコアの半導体事業に導入したことであった。ＤＲＡＭ（メモリー）からＬＳＩ（チップに埋め込んだマイクロプロセッサー・システム）まで、ほとんどの種類のチップでグローバルサプライヤーとして上位三社に入っていたことを考えると、この半導体事業は十分に活用されていない隠れた資産であった。

同社はこの時期に世界中、特に日本から飛行機一機分もの技術コンサルタントを呼び寄せて、半導体製造の各段階で世界的なベストプラクティスを実践する企業になろうとした。この過程で同社の新しい半導体製造施設の建設におけるサイクルタイムは業界平均の水準から最高水準にまで短縮され、これら工場で製造される新製品において、最速で高水準の歩留まりを達成した。サムスンはトップグループに入ってはいるものの以前は非効率だった半導体ビジネスの潜在能力を、次の投資先である高級家電製品に投入した。同社はこの高級家電製品セグメントにおける重要技術をすべて持っている数少ない企業の一つであったし、これほど多くの製品ラインで強力かつ低コストを誇る企業はほかにはなかった。

その後まもなく、サムスンは技術の特許申請に関してもフォロアーから世界トップクラスに仲間入りした（一九九〇年代初頭の年間三〇〇件から、一九九〇年代末の一四〇〇件にまで増加している）。

成長モデルを再定義するために新しいケイパビリティを追加する　この事業基盤とともに、サムスンは家電製品のコア技術を持っており最高級のデザイナーを雇える分野に選択的に投資を行った。現在同社は、モニター、ビデオ（ＶＣＲ）、薄型ディスプレイや携帯電話機のような一連の消費市場でリーダー企業になっている。サムスンはあたかも一晩のうちに、何もないところから世界で最も価値ある消費者ブランドの上位二〇社に仲間入りしたのである。

現在もサムスンの構造調整本部は、大規模な全社計画の推進と、社内に取り入れてベンチマークとすべきベストプラクティスを国外で探し出すという任務を続けている。これほど精力的に動き回りかつ強力な権限を与えられた内部組織を持つ大企業は少ない。二〇人を超える事業部門のトップが構造調整本部で働いた経験を持ち、同本部での教育を経験しているのは、さらに興味深いことである。

5 戦略的バランスシートのマネジメント

以下の三つの論点は、シンプルだが本書における重要な論点である。まず第一に、多くの企業が、かつてはうまく機能していた成長法則が限界に近づきつつあることに気づき、コア事業を根本的に変革すべきか否かを判断する必要に迫られるようになっている。第二に、変化の警告信号は、典型的な財務データや稼働率よりも、(本書の「コア事業の現状診断」で測定できる) 表に現れにくい水面下に潜んでいる隠れた負債に現れることが多い。第三に、最も成功している事業変革は、実際には個々の事業活動単位で漸進的に行われていることが多い。その変革は (急成長市場などではなく) 新たなコア事業におけるリーダー企業の経済優位性の獲得を目標とし、成長のための反復可能な成長法則を模索しながら、隠れた資産をその足場として認識されることが多い、という三点である。

コア事業の再定義は常に可能なわけではなく、再定義による解決が適当でない場合もある。プロフィット・プールの崩壊、破壊的技術による競合他社からの攻撃、あるいは今までの成長法則が突然この先の道筋を失ってしまったといった状況に対し、実行可能な解決策が見つからない企業もあることであろう。そうした企業に対しては、まず、隠れた資産を探し出し、本書が示す方法に従って、問題に対する賢明な解決策を見つけ出す作業を行うことである。しかし、すべての事業において再定義が可能なわけではなく、またすべての企業に対して、事業価値を破壊せずに未来を切り開く道があるわけではないのも事実である。そのような場合の解決策は、自社よりも明るい将来性を持つ競合企業と合併するか、自社に足りないものを持っている企業と合併するか、あるいは時間をかけて清算し、株主に返すキャッシュを生み出すことなのかもしれない。

歴史的に見ると最も価値を破壊する賢明でない選択は、絶望に駆られた結果、大胆な〝賭け〟に打って出ることである。具体的には、急成長市場にとびついたり、リスクの高い新技術にすべてを賭けたり、残った資源でビッグバン型（大規模で劇的な）の事業転換策に打って出ることである。これらの方法が成功する確率は、宝くじを買うことと大して変わらない。本書のテーマは成功の確率を理解することと、再生への道筋が存在する場合に、それを見つける実証済みの方法を示すことである。本書はコア事業の再定義が常に解決策であるとか、常に有利な経済性を持って実行できるということを保証するものではない。しかし最悪なのは、隠れた資産に基づいた新しい戦略によって、明らかに価値を創造することができる状況にあるにもかかわらず、破壊的な手段をとったり、価値の創造をあきらめてしまったりすることだ。

次章からは、成長に再び点火することのできる隠れた資産とは何か、また、コア事業を再生するために隠れた資産を最大限に利用するには、どのような方法があるのかについての議論することとしたい。

第3章　隠れた資産：過小評価されている事業基盤

本書のメッセージの中心は、企業の将来を決定づける戦略策定・実行過程において、企業が所有する隠れた資産が重要な成功のカギを握ることが非常に多い、ということである。この隠れた資産とは、企業が過去の成長局面を通じ、自然と社内に集まり、育まれたものである。

もちろん、だからといって隠れた資産がすべての局面においてあらゆる問題を解決するとか、社内でなくて社外に目を向けることは不必要だ、といっているわけではない。むしろ戦略転換の際には、ほとんど例外なく、新しいケイパビリティを獲得することが必須である。ただ重要なのは、戦略転換に必要な新たな戦略要素の多くはすでに社内にあるにもかかわらず、将来の成長を生み出すタネとして十分には評価されていない場合が多いということである。そこで、我々はこれらの戦略要素を「隠れた資産」と呼んでいる。企業がその存在を無視しているわけではないが、その有用性と長期的な意味での本当の価値を過小評価していることは極めて多い。

事業転換において重要な役割を果たす「隠れた資産」は、三つのカテゴリーに分類できる。

最初のカテゴリーは、過小評価されている事業基盤であり、新しい戦略の支柱を作るために実行された周辺領域への一連の拡大策や、十分に活用されていない社内サポート機能や、十分評価されていない製品や製品群といった資産によって構成されている。これらは、完全な新事業を立ち上げるケースにも、旧来のコア事業の重心を再定義するケースにも、新たな成長の核を作り出す手段となり得る。

以下のパーキンエルマーの例では、隠れた事業基盤（この場合は隠れた製品群）が、どのようにして企業のコア事業を再定義し、成長を取り戻すカギとなり得るのかを示している。

1 パーキンエルマー——DNAを変える

子供のころ、ディック・パーキンは天文学に夢中になっていた。彼は一三歳の時、自宅の地下室で望遠鏡のレンズを磨き始めた。そして一九三七年、三一歳になった彼は、パートナーのチャールズ・エルマーと、マンハッタンで精密光学部品を製作する会社を設立した。

第二次世界大戦が勃発するころには、精密光学部品におけるこの新鋭企業の評判はすでに広まっていた。同社は米軍の戦車用ペリスコープ（潜望鏡）と航空偵察用カメラを供給する主要企業としての地位を築いていた。終戦とともに、パーキンエルマーは、新興市場であった分光光度計やガスクロマトグラフのような分析機器用の光エレクトロニクス事業に参入し、すぐに市場リーダーになった。また、同社は大型望遠鏡の製造においてもトップ企業であった。一九五七年には、同年に発射されアメリカ中を震撼させたロシアの人工衛星（スプートニク1号）の軌道を追跡するよう、アメリカ政府はパーキンエルマーに依頼した。その後、同社はアメリカ航空宇宙局（NASA）のためにハッブル宇宙望遠鏡も製造している[1]。

一九九〇年代初頭、パーキンエルマーは偶然にも、DNAを増幅する製品の開発を目的としたシータス・コーポレーションとの戦略的提携を通じて、新しい事業領域への拡大を目指すことになる。同社との提携の過程でパーキンエルマーは、ポリメラーゼ連鎖反応（PCR）法と呼ばれる最先端の技術の特許を取得した。さらにその後、社内ではかなり異論が出ていたが、アプライドバイオシステムズという、シリコンバレーにある小さなライフサイエンス機器メーカーを買収した。

しかし、さまざまな試みにもかかわらず、何をやっても、同社は昔の勢いを取り戻すことはできなかった。一九九三年時点で、パーキンエルマーのコア市場は停滞しており、同社は低コストの競合企業の脅威にさらされていた。売上高は一〇年前と同じ一二億ドルのままで、純利益は八三〇〇万ドルの赤字だった。この一〇年間で、パーキンエルマーのマーケットポジションは徐々に競合に侵食され、同社は株主価値を生み出すことができずにいた。取締役会は、新たな道を切り開いてくれるCEOを求めた。白羽の矢が立ったのは、トニー・ホワイトである。彼はバクスターインターナショナル（医薬・医療機器会社）で二六年間順調に出世を遂げ、キャリアの仕上げに新たな挑戦機会を探していた。ホワイトが九五年にCEOに就任した時、同社は、ゼロ成長、低収益であり、かつその状況を修復する計画すら持っていなかった。ホワイトが述懐する。

私がこの会社に来た時、会社は本当に厳しい状況でした。最初に感じたのは、この会社を完全に変革し、現在は小規模にとどまっているライフサイエンス機器分野に多額の投資を行わなければならない、ということです。そして、従来のコア事業である分析機器事業の低収益性の問題を解決し、その事業の利益を使って新しいコア事業に資金を投入しなければいけない。簡単な調査・検討を行った結果、事業転換は、リスクは高いが可能だという結論に至りました。そこでＣＥＯの仕事を引き受けました。以前から改革へのアイデアを持っていたので、就任直後にはまずその計画の精査に取りかかりました。私は、この会社に対して大きな意義のあることをやり遂げたい。そして、この会社を立て直す唯一の方法は、衰退しつつある旧来の実験機器企業から、新興のライフサイエンス産業に注力する企業として進化させ、人々に認識してもらうことだと考えたのです。

パーキンエルマーは偶然にも早い段階でＰＣＲ技術に携わっており、その技術の共同所有者となっていました。一九九三年にはアプライドバイオシステムズ（ＡＢ）を買収していましたが、カタログに新しい製品をつけ加える新しい機器分野として買収したにすぎませんでした。

買収後ＡＢを解体し、〝部品〟を社内のいろいろな部署にばらまいている現状を見て、大きな思い違いをしているのではないかと強く感じました。この会社がどんなに有効な資源を持っているかを、現経営陣は理解できていない。そこで、私がまず初めに行ったのは、ＡＢの各〝部品〟をもう一度集め直し、この部門の新社長にマイク・ハンカピラーを任命することでした。そして、ライフサイエンスにおける検出技術でリーダーの地位を築いていたこのユニークな事業基盤を中心に、当社のコア事業を今後三年かけて改革する、と宣言しました。[2]

オープンかつ頻繁なコミュニケーション

社員に最初に伝えたのは、現経営陣と私が、三年以内に伝統的なコア事業から撤退する計画を立てているということです。私は全社員と、個別または小人数のグループで会い、伝統的なコア事業と新しいコア事業の役割の違いを伝えました。また、この事業転換を実行するために、各事業の従業員ごとに、個々人の役割を反映した別々のインセンティブを用意しました。従来の事業については七五〇〇万ドルから一億ドルのコスト削減を計画し、実行に移しました。実際には当初の計画以上にコストを削減できました。ＡＢの事業では、三七〇〇形ＤＮＡシーケンサー（ＤＮＡ塩基配列自動読み取り装置）の製品ラインの生産開始によって、三年間で売上高を四億ドルから一〇億ドルに増やすことを目標にしたのです。

ホワイトは続けて、もう一つの重要な施策を実行に移した。一匹狼であった科学者のクレイグ・ベンターを雇い入れ、ＡＢのＤＮＡシーケンサーを使ってヒトゲノムの配列を完全解読するチームを作らせたのだ。このチームが成功すれば、ヒトゲノム配列の完全解読という偉業を達成する世界で最初のチームとなれる。それは実質的に人類の生命のカギを開けた世界初のチームとなることを意味するのだった。

同社は、当初はヒトゲノムの解読を目的とし、解読後はその解析結果をデータ提供および診断事業に活用すべく、セレーラという子会社を設立した。このベンチャーの運営資金のために、ホワイトは公募増資で一〇億ドル調達した。さらに最初の三年の事業計画に従い、伝統的なコア事業であった分析機器製造事業からも撤退した。この事業を買収したマサチューセッツ州ウェルズリーに本拠を置くEG&Gは、分析機器事業に四億二五〇〇万ドルを支払い、買収後即座に社名をパーキンエルマーに変えた。一方、ホワイトは、アプライドバイオシステムズ（シーケンサーと関連消耗品に特化）とセレーラジェノミックス両社の持株会社として、アプレラという会社を設立した。資金調達と正当な事業価値評価を確保することを目的に、子会社であるセレーラも単独で株式（現在はトラッキングストック）を発行している【訳注：トラッキングストックは、親会社発行の株式でありながら、配当や株価は特定の子会社または事業の業績に連動して変動する株式。アプレラ社は一九九九年に同社の株式をセレーラとABのトラッキングストックに交換したため、現在はアプレラグループ全体を代表する株式は発行されていない】。

ホワイトは、さらに語る。

私の祖父は常々、「決して社運を賭けるようなことをしてはならない」と言っていました。しかし、社運を賭けて何かに挑戦しなければならない時もある。今回の決断は、まさにそんな場合の一つでした。私にはヒトゲノムを解読できるという強い確信がありましたし、政府が民間企業に負けじと、ヒトゲノムの解読競争に乗り出してきて、我々に挑戦してきた時はうれしかったですね。従来の分析機器事業の社員と違い、ABの社員はリスクを厭わない若いシリコンバレー・タイプの社員でした。柔軟性や社会的使命のほうに関心が強く、雇用の安定はあまり気にかけない。今回の挑戦の根幹的テーマは、「我々が世界を変える」ということ以外にありませんでした。我々が癌やアルツハイマー治療への道筋づくりを手助けしたのだと、孫たちに自慢できるじゃないですか。

結局、セレーラはこの競争に勝ち、ヒトゲノムを解読した最初のグループになった。これは、過去一〇年のビジネス界において最も劇的な出来事の一つである。政府がスポンサーになっていたヒトゲノム計画――この計画には、ＤＮＡの二重らせん構造の共同発見者で、ノーベル賞受賞者のジェームズ・ワトソン博士も参加していた――に勝ったのである。

セレーラのゲノム解読という偉業達成以来、遺伝子治療、診断試験、あるいは薬の効能を人間の体内でより正確に機能させる手法など、科学とビジネスの両面においてさまざまな応用がなされてきた。さらにこの偉業は、ＤＮＡ鑑定や他の犯罪捜査においても革命をもたらしている。

ホワイトが祖父の忠告に背いてまで、社運を賭け挑戦を行ったのはなぜだろうか。「ヒトゲノムを解読できるという強い自信がありました。社内の科学者に加えて、当社取締役のアーニー・レヴィンのような外部の科学顧問の意見も聞きました。決定的な瞬間は、ある日、車で移動している最中に訪れました。アーニー・レヴィンが自分自身でゲノム解読の可能性について詳細な調査を行い、私に電話をかけてきてこう言ったのです。『我々にはできると思う』と。それ聞き、私はこう答えました『今やらないと、きっと後悔する』。もしもやってみなかったら、将来、自分のことを決して許せないだろうし、株主も私のことを決して許さないだろうと考えたのでした[3]」

ゲノム技術に対する市場の興奮が急激な盛り上がりをみせ、セレーラの株価は二〇〇〇年三月に二四七ドルにまで跳ね上がった。この小さな会社に一八〇億ドルの価値があったことになる。最近の株価は現実的な水準に戻っているが、それでも同社の事業転換の全過程を通じて同社の株式を保有し続けた株主たちは満足しているだろう。ホワイトが戦略を発表した時に、パーキンエルマーの株式を所有していた投資家は、約二〇〇〇％の値上がりによる利益を享受したことになる。加えて、ヒトゲノムを解読した企業の一部を所有しているという名誉もある。付け加えておくと、ニュースの見出しを飾ったのはセレーラであったが、解析装置事業で世界標準になったのはアプライドバイオシステムズであった。同社はシーケンサー市場における強力なポジションと、一九億ドルの売上高と二億七五〇〇万ドルの純利益を活用して、周辺事業領域で新しい成長機会を追求するための強固な事業基盤を築いたのである。

パーキンエルマーという一つのめざましい成功事例の中に、多くの重要な洞察が含まれている。第一に、企業全体の改革が、遺伝子解析装置と当該装置の消耗品という、当時は他の科学装置とともにカタログの奥深くに埋もれて、過小評価されていた資産に基づいて行われた点である。第二に、伝統的な分析機器事業を売却することによって、パーキンエルマーは将来成長するための準備としていったん縮小することを選択した点が挙げられる。成長のための縮小という手法は、潜在性を持つ資産を経営資源の制約から解放するのに有効だが、まだまだ十分には使われていない。第三に、変革過程は、一連の精力的なコスト削減および業務生産性向上策から始まった、という点である。それらの業績改善施策は、新しい戦略に火をつけるとともに、従来のコア事業である分析機器事業の（売却という）新たな将来に向け、これらを安定化しかつ強化するキャッシュを生み出すために実行されたのである。

最後に、パーキンエルマーが抱えていた問題は、単なる財務データと市場シェアの数字が示す以上に根が深かったことが判明した。その問題とは、海外の機器メーカーに対する同社の相対的なコスト競争力の低下や、新製品に関して十分なイノベーションがないことにより徐々に侵食が進んでいた顧客基盤といった、同社事業の核心に迫る問題だったのである。

●——パーキンエルマーにおける「人」の問題

パーキンエルマーの事業転換の例は、戦略の実行段階における現実的な問題を数多く浮き彫りにしている。それは、それぞれが違うミッションを持つ部署単位で分割された組織を、どのように取り扱うべきかという問題である。過去からの完全な決別によって当然のごとく生まれるであろう不協和音に対して、どう対処すべきだろうか。

トニー・ホワイトと経営陣は、改革当初から、新旧の組織が持つ異なる役割と、それぞれの組織が志向すべき具体的な戦略や到達点について明確にしておくべきだと判断した。伝統的な分析機器事業の管理職に対しては、ライフサイエンス事業の円滑な分離、大幅なコスト削減とリストラ（工場閉鎖と統合など）の成果、および事業の売却またはスピンオフへの準備状況に基づき、個人の成果を評価すると伝えた。

この役割に同意しなかった社員は適切な形での警告を受けた。辞めていった者もいた。とどまった者は、キャッシュフローとコストの目標に重点を置いた新しいインセンティブを与えられた。さらにパーキンエルマーは、分析機器事業部門のために可能な限り最善の親会社を探すつもりであると従業員に約束していた。この約束が本気であることを従業員たちに示すために、ホワイトは最初から明確なスケジュールを公表していたのだ。「これは、分析機器事業にとって特に重要なことでした。私は、改革に向けた時間軸を非常に重視しています。なぜなら、時間軸を明確にしないと信じてもらえないからです。今思えば、三年後という期限の設定はどうしても必要でした」。ホワイトのチームが約束どおりに、分析機器事業に最適な親会社を見つけ出したことは、非常に興味深い。正反対の役割、根本的に異なる戦略の優先順位（かたや成長ともう一方では業務遂行能力の強化）、そして異なる改革の時間軸を持つ二つの部門へと企業を分けるのは容易ではない。これを実行するには、経営陣が率直であること、個々人に明確なインセンティブが与えられていること、そして、なぜその方向性が企業内の両部門にとっても正しい道筋なのかという疑問に対し、説得力あるロジックが必要であると考えられる。そのような難しい条件の中で、彼らはそれをやってのけたのだ。

ホワイトがさらに説明を加えた。

このような状況においてCEOの最も重要な仕事は、コンセンサスを形成すること。コンセンサスなしに忠誠心を得ることはできません。CEOが新しい書類を持って現れて、「これを読むように」というようなやり方ではうまくいかないのです。コンセンサスを形成することは、あらゆる観点を考慮しなければならない双方向のプロセスです。社長に同意します、と言いながら、本当はそうではない社員がたくさんいるものです。だからこの課題には絶えず取り組む必要がある。あらゆるレベルの社員と、何度も繰り返しブレックファスト・ミーティングとランチ・ミーティングを行いました。特に、社内の各部門で大きく異なるニーズを理解し、それらを考慮に入れることが極めて重要です。分析機器事業部門の社員は、遺伝子を分析する製品で世界を変えたいと望んでいるシリコンバレーの科学者タイプの社員とは、明らかに異なるニーズと願望を持っていましたから……。

両グループを結びつけるテーマは株価であった。両グループは努力して株価を上昇させ、ともに新しいインセンティブ・プランの下でその利益を享受した。

何千人もの社員、複雑な顧客ネットワーク、過去の戦略の遺産、および幾重にもわたる複雑さ――。これらを抱える企業が再生できるのは、〝限られたパターン〟に従い成長できた場合だけであると考える。その限られたパターンとは、さまざまな業界で何度も繰り返し実践されているものであり、以下のような複数の要素の組み合わせにより構成されているものである。

- 物事を論理的連関性だけでなく、別の観点・角度から眺める極めて優れた水平思考
- 将来に対する明確で時宜を得た洞察
- コア事業の現状に対する認識
- 過去の成長法則にとっては重要ではなかったが、今や未来に対するカギを握っているように見える隠れた資産

2　新たなコア事業の重心

フォーチュン五〇〇社の業績に対する我々の調査によると、コア事業を一つしか持たない企業のうち、戦略方針を大幅に変えた企業の三〇〜三五％は、隠れた事業基盤に基づいて戦略の転換を実現していた。我々が精査した二五件の事例では、およそ半分がそのような資産をもとにコア事業を再定義していた。

また別の調査として、ベイン・アンド・カンパニーが自社の顧客のために引き受けた一〇五件の戦略事例に対して分析を行った。この分析では、利益拡大のための次世代の成長の波を追い求め、多くの場合には戦略の転換も企図して、クライアント各社がベイン・アンド・カンパニーに支援を依頼した戦略事例を調査対象としている。この分析の担当者によると、最終的な戦略の中核になったものの多くは、本章で述べられている「隠れた事業基盤」であったという。三四％の事例でカギとなった事業基盤は、活用されていないかつての周辺領域への拡大策であり、それは企業に新たな戦略的成長機会を創り出した。二六％の事例でカギとなったのは、重要なケイパビリティか社内のサポート機能であり、それらが認識されていた以上の潜在能力を持っているということが判明した。また、七％の事例ではカギとなる事業基盤は、十分活用されていない製品ラインであった。

コア事業の再定義のもととなる事業基盤として、我々は以下の三つの主要なタイプを見出した。

●コア事業を拡大するために参入した周辺領域（新しい地域、新しい流通チャネルなど）であり、それ自体が新しい戦略の基盤としてより大きな可能性を秘めているもの
●コア事業に対する支援サービス／活動（たとえばカスタマーサービス部門や独自の情報システム）
●ノンコア（非中核）事業と孤立した製品ライン

本章では、長期にわたって過小評価されてきたこれらの資産を順に説明する。また、そのような資産を見つけ出す方法論を提案するとともに、コア事業をよみがえらせる上で要になり得る、事業基盤が満たすべき条件についても考察する。

すべての企業においてこのような隠れた事業基盤があるわけではない。むしろ多くの企業においては、明確に存在しないとさえいえるであろう。さらに、一部の企業は規模が大きすぎるがゆえに、全社的な戦略に影響を与えるには、隠れた資産に基づく施策を複数個実施する必要があるかもしれない。しかし筆者の経験によると、企業は、何年もの歳月をかけて自社が築き上げてきたこのような資産を、十分には認識できていないようである。また、十分品質がよいレンズ（視点）、もしくは精密か創造的なレンズ（視点）を通して、それらの資産を観察しているわけでもない。このような資産を持つ企業は、どんなレンズ（視点）を持つかが事業転換において決定的な違いを生むのだ。

◉——事業基盤1：コア事業の周辺領域

我々の行った調査・研究によると、平均的な優良企業の新しい成長の大半は、いわゆる「周辺領域」への進出策に由来していることを発見した。周辺領域とは、新しい地域、新しい顧客セグメント、新製品またはサービス、隣接したバリューチェーン、または新しいチャネルといった、コア事業の周辺に位置する領域のことである。大規模なデータの分析を行った結果、このような施策の個々の成功確率は二〇～二五％であった。しかし、一部の企業は、反復可能な成長法則を開発し、それによって競合企業よりも俊敏に行動を起こし、はるかに高い成功確率を実現していた。

周辺領域への拡大は、ほとんどの企業が採用している成長への一手段である。一見地味だが、一つの事業から別の事業へと自然に進んでいくこの拡大策が、驚くべき方法で結合し合い、大きな成長のための新しい基盤になることもある。また、それがまったく新しい戦略を思いつくきっかけになることすらある。例としてスウェーデン企業のドメティックのケースを見てみよう。同社はコアの冷蔵庫事業において、数多くの周辺領域への進出に成功していた。そして、コア事業の境界とその経済性を完全に変えてしまうような、予想もしていなかった新たな事業の重心を創り出すことに成功したのである。

◉――ドメティックはどうやってライバル企業を「冷却」させたか

一九二二年、カール・ミュンターとバルザー・フォン・プラテンというスウェーデン人の二人の工学部の学生が、興味深い発見をした。アブソープション（吸収）技術として知られるものを利用することによって、小型の静かな冷却装置を作ったのだ。その一年後、スウェーデン企業のＡＢエレクトロラックスが、二人が持っていた特許権を買い取り、吸収式冷蔵庫の製造を始めた。家庭用冷蔵庫の大半が、冷気を生み出すにあたり電気モーター駆動のコンプレッサーを使っているのに対して、吸収式冷蔵庫では、可動部品もなければ電気も使わずに、プロパンタンクのような熱源のみで稼働した。このような特性によって、この種の冷蔵庫は、ボートやＲＶ（キャンピングカー、トラベルトレーラーなどのＲＶ車）のような、電源を手に入れにくい場所で特に重宝される。エレクトロラックスで吸収式冷蔵庫を扱っている部門はエレクトロラックス・レジャー・アプライアンスであったが、後に独立してドメティックグループとなった。

一九七三年時点では、ドメティックはまだ小規模で売上高は八〇〇〇万クローネにすぎず、赤字の状態であった。しかし、何度かコア事業の再定義を繰り返した結果、二〇〇五年には売上高は七三億クローネ（約一二億ドル）になっていた。高い収益力を持ち、すべてのコア市場において主導的な地位を築いた。小規模で、改善の余地の少ない伝統的な事業が、高収益の市場リーダーへと変化を遂げていたのだ。

ドメティックの変化を主導したのは、スヴェン・ストルクである。当初は業績のふるわないエレクトロラックスの製品ラインを立て直すことが彼の中心課題であったが、二〇〇一年にプライベート・エクイティのEQTに買収された後、ドメティックの社長兼CEOに就任し、さらに数年後には取締役会会長となった。ストルクと同社の経営陣は、吸収式冷蔵庫をホテルのミニバー市場へと売り込んだ。吸収式冷蔵庫の静音性が、従来の冷蔵庫に対する強みとなったのだ。この事業は急速に拡大し、同社は多くの競合企業を買収した。次に彼らは、急拡大を始めていたRV市場向けに製品ラインを拡大することを決断した。一九五〇年代にドメティックがつくり出したRV用冷蔵庫市場におけるシェアは年々上昇し、このセグメントにおいてほぼ一〇〇%のシェアを獲得するまでになった。このRV用冷蔵庫事業が、同社が自社を再定義する際に、基盤となる持続的成長が可能なコア事業となったのである。

その次に何が起きたのかを、ストルクが語ってくれた。

我々はRVを、本当にそこに住めるような空間にしてしまおうと考えました。顧客をよく知れば気がつく当然の発想でしたが、メーカーや、特に社内の他の部門を説得するのには少し時間がかかりました。この新しい方向性から、一九八三年のエアコンや八六年の自動サンバイザーなど、他の関連するシステムを当社の製品ラインに徐々に加え、すべての製品を今までのRV用冷蔵庫と同様、機器設置業者とディーラーのチャネルを通じて販売し始めました。これらを通じて、徐々にこのチャネルにおける市場支配力を獲得し始めたのです。さらにRVの居心地を向上する機能を持った製品ラインを、一つずつ増やしていきました。キッチン設備、照明、衛生システム、浄水器、発電機などです。製品の拡充を通して、RV用の完全なシステムが社内に蓄積されていきましたが、そのうち六〇％は自社内部による成長で、四〇％は買収によるものです。この期間の二九件の買収を通じて、当社は買収を行う上での成長法則をも獲得しました。これは他の競合企業にはまったくない経験であり、現在では当社のコア・ケイパビリティとなっています。

またこの過程で、アメリカでのディーラー事業を合理化することを決断しました。流通チャネルを通さずディーラーと直接取引することによって、コスト構造の劇的な改善を実現するためです。我々は、まるで軍事行動をとるかのように、リスクに対する備えを万全にしておきました。我々のこの決断は大成功でした。この改善策を成功させるだけの規模を持つ企業は、当社だけだったと思います。おかげで、ライバルの出鼻を完全にくじくことができました。次に我々は、製品開発スピードに集中し、可能な時はいつでも、競合企業との差をさらに広げるように努力しました。こうして、開発スピードを上げることを可能にした数々のスキルは、当社のコア・ケイパビリティの一部になっています[4]。

現在ドメティックはRVの内装システムで七五％の世界シェアを持ち、流通チャネルでも主導的地位にある。同社は新たな周辺領域にも手を広げている。特に「住める」性質を持つ他のタイプの乗り物（ボートと長距離トラックなど）の市場である。低成長のRV市場において、同社は一九九〇年から二〇〇五年まで利益を増やしながら年率一〇％の成長を続けている。これは、高成長市場にいる企業にとっても羨むべき数字であろう。比較のために挙げると、実質売上高で五％成長を達成し、利益を伸ばし、かつ資本コストをカバーする利益を上げた企業は、Ｇ７諸国の株式公開企業のうちわずか七％にすぎない。ドメティックは、ほとんどだれも気にかけないような市場で、暗澹としているように見えた出発点から、前述の三つの基準をすべてクリアする優良企業へと変貌を遂げたのだ。吸収式冷却機器市場とRV市場という二つの周辺市場への連続的な進出策の実行過程で、有望市場に徹底的にフォーカスすることにより、同社はコア事業のシフトを実現し、自分自身をつくり変えたのである。

何年にもわたって行われたドメティックの成長と再定義の基本パターンは、我々が概説した成功の四つの重要原則――①事業転換は漸進主義で進める、②隠れた資産を発見して活用する、③リーダー企業の経済優位性を戦略の中核にする、④企業独自の反復可能な成長法則を別の周辺領域に適用する――での教科書的な好事例である。最初の法則では、吸収式冷蔵装置事業という軸にそって製品から製品（その一つはRV用冷蔵庫）へと移動した。二番目の法則では、今度はRV用冷蔵庫から一連のRV用内装部品へと斜めに移動し、最終的にはこのセグメントと販売チャネルでリーダー企業になった。そして第三の法則は現在実行中であり、同社が持つこの戦略パターンを、ボートから長距離トラックに至る他の乗り物の内装システムで再現することを試みている。

企業が戦略を再定義する上での方策のうち、たとえ周辺領域への進出策が優れていたとしても、企業は変革にあたり事業モデルを根本的に再創造すべきであると信じるいわゆる「戦略家」にとっては、あまり興味を引かないかもしれない。しかしコア事業に深刻な問題を抱える多くの企業は、隠れた資産に基づく戦略の再構築で、戦略的負債の増大がもたらす甚大な影響に対応してきたのだ。おそらく最良の手法は、ドメティックの例のように過去に行った一連の周辺領域への拡大策を通じ、新しい戦略方針の策定が可能となることを発見することだ。その発見が、新しい戦略的方向性に向けた一連の反復する新事業領域への進出の動きを活発化させるであろう。さらなる成長を促す反復可能な成長法則を中心に新たな戦略を発見できれば、成長に向けた最高のチャンスを獲得できる。ナイキ対リーボック、ウォルマート対Kマート、スターバックス対近所の喫茶店などの例から見て取れるように、熾烈な競争の勝敗を決める核心にあるのは、反復可能な成長法則を活用できるか否かである。

◉事業基盤2：超一流のサポート部門

大成功を収めた事業再生のきっかけのうちいくつかは、コア事業のサポートに必須ではあるが脇役の機能やケイパビリティが、その後舞台の主役として躍り出てきたものであった。IBM、GEキャピタル、アメリカン航空の三つの成功事例がこのパターンに当てはまる。企業再生における事業基盤が果たす役割の重要性は、以下に述べるこれらの企業の成功を通じて実証されている。

二〇〇五年にIBM全体の利益の三五％を稼いだ同社のグローバル・サービス・グループは、以前は経営陣の視界にはほとんど入っていなかった。変化の速いパソコン業界における競争や、メインフレームやミニコンピュータのような厳しい市場で悪戦苦闘していた時、IBMでサービス機能に注目している人はまったくといっていいほどいなかった。事業転換のきっかけとなったのは「インテグレーテッド・システム・サービスコーポレーション（ISSC）というIBMの一〇〇％子会社だった」と、当時のCEOルイス・ガースナーは述懐している。「ISSCはアメリカ国内のサービスとネットワーク事業を担当していた。将来性はあるけれど、IBMの事業の中では目立たない存在だった。独立した事業部門ですらなく、営業部門の下部組織だった」[5]

ガースナーと経営陣は、一九九三年にＩＢＭのハードウエア部門から独立したサービス事業を創設することを決定した。実際このサービス部門は、状況に応じてヒューレット・パッカードやサンやマイクロソフトなどの他社製品を顧客に推薦することも許されていた。九六年にはＩＢＭグローバル・サービスを別会社として分離した。九九年から二〇〇一年にかけ、同社のハードウエア事業の売上高が三七〇億ドル付近で低迷し、さらに三三〇億ドルへと減少する中、この新しいサービス事業が会社の成長を担い始めた。二〇〇一年にはサービス事業の売上高は三五〇億ドルに達し、ＩＢＭのハードウエア事業全体を上回り、企業価値のおよそ三分の二を占めるようになっていた。「ＩＢＭグローバル・サービスの設立が失敗していれば、ＩＢＭは、少なくとも私が思い描くＩＢＭという視点からは、破綻していたと思う」とガースナーは語る。このコメントがすべてを物語っているように思われる。

同様に、ジャック・ウェルチがゼネラル・エレクトリック（ＧＥ）で過ごした最後の一〇年間に同社の企業価値増加額の六〇％以上を担っていたのは、ＧＥキャピタルという、それまでほとんど気にかけられていなかった事業であった。ＧＥキャピタルは、一九三〇年代の大恐慌時代に消費者の電気製品購入をサポートするために設立された。同部門は、一九八〇年代後半までＧＥの機器事業のさまざまな顧客に対するサポート部門として緩やかな成長を続けていた。同社はこのサポート事業の戦略を新たに策定し、高い収益性を維持しながら規模を大幅に拡大することが可能かどうか見極めることにした。そして、この拡大戦略は成功を遂げたのである。

一九九〇年から二〇〇〇年までに、ＧＥキャピタルは一七〇件以上の買収を行ったが、これは一カ月に一件以上のペースである。二〇〇五年にはＧＥキャピタルは総資産三九四〇億ドルという驚くべき規模に到達し、ＧＥの利益の三五％を占めるようになっていた。この部門が同社の中で主導的な役割を与えられた以降、ＧＥの株主価値の増加の三分の二はＧＥキャピタルによるものであった。

サポート機能が中心的な役割を担うようになる三番目の例は、長年にわたって経済的価値の創造に苦労してきた航空業界の事例である。成功裏に終わった数少ない打ち手は、サポート機能の発見を通じて行われたものであった。たとえば一〇年以上前のアメリカン航空の予約ソフトウエアとシステムにおける事例が該当する。二〇〇〇年に、アメリカン航空の予約システムのセーバーが別会社として公開企業とされ、すぐにこの別会社の新しいコア事業としてトラベロシティ社が生み出された。トラベロシティは、インターネット上で大手旅行予約サイトを運営する会社である。二〇〇五年の連結ベースの売上高は二五億ドルで、現在セーバーの時価総額はアメリカン航空の時価総額の半分を超えており、一時的には親会社であるアメリカン航空の時価総額をかなり上回っていた。

企業再生にあたり主要な事業基盤として活用された隠れた事業には、二種類の系統がある。一つは特定の状況においてコア顧客の要求を満たすために開発された社内のサービスのうち、そのサービスがより広い潜在顧客層に対して訴求力を持つことが判明したものである。ＩＢＭグローバル・サービスがその一例だ。もう一つは、もともとはコア事業を強化するために開発された社内向け機能が有するケイパビリティであったが、結果として新事業の主眼になることが判明したものである。セーバーがそのような事業の例だ。

このような事例はどれも成功確率が高い。これらの隠れたコア事業は、比較的近い領域に進出したものであり、本来のコア事業から一段階か二段階しか離れていない。さらに、コア事業の中で機能する（高収益ですらあるかもしれない）ことも証明されている。このような可能性を考えると、多くの企業が隠れたコア事業の探索に高い優先順位を置くのは理にかなっているといえるだろう。また、事業環境が激変している（または激変しそうな）市場にいる企業や、勝者がまだ決まっていない新しいプロフィット・プールができつつある事業では、いかに隠れたコア事業を探索するかが、特に重要になる。

事業基盤3：ノンコア事業と孤立した製品ライン

企業の買収を行う者はみな、今度買収する会社の中に膨大な可能性が潜んでいることを夢見る。時には買収先企業が既存の事業全般の変革を引き起こす触媒にさえなるのではないかと期待するものである。しかし、このような幸運はめったに起こらない。ただごくまれに、美術品収集家ががらくた市でレンブラントのエッチング版画を見つけるような幸運が起こることもある。

買収した企業の資産そのものが持つ財政的な価値を見定めるのは、難しくないであろう。しかし買収による未開拓の可能性の全貌は往々にして隠れており、また買収企業の潜在的価値を生み出す原動力となるケイパビリティも隠れていることが多い。イギリスの小売企業のGUSの場合、二件の買収企業——情報サービス業のエクスペリアンと小売チェーンのアルゴス——の潜在能力が予想以上に大きかったことが後になって明らかになり、全社的な再構築の触媒となった。アルゴス買収後の数年間に、GUSは伝統的なコア事業であったホームショッピング事業（通信販売事業）を売却し、二〇〇六年には残っていた二つの事業（バーバリーとエクスペリアン）も、それぞれ独立した健全なコア事業として分離した。この事業転換においては、アルゴスという隠れた資産の潜在能力を解き放つことがカギであった。

GUS――新しいコア事業への移動

GUS（Great Universal Storesの頭文字）は、一九〇〇年にマンチェスターに住むエイブラハムとジョージ・ローズ兄弟のアイデアによって設立された。ローズ兄弟は、イギリスの小包配達がかつてないほど高度になり信頼できるものになったことに気づき、アメリカで草創期にあったシアーズ・ローバックのような通信販売業を始めることを思いついた。まもなく、彼らの設立した会社は、イギリス最大のカタログ販売会社になる。同社の四四〇ページに及ぶカタログは年二回発行された。「お客様は暖炉の傍にゆったりと座ったまま、一冊のカタログをご覧になるだけで、ご家族全員の衣類から、家中の家具調度品まですべて揃えることができます」と同社の社史には書かれている。一九三〇年に同社は、ロンドン証券取引所に上場した。新会長のアイザック・ウルフソンの登場が「長期間にわたる（第二次世界大戦による一時的な停滞期を除く）拡大の出発点になった[6]」。

　同社の成長を「拡大」と評するのは、イギリス人の控え目な表現の典型であろう。実際のところGUSはすぐにヨーロッパ最大の小売業コングロマリットになったのだ。同社は、イギリス軍の標準装備や、有名なレインコートに使用されていた防水布の製造をしていたバーバリー社を買収した（興味深いことに、いったんは毀損されてしまったブランド価値など、一群の「隠れた資産」の上に再生戦略が構築された、という考え方から、バーバリーがいかに事業再生を成し遂げたかも考察することができる）。GUSはさらに南アフリカでチェーンストアを展開しているルイス・グループを買収した。また由緒ある家具調度品店のウェアリング・アンド・ギローを買収し、別の通販会社も買収した。合計すると、GUSは約八〇の専門小売業を所有する企業になったのである。買収企業の大半は、同族企業のオーナーが企業価値を現金として流動化するために売却したものであった。GUSは流通インフラと小売業に対する知識を活用することによって、買収先企業に付加価値をつけた。

しかし、特に小売業ではその傾向が顕著だが、何事も永遠には続かないものである。九〇年代半ばにはアイザックの甥のデビッド・ウルフソンが会長職を受け継いでいたが、その時点ではGUSの小売業と通信販売事業は、ディスカウントストアと急増する信販業の脅威にさらされていた。そのような状況下においても、CCNという小規模な情報サービス事業は好業績を示していた。GUSの通販事業を支援するために八〇年に創設されたCCNは、信用格付けサービスを提供する顧客を社外にも見つけ出し、着実に成長していた。九六年にGUSは、北米の大手情報サービス会社のエクスペリアンを買収してCCNと合併させた。合弁企業の社名にはエクスペリアンを残した。その後の買収と継続的な成長によって、エクスペリアンは信用格付け市場に大規模に展開するグローバル情報ソリューション企業になった。

二〇〇〇年にCCNの創設者のジョン・ピースがGUSのCEOに任命され、コア事業の転換を始めた。コア事業以外の多くの事業から撤退し、バーバリーの一部部門とルイス・グループを独立（スピンオフ）させた。次にGUSの三つのコア事業（エクスペリアン、バーバリーのうち同社内で保有し続けていた部門、GUSホームショッピング部門と直前に買収したチェーンストアのアルゴスで構成される小売部門）の大幅な改善に専念した。まもなくピースと経営陣は、旧来形式のホームショッピングは、すぐに事業として立ちゆかなくなることに気づいた。彼らはGUSグループの創業時からのコア事業であったこの事業を二〇〇三年に六億ポンドで売却し、アルゴスの潜在能力を引き出すことに集中した。ＤＩＹ（日曜大工）と家庭用家具小売大手のホームベースを買収し、アルゴスと統合した。インターネット・チャネルの育成に投資し、売上高を二〇億ドル増やしてアルゴスをイギリスでトップ３のインターネット小売業へと転換させた。店舗、インターネット、および電話注文品の店舗受け取りを併用するマルチチャネル販売は、ライバルに対して同社の大きな強みとなった。

ピースが自分の考えを次のように説明する。

ＤＩＹ、リフォームおよび家具の市場は合計三五〇億ポンドに上るにもかかわらず、依然として数多くの企業からなる分散した市場であることに気づいたのです。五〇％以上が非効率な個人商店であり、我々が持つ優位性に対し脆弱な存在であると予測できました。そこで、ノンコアの資産から撤退する一方、この事業への投資をさらに加速しました。小売業のホームベースを約九億ポンドで買収し、当社が持つサプライチェーンと店舗ロジスティクスに関するスキルを使ってこの企業を改善し、統合可能な部門についてはアルゴスと統合したのです。さらにアルゴスの製品ライン拡充にも投資して、五〇〇〇品目から現在の一万七〇〇〇品目以上に増やしました。そこまで取扱商品を増やしても管理できると確信していたのは、当社にはサプライチェーンのスキルと複雑な製品ラインを管理する能力があったからです。それはコアのカタログ事業から受け継いだ遺産といえるでしょう。

規模の拡大に伴い、用途に合わせてデザインされた当社の製品ラインを中国へ外注し始めました。

たとえば低価格の軽出力ドリルですが、この製品は当社顧客の日曜大工ニーズに完璧にマッチしています。ノンコア事業を継続的に売却して得た資金を元手に、これらすべての施策の間で好循環を創り出したのです。アナリストたちは二〇〇〇年にはアルゴス小売グループの価値を二〇億ポンドと試算していました。しかしわずか五年間で、アナリストたちは当社をこの業界のまぎれもないリーダー企業として、五〇億ポンドを優に上回る評価をしています[7]。

このコア事業再定義に関する戦略の成果はめざましいが、それはアルゴス事業単体での企業価値の評価にとどまらない。二〇〇〇年から二〇〇五年の間にロンドン株式市場の代表的な指数であるＦＴＳＥ一〇〇種総合株価指数が三〇％下落する一方で、ＧＵＳの株価は一三〇％上昇した。ＪＰモルガンが二〇〇五年四月に発行した『悲惨なセクターのお買い得品』と題されたレポートでは、「ＧＵＳの業務改善や事業転換の成果は、よい意味での驚きだった。同社はその事業転換を通じて、我々が間違っていたことを証明し続けたのである」と書いている。

ＧＵＳの経営陣は、アルゴスの小売事業がグループの再定義の土台になる可能性を秘めていることを、いかにして認識したのだろうか。ジョン・ピースは三つの実践的な教訓を挙げているが、それは我々が調査した他の事例における経営者の意見と共通している。「一番目のカギは、個人投資家やベンチャーキャピタリストのようにその資産の潜在能力について考察し、その事業価値について、より精力的に分析を行うこと」と彼は言う。たとえばアルゴスの中核的な製品カテゴリーの多くにおいて、市場は比較的分散傾向にあり、競争相手は個人経営の小規模商店であった。製品ラインの拡大において世界的規模での調達と高度な在庫補充技術を活用している積極的な企業であれば、このような（調達力や管理技術を持たない）個人商店を価格面で圧倒できるだろうと経営陣は考えた。さらに詳しく調べてみると、市場規模は最大三五〇億ドルと、我々が以前考えていたよりもはるかに大きいことが分かった。したがって問題はむしろ、従来の現状改善型の予算策定プロセスと異なる「何が可能なのか」を発想の基軸とする前向きな思考を持てるかどうかにあった。

ピースが強調する二番目の教訓は、カギとなる経営幹部を入れ替えることの必要性であった。具体的には、アルゴスの可能性を理解し、より大きなビジョンを信じ、その実現を追求するスキルを持つ人物を配置することを指している。三番目の要素は成長戦略の達成度に基づく新たな評価基準と、それを基準とした成果ベースによる新たな報酬体系の導入であった。このプロセスをきっかけとして、同社は成長したのである。

GUSの事業転換は、事業全体を違った角度から光を当てて認識し理解することを通じ、それまでの認識よりも大きな可能性を発見したケースである。そして、新たに任命された経営陣がその可能性を徹底的に追求した結果、劇的な成果を上げた。

孤立した製品――喪失から発見へ　過小評価されている潜在的な成長基盤が、事業ではなく製品ラインであったということもある。たとえばアーム・アンド・ハマー印の重曹（膨らし粉）は、比較的古い製品ラインから掘り起こされ、チャーチ・アンド・ドワイト社の利益と成長のエンジンになった。劇的な変革を指揮したCEOのロバート・デーヴィスⅢ世は、企業再生の初期に、「重曹のあの黄色い箱を見て、『箱の中には一〇、一五、いや二〇もの新製品の種が入っている。箱からそれを取り出し、調整して包装すればよいだけだ』と言ったものです」[8]と語っている。

あるいは、コアの製品ラインの副産物として行った一連の活動が事業基盤になることもある。たとえば何年後かにデビアスの歴史を振り返った時、現在のエレメントシックス社に多大な価値があったと気づくことになるかもしれない。この事業部門は、一九五〇年代にデビアスが工業用の人工ダイヤモンド製造への参入の際に築いた技術的な優位性に基づいて設立された。ダイヤモンドは、既知の物質の中で生物学的不活性度（無反応性）が最も高い、熱衝撃に対する抵抗が最も高い、硬度が最も高いなど、宝石としての性質を超えた驚くべき特質を持っている。これらの特質により、多岐にわたる新しい利用方法がある。たとえば、掘削機の部品のコーティングから、レーザーの照準を合わせるための照準経路の作成、半導体用の基板形成、最高級オーディオシステムのスピーカードームの構築などである。そのため人工ダイヤモンドは、現在使われている素材より優れた素材になり得ると考えられている。この市場がどう発展するかを占うのは時期尚早だが、将来における価値創造の中核として突然現れる可能性があるのは、実は四〇年以上も前にデビアスによって始められた研究に端を発する、このような隠れたコア技術なのではないだろうか。

もう一つの事業基盤は、社内にある孤立した製品群かもしれない。現状では企業のあちこちに散在しているが、潜在能力を発揮して新しい成長を創造すべく、一カ所に集約されるのを待っているのだ。ネスレの事例は、この事業基盤を活用した好事例であろう。同社は六九〇億ドルの売上高を誇る世界最大の食品会社であり、一四〇年という非常に長い歴史を有する。一九九七年にＣＥＯになったピーター・

ブラベックの下、ネスレは内部成長で五・七％、買収によって七％の成長を達成した。食品業界全体の成長率は、ネスレのおよそ半分であった。同社は企業全体として見れば再定義の必要性に直面しているわけではない。しかし業界最大手の企業ですら、近接する未開拓のプロフィット・プールを獲得するには、自らの事業のうち再定義が必要な部分を定期的に見直すことが必要である。ネスレは、こうした未開拓のプロフィット・プールのうち最大のものの一つが、フードサービス市場（家庭の外で消費される食品と飲料の市場）であることを認識した。この市場は、自動販売機や、カフェテリアやレストラン、さらにはオフィスでの飲食をも含んでいる。

ネスレは、この巨大市場における自社各事業の活動を調査したところ、同社はすでにフードサービス業界での最大手企業の一つになっており、この市場における売上高は同社全体の一〇％弱にまで成長していることが分かった。ネスカフェは自動販売機で売られていたし、冷凍食品のストウファーは家庭以外の場所で消費されることを前提に包装されていた。そしてレストラン用にも、一連のネスレ・ブランドの食品を販売していた。調査結果を踏まえ、ネスレはこの一連の事業を一つの部門にまとめ、統一的な戦略を策定し、「フードサービス事業」として参入した。それまでノンコアであった製品とサービスを集め、数十億ドル規模の売上げを誇る新たな事業部門を構築したのであった。

3　過小評価されている事業基盤を見つけ出す

もちろん、すべての企業にこのような隠れた資産が存在するという保証もなければ、それが将来の戦略の要になるという保証もない。しかし、自社の隠れた資産を十分評価しないままに放置し、手遅れになってからそのことに気づく企業があまりにも多い。その典型的な例が、一九八〇年代のゼロックスのパロアルト研究所における一連の開発であった。同研究所が開発した一連の製品には小型プリンター用の重要な技術が多数含まれていた。これらはやがてプロフィット・プールのかなりの部分を占めるようになり、伝統的なゼログラフィーという複写印刷技術を侵食していった。[9] そして実際にそのプロフィット・プールを獲得したのは、プリンター業界の市場リーダーであるヒューレット・パッカードといった競合企業であった。ある研究における試算によると、ゼロックスがその価値を十分評価していなかった技術または小規模な事業から生み出されたさまざまな企業群の評価額の総計は、今ではゼロックスの企業価値を大幅に上回る額になるという。

我々の調査でも、上級幹部の三人に二人が、自分の会社や部門は主要なコア事業においてすら、フルポテンシャル（最大限の利益獲得余地）を十分に引き出せていないと考えている、という結果が繰り返し示されている。これが本当ならば、副次的な事業やサポート機能、あるいは周辺領域の事業群などといった隠れた資産については、その傾向がさらに強いのではなかろうか。しばしば企業は、長期的な戦略的価値よりも短期的な成長可能性を求め、周辺事業や副次的事業に参入する。しかし、時間とともにこれら「隠れた資産」の価値は変化するものだ。時には、隠れた資産が事業転換を可能にし、新しい戦略の中心になることもある。しかし、これらの資産は、コア事業を強化する、あるいは構造的な解決策を早期に実行する機会を提供してくれるにもかかわらず、見逃され続けたり、あるいは見捨てられたりしてしまうことが多いのである。

Column ◆ 過小評価されている事業基盤を見つけ出す

我々の事例分析と、我々が手がけた過去のプロジェクトに対する調査によって、隠れた資産の可能性があるものには、六つの判定基準または予測因子があることが浮き彫りになった。

●コア顧客に対する重要性が高い。顧客の要望によって、新しい事業や周辺領域への参入を余儀なくされるかもしれない。ＩＢＭグローバル・サービスがその一例だが、この例は、顧客の需要が隠れた価値の予測因子であることを示している

●特に注意を払っていないにもかかわらず、利益を拡大しつつ成長する能力が際立って高い。ＧＥキャピタルが典型例だが、そこから得られる教訓は、事業ポートフォリオを徹底的に調査することによって、重点的に注意を払ってこなかったにもかかわらず利益を拡大させ、

成長を遂げている小さな領域を探し出し、その理由を明らかにせよ、ということだ

●大規模かつ成長しつつあるプロフィット・プールの中で成功を遂げている。これに気づくのは難しい。業界外部のプロフィット・プールと、事業の境界に関するある程度の知識が要求されるからだ。しかし〈ｉＰｏｄ〉の事例は、確実にこのカテゴリーに分類される事例である

●どんなに小さくても強力な市場リーダーの地位を確保している。パーキンエルマーが見出したライフサイエンスの製品群は、間違いなくこのカテゴリーに当てはまる。

●超一流のケイパビリティを持つ。デビアスの系列企業のエレメントシックスがこの例である。同社は、工業用人工ダイヤモンドに関する最高水準の知識を事業基盤として用いることによって、一連の新事業を生み出している

●いくつもの事業単位に分散しているが類似の事業活動であり、統合することで新事業のコアになる可能性がある。ネスレがフードサービス事業（外食産業向け食材提供、カフェテリアなど）と栄養事業（健康食品、医療用栄養食品）で実施した施策である。数十億ドル規模の新しいコア事業を二つ創設したが、それらは収益性が高く、成長していて、強力な競争力を持っている

これらの条件を満たす隠れた資産はそれほど多くはなく、また過小評価されていた資産が見つかった場合であっても利益を獲得できる可能性は限られているかもしれない。しかし、コア

の再定義に対する答えが、実は自分の目の前に以前から存在していたと気づくこともあり得るのではないだろうか。

4 隠れた資産を活用する

隠れた資産という貴重な掘り出し物を見つけた場合においても、その発見だけでは「成長法則が限界に近づきつつある時に、正しい新戦略を見つけて実行する」という、本書の出発点となった問題を解決できるわけではない。しかし、十分活用されていない資産をよりよく理解することによって、実務的な戦略の選択肢の幅を広げるための、新しいアイデアを得る方法と道具一式を手に入れたことにはなるだろう。たとえ部分的にしか成功しなかったとしても、目の前に迫った成長の鈍化を遅らせたり、成長の鈍化によってもたらされる影響を弱めたりする方法が見つかり、新しい選択肢を探す時間的猶予を手に入れられるかもしれない。

従来の戦略に対する疑問を投げかけ、戦略を自己評価すべき時期に入りつつある経営陣は、以下の質問を自身に投げかけてみてはいかがであろうか。

● 当社の隠れた資産（ノンコア事業、サポート機能、または周辺事業領域）は何か

●それらは現在のコア事業とどう関係しているか。どれくらい重要か
●これらの資産が単独で発揮する、最大限の潜在能力を本当に理解しているか
●これら資産をより有効に活用するために、現在手元にある戦略的な選択肢は何か
●これらの資産をよりよく理解することで、新しい選択肢が生まれるか
●それらの新しい選択肢を実現するためには、ほかに何が必要か。どこで手に入れられるか

第4章では三種類の隠れた資産の二番目のタイプである、大半の企業が長年にわたって築き上げてきた、複雑な顧客関係の網の目から生まれる資産を取り上げる。

第4章　隠れた資産：未活用の顧客インサイト

顧客は、事業における最も基本的な用語である。顧客がいなければ事業も存在しないし、事業を行う必要もない。顧客に対する理解を止めることは、自社の事業への理解を止めることを意味する。事業モデルの核心にある顧客との基本的な関係を再定義することは、自社事業の経済性の核心を変えるのに等しい。しかし、そうしなければならない時もある。事実、本書で取り上げているコア事業の再定義または転換に関する二五件の詳細な事例研究のうち、九件――ほぼ五分の二――が、新たな顧客モデルの構築を伴うものであった。

我々の「成長戦略調査」では、企業経営陣の六五％が、成長を維持するためには顧客モデルを変える必要があるだろうと回答している。新たな成長の波を引き起こすために事業に加えるべき最も重要なケイパビリティは何かという問いに対しては、「コア顧客をより深く理解するケイパビリティ」が回答リストのトップに挙げられている。また、同じ企業経営陣の七四％が、顧客データがかつてないほど速く陳腐化していると回答している。これは、経営陣の顧客に対する理解度が将来低下する恐れがあることを示唆している。

この問題を顕著に示す一つの事実が、顧客の認識と企業側の認識の差に関して我々の調査によって明らかになった。経営層に対して、コア製品を提供する時にどの程度自社が顧客に対して差別化できていると思うか（製品そのものやサービスの質で）を聞いたところ、八〇％の経営層が「非常に差別化されている」と回答した。対照的に、当該企業の顧客に対して実施した同様の調査では、非常に差別化されていると回答した顧客は約八％にすぎなかったのだ。

この種の認識ギャップは、顧客基盤が侵食されているという状況に対し、いかに企業の対応が遅れがちになるかを示唆している。同様に、自社の顧客モデルの基本的な要素を再調査する必要性に気づいた時点では、すでに手遅れという事態が起こりやすいことを示している。この調査から、顧客への対応方法を再定義することが決定的に重要であることがわかる。

各企業における顧客に関する知識と認識の水準は、大幅に時代遅れのものから、非常に明確かつ鋭いものまで（後者はインターネットを使ってリアルタイムで情報を受け取っている企業が該当する）、実にさまざまであることが見受けられる。高品質の顧客の反応を直接かつ素早く獲得する能力は、真の競争優位の一つである。そして一部の業界では、究極の強みかもしれない。

最近、一連のビジネスセミナーを開催する中で、我々は参加者にオンラインでの調査を行った。参加者は全員優良な、一流といえる企業の方々であった。それでも「『我々は顧客を理解している』という意見に同意しますか」という質問に「はい」と答えたのは、二五％を下回っていた。この数字がすべてを物語っている。

また、我々が世界中のクライアントに実施した戦略方針変更に関する一〇五件の支援事例を分析したところ、顧客モデルを構成する重要な戦略要素を変えること、あるいはコア顧客として選択する対象を根本的に変えることが大きなカギとなった事例が、約半数に上っていた。

本章では、戦略を転換した事例の中で中心的な役割を果たしていた三つの隠れた顧客資産を考察する。

一つ目は過小評価された顧客セグメントである。適切な方法で顧客セグメントを括ったり、細分化したりすることができずに見落とされていた顧客セグメントが日の目を見ることとなる。

二つ目のタイプは、特定の顧客グループに対して新たな影響力を行使することを可能にする「顧客に対峙する自社のポジション」である。このような顧客に対する自社のポジションは顧客から自社が得ている信頼に基づき獲得できることが多い。本書の初めに説明したデビアスは、この種の未活用資産を活用した事例である。

三つ目のタイプは、企業が独占的に利用可能なデータや情報のうち、顧客との関係を変化または深化させ、あるいは拡大するために利用可能となり得るものをいう。

ハーマンインターナショナルのめざましい事業転換の例から、新たに発見した顧客セグメントのインパクトの大きさを見ることができる。この高級オーディオ機器メーカーは、特定の顧客セグメント（カーオーディオのOEM）にフォーカスし、ハーマンが持つオーディオの高級ブランド（ハーマンカードン、JBL、マークレヴィンソンおよびインフィニティ）と新しいタイプの製品――インフォテインメント・システム――の発明を融合させることによって、劇的な復活を果たしている。この顧客戦略の転換は一〇年に及ぶ利益拡大を伴う成長をもたらした。以前は有効な戦略が見つからず、停滞状態に入り、差し迫った危機に直面していたハーマンの時価総額は、四〇倍近くも増加した。

1　ハーマンインターナショナルの事業転換

ハーマンインターナショナル（当時の社名はハーマン・カードン）は、アンプとチューナーを組み合わせ、レシーバーと呼ばれる一つのユニットとして製品化するため、一九五三年にシドニー・ハーマンとバーナード・カードンによって設立された。同社は高品質のオーディオ機器市場で長期にわたってリーダー企業として君臨してきた。ハーマン社の機器は、同社の名高い歴史を通じて、多くの有名なイベントの音響・収録に使用されてきた。実際、同社のＪＢＬシリーズのスピーカーは、一九六九年の伝説的な音楽祭「ウッドストック」の音響システムとして使われていたし、同社のプロ向けオーディオ部門は、世界中の一流コンサートホールで最大の市場シェアを占めている。

しかし一九九三年には、ハーマン社は成長のリズムを失っていた。売上高は六億ドルあったが、利益はゼロ近辺をさまよい、時価総額はわずか一億三二〇〇万ドルにすぎなかった。そこで、商務副長官に就任するために同社を離れていたシドニー・ハーマンが、会社を活性化させるためＣＥＯとして戻ってきた。ハーマンと経営陣はすぐに、十分活用されていなかった昔からの顧客層に基盤を置く新たな対策に着手した。それは、自動車用ＯＥＭセグメントに対するオーディオ機器のサプライヤーとしてのポジションだった。同社の業績が底値をつけた九二年には、自動車用ＯＥＭセグメントは売上高の一〇％未満を占めるにすぎず、利益への貢献度はさらに低かった。かつては活用されていなかったこの顧客資産は、今日では、同社の成長と利益のエンジンとして、売上高の七五％、利益の九〇％強、そして今日までの利益拡大を伴う成長のほぼ一〇〇％に貢献している。

ハーマン社はその長期にわたる歴史の中で三つのセグメント――消費者、音楽業界、自動車業界――を中心に事業を展開し、その時々で異なるセグメントが数十年にわたって中心的役割を担ってきた。今日、自動車市場向けオーディオシステムの販売の成功を主な要因として、ハーマンの時価総額は一二年間で四〇倍に増加した。売上高は三二億ドルと五倍に増加し、税引前利益は三億九一〇〇万ドルに増加、二三％の自己資本利益率を上げている。この成果はすばらしい。家電製品と自動車用ＯＥＭ供給という世界で最も競争が厳しいと想定される二つの市場が交差する事業分野において、多数の巨大企業が激しく競合する中、ハーマンという（相対的に小規模な）企業が成し遂げた業績は特筆すべき成果といえる。

ハーマンの最も優れた資産は常に、最高品質の音響システムメーカーという、当該業界における（優位な）ポジションだった。それは同社自身の技術に加え、小規模なハイファイ専門企業を逐次買収してきたことで得られたものである。また、一九九〇年代初めに業績の底値をつけた時の隠れた資産は、車載用製品市場における同社の強いポジションであった。九五年に同社はベッカー社を買収した。このドイツ企業は世界初のカーラジオであるベッカー・オートフォンを四八年に開発し、九六年には世界初の完全デジタル光ファイバーのカーラジオを発売していた。しかしその歴史にもかかわらず、ハーマンがベッカーを買収した時、ベッカーは日本メーカーからの競争圧力を受け、業績不振に陥り赤字を出していた。シドニー・ハーマンが、何が起きたのかを以下のように語っている。

ＯＥＭ事業に当社が参入したのは、ほぼ二〇年前、フォードの重役のジャック・エビーに説得した時が始まりでした。ジャックは非常に優れた人物で、しかも創造的であり、かつ大企業の重役としては珍しいほど大胆な考え方をする人物でした。彼は、真に高品質の音楽再生装置を自動車のオプションとして提供すれば、かなり大きな購買層を引きつけると直感的に考えていました。この購買層は音楽好きで、車の中でより多くの時間を過ごし、車内を一種の聖域のように考えるようになるだろうということで、我々は意見が一致しました。結果的に、フォードは当社のＪＢＬブランドのシステムで成功を収め、そして我々はこの成功を他の自動車メーカーにも売り込んだのです。

次に、一〇年前のことですが、かつては有名だったドイツのラジオメーカーのベッカーを買収しました。この会社は半世紀ほどの間、メルセデス・ベンツにカーラジオを納入している唯一のメーカーで、メルセデスはベッカーのことを家族のように扱っていました。ベッカーに大スポンサーがついている間は、社内に厳格な管理システムやコスト意識がなくても問題にならなかったのです。しかし日本の自動車メーカーが台頭し始めると、メルセデスはもっとプロらしく事業活動を遂行しなければならないという事実に気づき、実際そのように行動しました。不運にもベッカーは同じことができず、ひどい混乱に陥っていました。

我々は一〇社程度の企業と競った結果、ベッカーを買収しました。今思うと、ベッカーが抱える問題の深さについても、またベッカーが生み出す成長機会についても、それを真に理解していませんでした。我々はみんな、「何かいいものが入っているに違いない」という程度の認識しか持っていなかったのです。

買収後まもなく、私はドイツにあるベッカーの工場を訪ねました。買収直後に新しい指揮官が祝福の言葉を述べにいく、慣例的な訪問でした。そこで非常に創造性に富んだ（そしておそらく少しばかり必死な表情の）三人の技術者が、私のためにある物を用意していました。彼らは大きなテーブルの上に、車内で多様な機能（音楽、ビデオ、音声作動式電話、インターネット接続、カーナビ、空調システムなど）を提供するために必要なアナログのハードウエアを模した箱をいくつも置き、その上に、それらを全部つなげるのに必要なケーブルとハーネスを置いたのです。全体として非常に大きく、それら全部を車内に組み込むのが現実的でないことは明らかでした。重すぎ、費用もかかりすぎる上、場所もとりすぎるのです。一方、彼らは小さな机程度の大きさの別のテーブルも用意していました。その小さなテーブルの上には、大きなテーブルの上に置かれたものと同じシステムをデジタル化した機器を表す箱が置いてあり、その上には一本のスパゲッティのようなものが置いてありました。それは光バス（機器間または機器内部の電気信号を光に変換して伝送する仕組みおよびその経路・伝送線）で、基本的にすべての配線やハーネスを代替するものでした。これを見て将来どうなるか予測できない人はいません。これをきっかけとして、当社はソフトウエアとデジタル技術に関する本格的な研究開発を行うことを決め、必要な経営資源を積極的に投入する戦略をとりました。この戦略のおかげで、車載用インフォテインメント・システム、つまりオーディオ、カーナビ、マルチメディアなど情報提供とエンターテインメントを融合するサービス・機器で、一言で言うと自動車の中枢神経システムの分野において、当社は支配的な役割を担うことになりました。今日、当社はメルセデス、BMW、ポルシェ、アウディ、クライスラー、ヒュンダイといった自動車メーカーの大手サプライヤーになっています[1]。

その後もハーマンは、インフォテインメント・システム分野の首位争いで優位にとどまるために、さらにケイパビリティを加えていった。実質的に、同社がこの分野を創り上げたのである。音響工学に関する深い知識とOEM販売の実績に加え、(フルポテンシャルが明らかになっていなかったという意味で)ベッカーの買収に隠されていた資産を活用して……。

競争の厳しさで有名な家電業界において、同じく競争の激しい自動車部品会社に販売するという戦略を通じ、ハーマンのような小さな企業がどうしてこれを成し遂げることができたのか。その答えはいくつかの要因の組み合わせにより生まれていた。その一つは同社が気づいた独自の隠れた資産(ベッカーのポジションと高級ブランドという評価)と、最高品質の製品を開発するにあたり、消費者向けおよびプロ(音響スタジオ)向け事業で得た知識をうまく活用する能力との組み合わせであった。

二つ目の要因は、自社の強みに基づいて、市場首位を狙って他の競合に先んじるというハーマンの決断だった。このことに関して、彼は以下のように語っている。

量を追いかける業界は、崖に向かって突き進んでいる業界です。我々は本当に消費者のニーズに対してアピールする高品質の製品にフォーカスし、製品をできる限りシンプルにすることを決断しました。その結果、自動車ＯＥＭ企業が音響システムから得る利益が、自動車のそれ以外の部分から得ることのできる利益全体を上回ることもありました。消費者は最高のハイファイシステム（当社がその象徴なのですが）と認めたものに対してはプレミアムを払ってくれました。ブランドになっていた音響システムは、当社の製造しているシステムだけでした。私がＢＭＷを買ったら、美しいＢＭＷのロゴがハンドルに一ついていて、他の九カ所にはハーマンカードンのロゴがついていたということがありました。この割合を私は気に入っています。当社には、量ではなく利益を追うという考え方を維持し続ける余裕があります。

三つ目の要因はハーマンの運のよさであった。幸運にも、彼らには技術を進歩させ、技術革新を起こす能力があった。同社は、車載用の電子情報に関するケイパビリティを、比類なく高い顧客からの信頼とブランド力（もう一つの隠れた資産）と融合させることにより、さらなる付加価値を提供できることを認識していた。さまざまな新しいサービスをオーディオシステム、そして長期的には携帯電話、ビデオ、カーナビのような装置に統合する上で、同社は極めて有利な立場にあったのである。

本章では、以下の質問に取り組むことによって、隠れた顧客資産を使って戦略をつくり変える方法を検討する。それらは、隠れた資産は主にどんな形態をとっているのか、それらを戦略の転換の要にするにはどうすればよいのか、隠れた資産を突き止めそれを活用した戦略の選択肢を知るための最良の方法は何か、顧客モデルを変更する時にはどんな落とし穴があり、またどんなことを考慮しなければならないのか、である。

2 活用されていない顧客セグメント

顧客基盤には通常、何千、それどころか何万もの顧客——企業、消費者、流通業者——が含まれる。長期にわたってつくり上げられた複雑な顧客基盤を捉える切り口は、ほとんど無限にある。それでも、時間をかけ、顧客の購買行動と基本的なニーズの根底にある要因を最もよく説明できる切り口で解明することには、十分な価値があるだろう。このような検討の結果、現在は埋もれているが非常に大きな可能性を秘めているセグメントが見つかり、それをもとに一貫性のある戦略を立てることができる場合がある。

世界を見る時にどんなレンズ（視点）を使うかは、すべてに影響を与える。このことは顧客の分析についても当てはまる。顧客分析のレンズを替えることによって、自社の可能性、自社が直面している限界、自社を取り巻く脅威、さらには自社のコア事業に対する認識すら変わるかもしれない。現実をどう認識するかによって、企業の行動や将来の方向性が変わってくる。そういった意味では、現実に対する認識は、現実そのものと同じくらい重要である。ひとたびメンタルマップ（認知地図）が変わると、世界が以前と同じように見えることは決してないであろう。

世界を別の視点で、正確に、かつ事業環境の変化に先駆けて観察できれば、事業の再定義を成功させる行動がとれる。既存の顧客基盤に対して異なる見方をすることによって、顧客の行動パターンや新しい顧客セグメンテーションの方法を探している場合は、まさにそうした視点が必要であろう。さて具体的には何を探すべきだろうか。我々の事例研究により、新しい戦略の要になり得る隠れた顧客セグメントには、三つのタイプがあることが浮き彫りになった。

- 新しく出現しつつあるセグメントのうち、魅力的なプロフィット・プールの特徴を持つもの
- 潜在能力と競争力が忘れられてしまった、古くからのコアセグメント
- 狭く深い、孤立したニッチなセグメントで、当該セグメントでの成功において、しばしば将来の戦略と競争優位を推進する力を持つ反復可能な成長法則を含んでいるもの

ハーマンの事例は、新しい顧客セグメント（この場合は高級インフォテインメント製品の消費者）に基づいてコア事業の再定義を行った例である。次のオートデスクは、別のタイプの隠れたセグメントの事例である。

◉――オートデスク――顧客セグメントの再発見

オートデスクの歴史は、ローラーコースターに乗っているかのようにめまぐるしく、上昇、下降、再生の歴史である。その各段階で、同社の顧客セグメンテーションに対する見方は変化しており、その変

化は、各段階で採用した同社の戦略に現れていた。

オートデスクは一九八二年にカリフォルニア州のマリン郡で設立された。パソコンにフォーカスした社員一六人のこの新興ソフトウエア企業を設立したのはジョン・ウォーカーだった。設立直後の一月一九日に出した最初の社員向け文章で、彼は気味が悪いほど的確な将来ビジョンを示している。

我々が入ろうとしているのは、信じられないようなペースで拡大している市場です。サンフランシスコの中心部のオフィスビルをどこでもいいから歩き回って、どれくらいの机の上にコンピュータが置いてあるか見てください。まあ、一%未満でしょう。五年もたてば、八〇%から一〇〇%の机の上にはコンピュータが載っていて、そのコンピュータでは、今はまだ作成されていないプログラムが走っているでしょう。六週間足らずのうちに、一〇万台以上のIBMのパソコンが売れています。この製品のための本格的なアプリケーションは、現状ではないか、あってもわずかに存在する程度ですが、今後五年間でいったいどれくらいのアプリケーションが売れるのでしょうか……。[2]

この先見の明にもかかわらず、次の二五年間にわたって同社の成長と成功の原動力になった製品、つまり建築家と技術者向けのコンピュータ支援設計（CAD）ソフトウエアは、同社の初期の製品の補足的な付属商品として、後から加えられたものだった。

設立の四年後に米国西海岸で行われた講演会で、ウォーカーは次のように振り返っている。

一九八二年に当社はパソコンで動くコンピュータ支援製図・設計プログラムの販売を開始しました。ベンチャーキャピタリストやアナリストたちは、一様に次のように言っていました。

1．パソコンでＣＡＤはできない
2．できるとしても、まともなユーザーは買わないであろう
3．コンピュータ販売店にはＣＡＤシステムの販売などできない

ほかにすることがなかったので、とりあえずそのままＣＡＤソフトウエアの販売を継続しました。現在［一九八六年］までのところ、パソコン向けに四万本以上のＣＡＤパッケージを販売しました。これをマクロの見地から見ると、当時最も広く使われていたメインフレームＣＡＤシステムのワークステーションのおよそ二倍の数量規模になります。[3]

創業から最初の一〇年でオートデスクは成長し、世界五位のソフトウエア企業になった。ＩＰＯ（新規株式公開）後には株価は一〇倍に上昇し、同社は２Ｄ（二次元）ＣＡＤの代名詞となった。一〇年間にわたって同社の「オートＣＡＤ」ソフトは業界から最高の製品として選ばれ、同社を「成長の見込みのないハイテク銘柄」と評したビジネスウィーク誌の一九八五年の記事が間違っていたことを実証した。[4]事業の先行きがどれだけ予見困難かが実証されたのである。そしてビジネスウィーク誌は八六年と八七年にはオートデスクを今年の急成長企業として取り上げている。[5]

しかし一九九〇年代末のインターネットバブル期には、オートデスクも多くの企業と同様に道を踏み外してしまった。設計技術者向けの本格的かつ専門的なアプリケーションソフトを間接チャネル（再販

売業者および小売店）を通じて販売するという戦略を捨て、新しいタイプのサービスと新しい直販チャネルに事業範囲を拡大し始めた。インターネット企業になろうと頑張っていたのだ。ＣＥＯのカール・バスが以下のように語っている。

当社は一か八かの戦略を採用していました。新しいことをいろいろ試してみては、事業分析や［実証済みの］実践手法をあっさり捨ててしまうことが多々ありました。たとえば、間接チャネルのパートナーたちは、当社の創業期に会社の基盤づくりを支えてくれたにもかかわらず、我々は、これまで彼らを通じて行っていた事業を大きく減らす戦略をとったのです。我々は事業の四〇％を直販チャネルに、二〇％をウェブに移すことを決め、間接チャネルのパートナーに対しては、この戦略により、これまで行っていた事業の八〇％を侵食することになるだろうと話しました。何がしかのインターネット企業になりたいと思い、コア事業からどんどん離れ始めました。設計ツールへの集中が弱まり、当社の強みからどんどん離れた方向に進み始めたのです。その結果、売上高の伸びがマイナスになった時期すらあり、売上高は一〇億ドルを下回る状態に逆戻りしてしまいました。これは、社内でライフサイクルマネジメントと呼んでいた、新サービスや新チャネルを展開する包括的戦略の下に行われていたのです。

一一億ドルのＣＡＤ事業を育てていたライバルのパラメトリック・テクノロジーも同じような道をたどりました。現在［二〇〇五年］、彼らの売上高は七億ドルに落ち込んでいます。[6]

オートデスクは変わらなければならなかった。隠れた顧客資産に基づく新たな戦略的取り組みを策定することにより、その変革は実行された。はじめに、間接チャネルを十分評価していなかった隠れた資産であると判断し、そこに徹底的に回帰した。オートデスクは二〇〇〇社の販売パートナーに再び投資を始めた。バスが言う。「販売パートナーと競争するのをやめたのです。彼らを当社の販売部門同様に考え、彼らの基本的なトレーニングに資金を注ぎ込みました。最良の販売パートナーのみを残し、共に投資活動を行ったのです」

第二に、経営陣は、アプリケーションエンジニアに特化した市場という、深くて狭いニッチセグメントにフォーカスを移した。新しい戦略では広いトンネルを掘るよりも錐で深い穴を開けることを目指した。これは大幅な方針転換だった。

第三に、オートデスクの経営陣は、豊富な３Ｄ（三次元）技術という隠れた資産を持っていることを認知した。この技術に再投資することで、モデリングソフトウエア（３Ｄグラフィックで物体の形状を作成するソフト）とシミュレーションソフトウエアを、それぞれのターゲット顧客セグメント向けに製作することができた。第四に、新しい戦略を実行するために管理職を入れ替えた。当時の上位五〇人の経営陣で現在も残っているのは二五％にすぎない。最後に、ソフトウエアのアップグレード、２Ｄから３Ｄへの移行プログラム、およびアドオンソフトを、年間契約方式（サブスクリプション・モデル）に変更した。これらの活動はすべて、ソフトウエア事業の収入モデル構築においては必要不可欠な構成要素である。成功に向け、オートデスクは類似のソフトウエア企業と同様のアプローチを採用し、それがうまく働いたのだ。

コア事業の中で以前は十分活用されていなかった資産をもとに再建するという新しい戦略は、実行以来、同社の業績を回復させた。二〇〇二年に六ドルに下落していた株価は、四年で六倍に上昇して三六ドルになった。売上高は、企業向けソフトウエア業界の成長率の倍以上にあたる一六%で成長し、現在は一五億ドルを超えている。営業利益率は二四%に達しさらに上昇を続けており、四六%という極めて高い自己資本利益率をもたらしている。同社は映画のキングコングの設計に使われた『キングコング』という3Dソフトウエアを作っているが、再定義された戦略のパワーにより、まるでキングコングのように再び業界を席巻しているのである。

我々の調査研究によれば、オートデスクの戦略再定義を可能にした「顧客セグメンテーションに対する考え方の転換」は、日常のビジネスの表層の奥底に潜む事業機会を、継続的に見出すのに有効なレンズであることが実証された。たとえば、ある卸売業者が自社の顧客を分類した結果、同社のコア顧客は計画性のない数多くの購買を実施する企業群の積み重ねにより成り立っており、成長基盤としては(よくいったとしても)「予測困難な存在」であることが明らかになった。そこでこの流通業者は、気まぐれな顧客に対し、彼らの在庫管理を支援して需要の起伏を平準化させる取り組みを行い、同時により需要が予測しやすい顧客を増やす戦略に移行したのである。

別の例を考えてみよう。病院に備品を販売しているある企業は、集中治療室で高い市場シェアを持っていた。同社は最も重要な購買決定要因は病院の治療水準ではなく、むしろ患者属性の微妙な組み合わせにあることに気づいた。そこで、患者をセグメントごとに分類し、臨床的特徴に基づくマイクロセグメントを基軸とした戦略に着手した。

三つ目の例は、ペット用品の小売販売業の事例である。同社は、潜在的に最も収益性の高い顧客が特定の種類のペットを特定の住環境で飼っていることに着目し、その特定の顧客層に数多くのペット関連サービス（手入れ、住環境、医療）を購入させることに成功した。飼い主とペットをセグメント化し、単なるペット用品の販売から、一連の広範な製品・サービスの提供に、事業のフォーカスを移す戦略を構築した。こうすることによって、価格勝負のコモディティ商品を提供する世界から、以前は隠れていた顧客セグメントに対し、より大きな利益を上げる可能性を持つ独自の（高収益）商品を提供する世界へと移行したのである。価格と商品の二つの要素で勝利したといえるだろう。

利益を生む顧客セグメントは、ペット企業の例のように、特定のタイプの顧客への対応の仕方を再定義する時に明らかになる場合がある。一方で、既存のセグメントをマイクロセグメントへ細分化したり、さらにはたった一人をセグメントとすることで、当該セグメントの収益性を高める場合すらある。本書の別の箇所で、ナイキがかつてないほどターゲットを絞ってセグメント化した製品を製造することにより、いくつかの市場で顧客獲得競争自体を変えたと述べた。その一例が、何年も前のヨーロッパにおける同社のサッカー市場への参入である。参入からわずか数年のうちに、同社はドイツ企業のアディダスに追いついた。その手法の一つは、サッカーボールをさまざまなグラウンドの種類やコンディションごと（泥地用、ハード用、芝用、さらには夜用など）に細分化したり、サッカーシューズをポジションとプレースタイルに合わせてカスタマイズしたりすることだった。

さらに極端な細分化は、多くのインターネット企業によって実践されている。たとえばアマゾン・ドット・コムはその一例である。同社は独自に開発したソフトウエアによって顧客が閲覧するサイトのページを、その顧客が過去のアクセスにおいて示した関心や購買パターンによってカスタマイズし、個々の顧客単位で商品を推奨している。インターネットを通じ簡単かつ広範に収集された顧客データの中に、今や自社の販売モデルの変革方法を示す多くのヒントが含まれている。ここで挙げた事例や、我々のチームが発見したその他何十もの事例から明らかになったのは、今まで気づかずにいた顧客セグメントとその経済性に関する新たな知見が、いかにコア事業の再定義と業績の改善を導いたかということである。

◉——セグメントに無知であることによる帰結

セグメンテーションを理解できないということは、顧客を理解できないことの一面である。それに気づかずに単なる機会損失で終わってしまうこともあるが、より甚大な経済的損害をもたらすこともある。まったく異なる戦略で攻勢をかけることのできる明確な顧客セグメントがあり、その存在に競合企業は気づいていて、そして貴社が気づいていなかったとしたら、悲惨な結果が待ち受けている。より焦点を絞った商品やサービスで貴社の顧客を狙い撃ちする競合企業からの攻撃に、貴社は太刀打ちできないだろう。その成功例がグローバルバンクのＩＮＧである。同行はＩＮＧダイレクトというインターネットによる低コストの直販サービスを開始した。ウェブに精通しており自分自身の判断を重視する顧客に的を絞った戦略により、同行は、この新たなセグメントに気づかなかった競合企業に対して急速に市場シェアを獲得したのである。

たとえ競合企業の攻撃がない場合でも、セグメンテーションの認識を誤れば、非効率の一要因になり得る。あるセグメントには過剰サービスを提供する一方で、他のセグメントにはサービス不足になっているのであれば、有効に使うべき経営資源を無駄にしていることになるからだ。競合企業が攻勢をかけてくる時には、このような各顧客セグメントに対するニーズと提供サービスのミスマッチが利用される可能性がある。

セグメンテーションを誤るのは、おそらく自社のマーケットポジションが理解できていないのであろう。オートデスクが行き詰まった理由の一部は、一般的な建築家という表層的な区分や、設計技術者という大きなカテゴリーの下に潜んでいたニッチなアプリケーションエンジニアというセグメントの持つ力を見落としていたことによる。ニッチセグメントに特化することによって売上高を二倍の三〇億ドルにできる可能性があると、ＣＥＯのカール・バスはいう。

真に戦略的な重要性を持つ隠れたセグメントが、自社の事業の中で埋もれていたら、どんな兆候が見えるだろうか。我々の経験と調査から、いくつか明確な判定基準が明らかになった。一つ目の判定基準は、ある事業における顧客ロイヤルティの重要な指標が顧客単位で大幅にばらついているにもかかわらず、その理由が分からない、という状況である。このような指標の一つがネット・プロモーター・スコア（ＮＰＳ）で、自社の商品やサービスを友人に熱心に薦めたいと思う顧客の比率から、そうしたくないと思う顧客の比率を引いたものである。すでに第2章で紹介したこの指標は、急速に支持者を増やしている。[7]この場合、根本的な意味で理解できていない顧客グループの存在が示唆される。

もう一つの判断基準は、伝統的な顧客基盤の一部で、明確な理由も分からずに市場シェアを失っている、といった状況である。この基準からは、自社のサービスに対して突然不満を持ち始めた（または別の企業からもっとよいサービスを受けている）明確な顧客セグメントの存在が示唆される。三つ目の基準は、自社や最大の競合企業が顧客セグメント戦略を長期にわたって変えていない、という状況である。絶えず変化している業界でそのような状況が見られる場合は、顧客とその収益性の両方を理解していない可能性がある。これは戦略の焦点を変える絶好の機会となるだろう。

3 過小評価されている、顧客に対する影響力とアクセス

デビアスの例は、一世紀の歴史を持つ企業が、顧客基盤に対して異なる見方をすることによって、どのように戦略を変えることができたかを示している。事業の再定義によって、デビアスはダイヤモンド事業の価値を二年間のうちに一〇億ドルから九〇億ドル以上に増やした。この変化の根底には、顧客の信頼、同社のブランド力、最高品質の天然ダイヤモンドを連想させる企業イメージ、および流通チャネルに関する非常に深い知識がある。これらの要素のすべてが、未活用の資産を構成し、デビアスが認識していた以上に顧客に対するアクセスと影響力を与えていたのである。

我々は、コア事業の再定義に関する事例研究を通じて、このパターンの変形を何度も目にしてきた。企業は何年もの間にわたり、顧客に対するアクセスと知識を社内の深部に構築してきたが、それを十分活用していないことが多い。このことは企業にとって大きな損失であるが、同時に顧客の利益をも損な

っているといえる。ハイペリオン・ソリューションズの例が、このような隠れた力と影響力の持つ戦略的な可能性をよく示している。

ハイペリオン・ソリューションズ――影響力を過小評価していた事例

二〇〇一年夏、ハイペリオン・ソリューションズの経営陣は、サンフランシスコのフェアモントホテルの会議室で、緊張した面持ちで座っていた。彼らの置かれている状況を象徴するかのように、会議に出された食事はパンと水だけだった。背景には重苦しい音楽が流れていた。エルトン・ジョンの「葬送」である。ハイペリオンのコアである連結会計用のソフトウエアは、かつてはフォーチュン一〇〇社の五〇%以上で使われていた。しかし二〇〇一年の時点で、この企業は経営難に陥っていた。そして経営陣は、かつて享受した利益拡大を伴う成長に再点火するための解決策を承認しているところだった。

以前は意気揚々と巡航していたこの企業は、突然失速した。成長は横ばいであり、二〇〇一年は損失を出し、売上高五億二八〇〇万ドルに対して時価総額は約五億ドルに減少していた。オペレーションは大混乱に陥り、合併した企業との統合に手こずって事態はさらに悪化した。同社の新CEOのジェフ・ローデックは、「合併後、大量の退職者が出ていました。倒産の危険はなかったものの、重要性のない会社になってしまう危険は明らかにありました」[8]と言う。さらにハイペリオンは、焦点の定まらない戦略が、業務上生じている問題を悪化させていることも認識していた。

続く数カ月、ローデックと経営陣はハイペリオンとその戦略を徹底的に見直した。まず基幹業務を安定化させることに集中した。不振な製品ラインは廃止し、設備の規模を縮小し、進捗状況を測る測定基準を定め、基本施策（たとえば売掛金の回収期間の短縮）の実行改善に直ちに注力した。

次に経営陣は、より大きな戦略上の問題に着手した。彼らの前に立ちはだかる問題は非常に深刻なものである。

たとえば、同社の基幹製品であるビジネス・パフォーマンス・マネジメント（ＢＰＭ、経営管理）ソフトウエアの基礎をなすクライアント・サーバー・アーキテクチャーおよびEssbaseOLAP技術（ハイペリオンの製品で、多次元データベースによる経営分析システムの標準プラットフォーム）は、将来も通用するだろうか。答えは「いいえ」だ。ハイペリオンの顧客はリレーショナル・データベース（ＲＤＢ）の検索を通じてＢＰＭに入っている。ローデックは当時について、「地球は平らではなく丸いということを発見しました。ＲＤＢを中心に構築しなければいけないということは、我々にとっては、ほとんど信仰を変えるのと同じでした」と語る。

また、業務上の問題を解決したら、同社は少なくとも適切なケイパビリティを持っているだろうか。これも答えは「いいえ」だ。アプリケーション・ソフトウエアを立て直して競争力を回復するためには、クエリとビジネスインテリジェンス（企業に蓄積されたデータを活用して、経営の意思決定支援を行うソフトウエア）に対する高度な専門能力が必要である。

さらに将来、顧客が望むような購買方法に対応する準備ができているだろうか。これも、そうとはいえない。顧客はまずデータベース・ソフトウエアを購入し、次に報告書作成ソフトウエアを、それからカスタマー・アプリケーションとパッケージを購入し、その後で統合ソフトウエアを購入している。このように質問は続き、同社の戦略のあらゆる要素に疑問を投げかけた。

市場における購買の主流は、統合ソフトウエアか、またベンダーがパッケージ化したものを購入する方向に移っていた。しかし、どちらに対してもハイペリオンは十分準備ができていなかった。さらに、最も魅力的な販売方法は間接販売、つまりシステムインテグレーターが組み立てたソフトウエア・パッケージだった。システムインテグレーターはハイペリオンの製品を最大のトランザクション（データベース・システムで使用されている処理単位）とし、重要なニッチ市場向けに自社のソリューション・ソフトウエアを加えて個々の顧客へとアレンジしていた。多数のパートナーからなるこの生態系《エコシステム》はソフトウエア企業とハイテク企業の間で重要さを増していたが、このプロセスに完全な形で参加するには、ハイペリオンは販売の優先順位を変える必要があった。これらの問題に取り組むためには、基本的な事業モデルにさらに大幅に変更する必要があった。ソフトウエア・プラットフォームとアーキテクチャーにおける変更、顧客に対する販売提案方法の変更、および社内のケイパビリティの変更である。やるべきことは極めてたくさんあった。

それでもハイペリオンはそのミッションを完了させた。基本的な施策の実行に集中し、経営陣を替え、四つの重要管理指標に基づいてコミュニケーション・システムと報酬制度を再構築した結果、オペレーションが安定した。経営者は新しい戦略を打ち出し、財務および連結会計製品の完全な統合版を作り、RDBの分析とレポート作成のケイパビリティを開発し、顧客ニーズに合わせて販売モデルとサービスモデルを改善した。

振り返ってみると、新戦略が機能して定着するために同社が行った取り組みの中心に、隠れた資産があったことが分かる。それは特定の顧客基盤（企業の財務部門）に対する強みであった。多くの企業の財務部門が連結会計とＳＥＣ（証券取引委員会）への報告書作成においてハイペリオンのソフトウエアに依存するようになっていたのである。「企業の財務部門に対して築いていた（顧客）資産が持つ力と、彼らの仕事の中でも非常に専門的で慎重さを要するこの業務についての当社への依存度を、完全に過小評価していました」とローデックは語る。

短時間のうちに現れた成果は、めざましいものだった。時価総額は二〇億ドルに達し、四年間で四倍に増加した。営業利益率は一六％へと二〇ポイント改善した。同社が行った顧客モデルの変更の結果、顧客ベースは六〇〇〇社から一万二〇〇〇社以上に増加し、ＢＰＭセグメントにおけるリーダー企業としての地位を一層確固たるものにした。業務の再構築とコア事業の完全な再定義を組み合わせたことがポイントだった。どちらか一方だけでは、目前の問題を解決した上で業績水準を更新することなどとうていできなかっただろう。

4　利用されていない顧客データと顧客情報

あなたが医療用装置メーカーにいて、顧客の健康状態と、装置が故障する時期を予測するためのデータを収集できることを発見したと仮定しよう。あなたは、現在一部のヘルスケア企業が見出しつつあるように、自社の事業モデルと業界の勢力図を変える材料を手にしたといえる。

あるいは宅配便事業に従事していて、ＵＰＳとフェデックスが実施しているように、あらゆる小包を即座に追跡できる最初の会社になったと仮定したらどうだろう。業界勢力図の形勢を変える強力なツールを手に入れたことになるだろう。またはスポーツ用品を取り扱っていて、ナイキが実施したように、スポーツ選手の運動能力改善プログラムと、その選手の実際の運動能力の向上との連関性を示すデータを収集できたとしよう。あるいは購買データを使って、ウォルマートやアマゾン・ドット・コムが実践しているように、非常に正確かつ極めて高い成功確率で、顧客が購入したい製品やサービスを予想できたとしよう。

顧客を知るためのこれらの方法はどれも、当分の間、顧客モデルを変更してコア顧客との関係を見直すよう会社に促すだろう。企業が無限とも思えるデータ蓄積能力を持ち、インターネットと無線技術によって収集可能なデータが大幅に拡大している現在、情報とＩＴ（情報技術）サービスは戦略転換の中心となり得る。

◉アメリカン・エキスプレスの変革

我々が過去の著作や調査でたびたび取り上げてきた企業の一つがアメリカン・エキスプレスである。同社はフォーカス―拡張―再定義サイクルの各段階で遭遇する問題点とリスクを示す典型例となっている。

一九八〇年代、アメリカン・エキスプレスは金融版スーパーマーケットになるというビジョンを打ち出して事業の拡張を続けたが、結局この戦略は失敗に終わった。多数の事業をまとめ、各種サービスをクロスセルしようとする試みは、コスト構造を肥大化させる結果に終わった。アメリカン・エキスプレスが掲げたビジョンに対する市場の反応は否定的であった。同社は業績の急速な悪化によって投資家の信頼を失い、株価は急落した。一九八九年から九〇年までに時価総額は四〇％減少し、買収の噂がささやかれていた。九三年に同社は新しい経営陣を招聘した。ハーベイ・ゴルブとケン・シュノールトである。二人は迅速に問題解決に取りかかり、コストを二〇億ドル削減させ、同社のブランドを直接後押しするようなコア事業に再度重点を置いた。彼らは三つの業務運営の基本方針――すべての顧客グループに対してより優れた価値を提供する、業界で一番の優れた経済性を達成する、あらゆる活動においてアメリカン・エキスプレスのブランドを守る――を中心に組織を再編成した。その過程で、過去一〇年間にわたり拡張戦略の一部として買収したものの結局は失敗に終わった多くの事業を売却した。

それでは、規模を縮小してリストラを行ったアメリカン・エキスプレスは健全な企業へと変わったのだろうか。同社のコアであるクレジットカード事業は法人顧客の間で首位を保っていたものの、事業自体はほぼ完全に旅行関連の支払いに連動していた。この旅行関連の支出は一般的な企業の総支出の数パーセントしか占めず、平均的な個人の支出の三%しか占めないが、一九九三年時点では、アメリカン・エキスプレスにとって旅行関連の支払いは、同社のグリーン、ゴールド、およびプラチナ・カードを使った購入額の七〇%以上を占めていた。同社の事業全体がこのカテゴリーの購買（旅行とエンターテインメント）と特定のタイプの顧客（法人顧客と出張中の個人）に連動していたのである。

一方競合であるＶＩＳＡとマスターカードは、あらゆる層の消費者と企業のあらゆる種類の支出において利用されていた。アメリカン・エキスプレスが事業を再定義できなければ、広い領域で事業を行っている競合によって、業界の片隅へと追いやられることになるのは明らかだ。問題は、この再定義をどのように成し遂げるかであった。多種多様にわたるカード支出をカバーできるよう事業展開を広げ、商品をカスタマイズし、加盟店を拡大し、特定の顧客セグメント向けにカード利用の特典を導入するために、経営陣が一連の活動をどのように始めたのかをシュノールトが以下のように語っている。

利用額の多い顧客セグメントを再定義し、商品開発活動を各々のセグメント単位で取り組むように方針転換し、各セグメントに合わせたカードを提供し、アメリカン・エキスプレスのカードを使って購入できる商品とサービスの範囲を大幅に拡大することから始めました。そして、内部の処理手続きがばらばらだったのを、終始一貫した顧客リレーションシップ活動として取り組むように変えました。新しい視点で事業を見ることによって、当社が持つ問題点が見えてきたのです。たとえば商品開発には二〇〇段階を要し、その間に担当者が何人も代わるので、多くの場合、意思決定に最終的に責任のある人間を特定するのが難しいことに気づきました。商品開発のサイクルタイムすら分かっていなかったのです。今では数段階の統合的な手順に減らし、責任系統も明確になっています。その結果、新商品の開発は、以前は一二〜二四カ月かかっていたのが、現在では一〜三カ月に短縮されました。以前の顧客セグメントは小規模企業、大企業、出張客の三つしかなかったのですが、現在では数百におよぶ重要なセグメントに分かれ、各セグメントを追跡調査しています。当社のあらゆるレベルのインセンティブを完全に顧客中心に設計し直しました。
この作業を始めた時、当社のカード支出の約七〇％は旅行とエンターテインメント関連でしたが、現在では約三〇％に低下し、小売店での使用や日常的な支出が七〇％を占めています。この比率のほうが、顧客の実際のお金の使い方をずっとよく反映しています。我々は会社の内部ではなく、外部に集中するようになったのです。[9]

簡単にいえばアメリカン・エキスプレスはコア事業を、組織構造、社内プロセス、心構え（マインドセット）、報酬制度、自社を説明するのに使っている用語、および収益性において変革したのである。同時にシュノールトは、同社の伝統的な強みだった優れた顧客サービスの重要性にさらに力点を置いた。「サービスの観点からすると、商品が増えれば複雑さも増す。しかし、すべての顧客に対するサービスの質と各顧客への個別的な対応を、悪化させないだけでなく、改善する必要がありました」

アメリカン・エキスプレスの経営陣には、顧客を軸にした周辺事業領域への進出戦略を追求する以外にも、選択肢はたくさんあった。投資のほぼすべてを国際市場に集中することもできた。現在国際市場は同社の事業の三四％を占める。銀行カード事業を行っている競合の多くが実施しているようなローン事業を収益源とする事業モデルに進出することも、以前の戦略の別バージョンとして、コア顧客にさまざまな金融サービスを提供することもできた。投資顧問業に資源を移して、戦略的な重点分野にすることもできた。

しかしアメリカン・エキスプレスにとって、戦略上正しい焦点の置き方はやはり、シュノールトの表現を借りれば、「いくつかのコアとなるルール」を中心に据えた事業モデルの再定義であった。コアとなるルールとは、ブランドに注力する、事業に柔軟性を組み込む、会社が持つ情報という資産を活用して顧客の好みをより深く理解し、その顧客に特化した商品とサービスを設計する、というものであった。データ、顧客へのアクセス、信頼されているブランドという以前は隠れていた資産は、当該資産を活用したサービスを販売するという新しい戦略をもたらした。万人向けの物を提供するやり方は過去の遺物となった。同社は商品数を一〇〇倍に増やした。大手の航空会社や、ホテル、小売店との共同ブランドが急増した。セグメンテーションを理解した上でつくり出された特典プログラムは、カード利用額の記録的な増加を促し、顧客ロイヤルティを強化した。この戦略変更以来、同社の株主リターンは、平均年率二〇％に達している。

我々が行った事例研究では、戦略が限界に近づいている時に、隠れた顧客資産が救済への道筋になり得ることを示す例がいくつもあった。デビアスは供給中心の戦略から需要中心の戦略に変えることによって事業を再生したが、それはダイヤモンド業者と最終消費者の間のデビアスに対する評判と、彼らに対する独自のアクセスといった隠れた資産によって可能になった。オートデスクは、建築家と設計技術者からなる伝統的なコアの顧客基盤における狭いニッチセグメントをさらに深く追求するという、未活用の可能性を再発見し、その過程で間口を広げたサービス戦略を捨てて「未来に戻る《バック・トゥー・ザ・フューチャー》（＝コア顧客に回帰することで未来を創り出す）」ことによって事業の再生を成し遂げた。ハイペリオン・ソリューションズは、企業の財務部門長という昔からの顧客層に対するアクセスと信頼を利用して、より多様なアプリケーションを彼らに販売し、顧客内シェア（顧客の支出額の中で、自社商品・サービスが占めるシェア）を拡大することによって、事業を再生した。そしてアメリカン・エキスプレスは、同社が保有していたが活用されていなかった一連の顧客資産、特にカード会員と加盟店の両方との直接的な関係から得られる独自のデータベースを活用することによって、事業の再生を成し遂げた。

しかし過小評価していた資産に気づいたとしても、それをどう取り扱うべきだろうか。明白な場合もある。すばらしい考えが突然思い浮かぶことも、時にはあるかもしれない。あるいは事業の性質から、試行的なプロジェクトでいろいろな方策を試し、答えが明らかになるまで検討を繰り返すことが可能な場合もある。しかし、これらの手法が通用しないとしたらどうすべきか。よい案やアドバイスを求められる場所がほかにあるだろうか。

洞察を求める場所の一つは、社外の「もう一つの世界《パラレルワールド》」である。たとえば、自社が現在直面しているのと同様の構造変化をすでに経験した他の業界が、アイデアや教訓を提供してくれるかもしれない。あるいは貴社の製品を斬新な方法で使っている先進的な顧客の中に答えが見つかることもある。

5　隠れた顧客資産を見つけ出す

我々の基準における戦略の転換が貴社に求められている状況にあると仮定してみよう。デビアスの例のように、中核的な顧客基盤における従来の成長法則が、かつてのように利益や成長を生み出していない状況であったり、アメリカン・エキスプレスのように、かつては独自性を誇っていた事業モデルが差別化の力を失っている状況であったり、プロフィット・プールが縮小しているような状況である。プロフィット・プールが縮小している状況は、ほとんどのテレコミュニケーション企業に当てはまるが、これらの企業は先を争って市場を細かく切り刻む新しい方法を見つけ出し、再建の土台となる差別化された資産（たとえば家庭へのアクセス、ユビキタス性やブランドネーム）を見つけ出そうとしている。そんな時、戦略を若返らせるために利用できる顧客優位性を持っているかどうかを判断するには、どうすればいいのであろうか。

社内から着手する際の一つの方法は、三つのタイプの顧客資産──隠れたセグメント、情報、特権的アクセス（およびこれらのサブカテゴリー）──を調べて、現場第一線の管理職に、そのような資産が存在すると思うか聞いてみることだ。筋の通った事例が出てきたら、分析を進め、そうした資産が本当に存在するのか、それは差別化されているのか、事業モデルを再定義するために活用できるのかを調査するのである。アメリカン・エキスプレスを含む数社で、この方式が実際に行われている。

もう一つの方法は社外に例を求めるやり方で、自社の外にある成功パターンを調べる方法である。

●──他業界の類似事例や、自社の属する業界の先進ユーザーから洞察を得る

顧客戦略を再構築するためのアイデアが欲しい時、どこを探せばよいだろうか。我々の事例研究から、このようなアイデアの源泉を探してみた。その結果、社内で戦略的なアイデアが生まれた場合でも、他

の業界の企業の戦略や、自社が属する業界の先進的なユーザーの観察が引き金になっていることが多い。我々はこれをパラレルワールド（もう一つの世界）と呼んでいる。

パラレルワールドという視点は目新しい考え方ではないが、この力をうまく活用できていると自負する企業は少ない。たとえば事業革新に関する我々の調査によると、自分の会社は革新的なアイデアを社外で探し出すのが得意であると考えている経営陣は二八％にすぎなかった。しかし過去数年間で最も成功した企業再生のいくつかは（たとえばプロクター・アンド・ギャンブル）、我々がオープンマーケット・イノベーションと名づけたものを再度重視したことが原動力になっている。この手法は、顧客、仕入先、さらには業界外の企業と強力なパートナーシップを組み、新しい商品やアイデアを生み出すものである。[10]

最近の研究成果によると、新しい製品市場の最初の開拓者より、潤沢な資金を持つ素早いフォロアーのほうが通常成功するという。この研究の担当者は、「新しい市場に最初に参入した者が市場を支配するというのは、神話の一つにすぎない。革新的なイノベーションによって創造されたまったく新しい市場に関しては、この神話ほど真実からかけ離れた言い伝えはない」[11]と述べている。この研究では数多くの例を挙げているが、それにはCTスキャナー（EMIが開発したが、GEが強力な市場リーダーに）、ビデオゲーム（アタリが開発したが、任天堂やソニーが利益を刈り取った）、ポケット電卓（ボウマーが開発したが、市場を支配したのはテキサス・インスツルメンツ）といった事例が含まれている。

最も単純な、コア事業が一つしかない企業でも、本来あるべき水準にまで社外にフォーカスを向けるのは難しい。複雑で、コア事業を複数抱えていて、深刻な戦略上の問題に直面している企業なら、なおさらである。

事業モデルの進化にはいくつかの基本的なパターンがあり、顧客モデルの根本的な変革に成功した事例として我々が調査したほぼすべてが、それらのパターンのいずれかに当てはまっていた。ここでのポイントは、徹底的な顧客調査を行って、どの事業モデルが自社の状況に最もよく適合するのかを見極めることである。パラレルワールドの研究から教訓を得ることには、二つのメリットがある。第一に、ブレーンストーミングや戦略的な選択肢を探索する最初の段階で、自社の事業はどう変わる必要があるのかを考えるためのチェックリストとして役に立つ。第二に、成功例だけでなく期待はずれに終わった例も含めて、具体的な社外事例を研究することに非常に価値があるのだ。

我々の調査によると、顧客モデルは以下の七つの軸の最低でも一つ以上の軸に沿って進化していた。

- 製品からサービス・情報へ
- 汎用品《コモディティ》から差別化された製品へ
- 同質的な一つのセグメントから複数の顧客セグメントへ
- 個々の部品からシステムへ
- （ばらばらの）活動から（統合された）ソリューションへ
- 高コストから低コストへ（システムの経済性）
- 孤立分散からネットワーク化へ

成功することも悲惨な結果に終わることもあるが、これらの顧客モデルがさまざまな業界で何度も使われているのは興味深い。これらの例を学ぶことによって、他社の犠牲の下に貴重な教訓を得ることができる。

●――ブランズウィック――新しい顧客モデルをつくる

レジャー用品企業のブランズウィックコーポレーションは、オペレーションの改善と、他業界の観察から導き出した顧客主導型戦略により復活を果たした。ブランズウィックが達成した事業転換を正しく評価するためには、いくらか基礎知識が必要である。同社はその一五八年の歴史の中で、市場のパイオニアから始まって傑出した企業になり、その後多角化と衰退を経て、また傑出した企業に戻るという道筋を歩んできた。

ジョン・ブランズウィックは世界最高のビリヤード用テーブルを作ってアメリカ全土で販売したいとの考えの下、一八四八年にシンシナティで会社を興した。多くの歴史ある企業と同様に、ブランズウィックも一〇〇年以上にわたってビリヤードとボウリングというコア市場に専念した。一九五六年には競合であったAMFカンパニーが他社に先駆けてボウリングレーンに自動ピンセッターを導入した。これでボウリング人気が復活し、新しい、魅力的なプロフィット・プールが生まれた。

成功で気前のよくなった当時の経営陣は、同社を「レジャー業界のGM」にしたいと宣言したが、この比喩はいろいろな意味合いを含み、一連の熱狂的な買収の引き金になった。ブランズウィックはFERサイクルのフォーカスと拡大の段階を飛び越して、再定義の段階に移り、取り乱したような試みを行った。ローラースケート靴や、外出着、釣り用のリール、ゴルフクラブ、野球のボール、船外機、ボートの船体等のメーカーを次々に買収し、さらには医療品流通や注射器の製造事業にまで進出した。賭けのいくつかはうまくいったが、その大半はボート事業に関するものだった。しかしそれ以外の買収は大混乱をもたらし、ブランズウィックの持つ何百万ドルもの価値を破壊して、同社の活力と資源を搾り取った。ある記事では、隆盛と衰退を経験した同社のこの二つの時期のことを、「第一生と第二生」と呼んだ[12]。

第三生は、ジョージ・バックレーが同社のマーキュリー・ボート・エンジン部門に参画し、その後二〇〇〇年にCEO兼会長に昇格した時から始まった。同社はそれまでの戦略的な失敗によって大きな難題に直面していた。バックレーは以下のように語る。

最初の週から何をすべきかは分かっていました。四億ドルの融資限度のうち三億二〇〇〇万ドル分は行使済みで、株価は三年間で三七ドルから一二ドルに下落していたのです。その年は赤字になることが予想され、多くの事業で多額の資金が流出していました。ほぼ一年分の在庫を抱えている事業部門もありましたし、多額の回収不能の勘定もありました。社員はやる気をなくし、株主は怒っていました……そして流動性の危機に陥る可能性もありました。スタートとしてこれ以上のことはないでしょう！　大西洋の真ん中で底に穴の開いたボートに乗っているとしたら、その時にやるべきことはたった一つ、船底に溜まった水を汲み出すことです。会社には資金が必要なこと、自分が苦境にあること、そして計画に関して組織内に切迫感を持たせる必要があることを理解していました。[13]

続く二年間で、同社はコストを大幅に削減し、いくつもの工場を閉鎖し、釣り用具からクーラー、キャンピング用品に至る多数の事業から撤退して、事態は安定した。しかし次は何をすればよいのだろう。ここでバックレーのパラレルワールドのアイデアが登場する。

私がキャリアを通して使ってきた手法は、パラレルワールド・アプローチです。聖書は、この世に新しいものは何一つないと教える。物理学では、ダムの壁に水が浸み込むのも、鉄塊に熱が浸透するのも、磁性体に渦電流が発生するのも、同じ数式で説明します。困難な問題を抱えた時はいつも、だれかが別の状況でそれを解決しているのではないかと自問してみるのです。

ボート事業では、製品の性能および信頼性を上げることが必要とされていましたが、同じことは何年も前に自動車業界で起こっていて、そこには我々が学ぶことのできる顕著な類似点があったのです。何が必要とされているのかを知るために消費者のところに行き、今度は流通業者（またはディーラー）のところに戻って、彼らが何を必要としているのかを調べ、そしてこれらのニーズが当社の経済性と製造モデルに対してどんな変化を意味するのかを調べます。「想像してみようスライド」と自分で呼んでいるものを作って、こう言いました。「もし自動車業界に、グローバルな存在感があって、アフターサービスもすばらしく、低コストで幅広い製品ラインを持ち、あらゆる市場に対応していて、この会社が売っている製品の品質のおかげで金持ちになった熱心なディーラーを抱えている会社が、トヨタという一社しかおらず、他の自動車メーカーはすべて一九七〇年に作っていたような車を製造しているとしたら、何が起こるだろうか。次第にシェアはトヨタに移ってくるし、競合企業はトヨタを尊敬し、投資家と顧客はトヨタが大好きになるだろう」。しかしここに類似点があります。ボート業界では、この会社（トヨタ）はブランズウィックかもしれない。製品とサービスに関する一連の活動施策を実行すれば、この象徴的な自動車メーカーのようになるでしょう。我々はマリン製品業界のトヨタになりたいのです。

自動車業界における進化を調査検討し、その中にボート業界との類似点を見出すことによって、ブランズウィックは戦略ロードマップ策定のための重要な要素をいくつか得ることができた。バックレーが以下のように説明している。

マリン製品業界のトヨタになるという目標を成し遂げれば、当社には非常に有利な点があることに気づきました。ボートだけでなくエンジンも作っていたからです。この業界で同じようにボートとエンジンの両方を製造している企業はほかにない。だから「端から端まで」完全に一体化されたボートを作れる可能性が当社にはありました。［業界の初期段階で］自動車業界が、修理用の部品をたくさんつけたキットカー（購入者が自分で組み立てる車）とほとんど変わらない製品を販売していた段階から、見事に設計され完全に調和のとれた一体型の車の販売に移行したのと同じです。一体化がここでのキーワードでした。経験上、製品が不具合を起こすのは、たいていは部品のつなぎ目や境目のところだということをわかっていました。境界面と境界線をなくせば製品の信頼性が向上する。それがボートに対する当社のコンセプトです。部品の境界線を取り除いて、完全な一体型の製品を目指すのです。端から端までコントロールできれば、顧客ニーズをもっとよく満たせるだろうと考えました。ダッシュボードに赤くて四角い速度計と丸い灰色のエンジン回転計がついている自動車を買ったりするでしょうか。そうは思いません。しかし、それがボート業界のそれまでの常識でした。子供のころ、父が英国車を持っていて、毎週日曜日の午後整備したものです（当時はそうする必要がありました）。方向指示器でさえ、後から買ってつけ加えなければならないことが多かったのです！　今では全部一体化されています……同じことがボートについても起きていることに気がつきました。とはいえ、現在でもそのサイクルのかなり初期の段階にいるのですが……。

ブランズウィックはナブマンとノーススター・テクノロジーズを買収し、GPSナビゲーションと船舶電子機器およびシステムインテグレーションの技術を手に入れた。同社のこのセグメントは二〇〇二年から〇五年まで年率一〇五％で成長し、〇五年の売上高は四億ドルに達した。ブランズウィックは、北米でマリン製品業界最大手の部品流通企業であるランド・エン・シーも買収した。この会社はボートの重要部品の即日サービス・即日配達を売り物にしている。また、最近ブランズウィックは組織変更を行い、成功した顧客戦略と製品統合戦略を北米以外の市場にも展開しようとしている。

同社の売上高は、〇一年の三三億ドルから四年後には五九億ドルに増加し、株価は最安値の一三・七一ドルから三年後には四八・九一ドルまで上昇した。ブランズウィックには今では新しいコア事業がある。売上高と利益の約九一％はマリン製品事業で、もともとのコア事業であったビリヤードとボウリングが残りの大半を占めている。同社はアメリカの船外機市場でトップの三八％のシェアを持っており、最も近い事業を行っている競合会社の製品の売上高一五億ドルよりもはるかに大きい。

ジョージ・バックレーは次のように締めくくった。

アドバイスを求めて、あらゆる種類の事例を調べました。ジョージ・バーナード・ショーは、分別のある人間は自分をシステムに合わせるが、無分別な人間はシステムを自分に合わせる、と述べています。無分別な人間になる必要がある時もある。実現可能なビジョン、もしくは他業界に類例があるようなビジョンを通じて、進んで無分別になることもあり得るのです。ビジョンは一人の人間の夢として始まることが多いですが、そのままでとどまるわけにはいきません。信念は非知識型のシステムですが、確信は経験に基づくシステムです。信念から出発して確信になる。あなたの夢の実現に向け組織を没頭させ、その夢を組織としての夢に変えることができるなら、あなたの夢は、結果的には組織内の全員の夢となるのです。ビジョンが徐々に変化しても（実際そういうことは多いのですが）、これらの原則はまだ通用します。そしてそれは、信じられないくらい強力です。

基本的な顧客モデルを変えるのは難しい上、多くの試みは失望に終わる。しかしブランズウィックには、試みを成功させるか破産するしか選択肢がなかった。同社は、持続可能な唯一のコア事業であるボート事業の顧客に集中し、これらの顧客と同社の関係を再定義する事業を創造した。彼らに部品（ボート、エンジン、付属品）を売る代わりに、保守用の部品も完備された一体型のシステムの提供を始めたのである。

6 隠れた顧客資産を突き止める

本章では、事業の複雑さによって、顧客基盤をその源泉とする「リーダー企業の経済優位性」が隠されてしまう可能性がある、との考え方を提示した。具体的には、顧客セグメントや、顧客が抱える特定のタイプの問題に対する解決策や、自社が有する独自の情報やアクセス権の中に存在している潜在的な優位性のことである。

ここで説明したような状況に自社が置かれているとしたら、以下の質問を自身に問いかけてみよう。答えに窮するとしたら、過小評価しているセグメントがないか、顧客に対するアクセスで未活用のものがないか、探してみるとよい結果が得られるかもしれない。

Column ◆ 隠れた顧客資産を突き止める

再生戦略の基礎となる、または少なくとも利益拡大を伴う成長を促進させるために活用が可能な隠れた顧客資産を持っているだろうか。以下の質問に答えることが、その判断に役立つだろう。

- 本当のコア顧客はだれか。それはどのように変化しているか。
- それらのコア顧客に対して、どこに本当の差別化要因が存在するのだろうか。その判断の根拠は何か。
- 自社がリーダーになっているのは、どの顧客セグメントか。それはなぜか。そのポジションを十分活用しているか。
- 顧客の行動や経済性に関するデータベースまたはナレッジの蓄積システムを持っているか。それは競争上極めて重要かつ独自のデータとなっているか。そのフルポテンシャルを調べてみたか。
- いくつかの顧客セグメントについて、ブランド、信頼、アクセスといった、まだ十分に活用できていない影響力を持っているか。その判断の根拠は何か。
- 次の普遍的な事業モデルのアイデアにつながるような、適切なパラレルワールドを調べてみたか。
- コアの顧客基盤における現在および将来のプロフィット・プールは、どの事業領域に多く存在しているか。そのプロフィット・プールの移行の方向性について、自社は十分に準備ができているか。

第5章　隠れた資産：埋もれたケイパビリティ

ケイパビリティは事業の必須要素である。世界のあらゆる物質の基礎単位を表にしたメンデレーエフの周期表のビジネス版が存在するなら、元素の代わりにこのケイパビリティが表の枡を埋めているだろう。十分な気力と時間を持って取り組めば、（複数の原子を結合して分子が作られるように）複数のケイパビリティを結合させて、新たな性質と能力をつくり出すことができるだろう。不活性元素のように、互いに無反応なケイパビリティの組み合わせもあるが、一方で驚くような方法で結合できるケイパビリティの組み合わせもある。このような組み合わせは相乗効果を持ち、事業の変革や再生のために途方もなく大きな力を生み出すこともあるだろう。

ケイパビリティは、三つ目の十分に活用されていない資産であり、そして最も発見が難しいものである。この資産をうまく活用することは、事業の再生に取り組む場合だけではなく、ケイパビリティに恵まれていない競合企業を戦略的に攻撃する場合にも極めて重要となる。以下の事例では、競合企業間におけるいくつかの重要なケイパビリティの差が、負け組企業の成長を不安定なものにする一方で、勝ち組企業には永続的な成長をもたらすことが示されている。

イギリスの食品チェーンのテスコとセインズベリーの二社には、かつてはほとんど違いがなかった。しかし現在、テスコは明らかな勝ち組として三一％の市場シェアと優れた経済モデルを持つ一方、セインズベリーはウォルマート傘下のアズダの後塵を拝して三位に後退している。カギとなる要因は何だったのか。それは、ケイパビリティであった。セインズベリーとの競争の初期において、テスコは、優れたロジスティクス（物流・流通）と商品補充能力が重要性を持つことを明確に理解していたようだ。そして、テスコはこの分野に対して、競合企業よりはるかに多額の投資を始めた。

ケイパビリティによって競争力が分かれたのだ。この驚くべき事例を振り返って、当時会長を務めていたイアン・マクローリン卿は、「まず流通面のケイパビリティに注力しました。やがて当社はこの分野で非常に熟練してきました。その結果、他社に先駆けてテスコメトロやテスコエクスプレスのような小規模店舗を効率的に運営できるようになりました。加えて、大型店の主要品目の在庫水準においても、当社は競合企業に比べ優れていると感じるようになりました。それらすべてを通じて、流通が要となっていました。これだけ時間がたっているのに、競合企業の多くはいまだに流通のケイパビリティをきちんと獲得していません[1]」と語っている。

別の例として、宅配便市場を見てみよう。書類と小包配達市場の支配権をめぐって行われているUPS、フェデックスおよび米国郵政公社（USPS）間のケイパビリティの戦いは、公正な競争ではない。USPSは、公共機関として法律によって採用、報酬水準、競争、投資能力などが規制されている。対照的にUPSとフェデックスは、先進的なロジスティクスを目指して、パッケージトラッキング（配達状況照会）と、ＩＴシステムの高度なケイパビリティに積極的に投資を行っており、過去五年間にわたって売上高の平均八％程度をこの分野へと支出している。その結果、ＵＰＳとフェデックスは一九八〇年代にはＵＳＰＳの四分の一以下の規模であったが、現在では両社合計でほぼ同じ規模になり、さらに、ＵＳＰＳの成長より五〇％も速いペースで成長している。

これには多くの要因が関係している。ＵＳＰＳは、独占している封書の配達から得た利益を、小包配達に投資できるのではないか、と主張する人もいるだろう。しかし、両方の事業の社員に話を聞いてみれば、違った側面が見えてくる。この競争において、最も重要な要素は、ケイパビリティの格差が拡大していることであり、それが配達コスト、配達のスピードと頻度、および先進的な機能（パッケージトラッキング・ソフトウエアなど）に影響を与えていることが分かる。ヨーロッパでは、民間運送会社とのケイパビリティの格差と、競争に必要な再投資額の規模が要因となって、ドイツポストやＴＮＴ（オランダ郵便）など多くの郵便事業が民営化された。これらの国の政府は、自分たちよりも速いスピードで競合企業が戦略を転換させているケイパビリティ競争から撤退することを決断したのである。

インターネット検索の市場においては、一九九八年にグーグルが、ヤフー、エキサイト、アスクジーブス（現アスクドットコム）などに遅れて競争に加わった。現在、グーグルは約五〇％の市場シェアを占め、この強力なコア事業を足がかりとして、さまざまな周辺事業機会へと事業を拡大している。同社の現在の売上高は六〇億ドル、時価総額は一五三〇億ドルであり、これはフォーチュン五〇〇社の中で最も時価総額の大きいウォルマートの七七％に当たる。

グーグルの成功の核心は、同社のコア事業におけるソフトウエア設計のケイパビリティと、独自の検索画面表示のソーティング（並べ替え）・アルゴリズムである。さらにグーグルは、同社の競争力が、インターネット検索における地位と、その利用者とサプライヤーからなる同社特有の〝生態系《エコシステム》〟（たとえばアドワーズには三〇万を超える広告パートナーがいる）、およびソフトウエア設計者の能力に依存していることを、明らかに認識している。グーグルは、人材確保の活動をかつてなかった水準にまで強化し、業界に衝撃を与えた。スポーツ選手の俸給に見られるような、フリーエージェントの熱気をこの業界で再現したのだ。たとえば、音声認識ソフトウエアでトップの人材に対し、一〇〇〇万ドル相当といわれる報酬体系を提示し、マイクロソフトからスカウトした。しかし、これは驚くべきことではない。自社が、ケイパビリティをめぐる競争の渦中にいることを理解している企業は、ケイパビリティ獲得のためにはためらいなく多額の投資をするものである。

世界中の企業幹部に対してベインが行った「ケイパビリティ調査」によると、回答者の五七％が、成長目標を達成するためには新しいコア・ケイパビリティの獲得が「極めて重要」と答えている。また、驚くべきことに、「重要」と「極めて重要」という回答を合わせると九八％に達する。「表面上は見えてはいないが、すでに事業の中に存在し、自社の成長を助長できる隠れた宝石（のような資産）」をすべて列挙するように求めたところ、回答数の多かった上位二つは、埋もれたケイパビリティに関するものであった。

また我々がクライアントのためにこれまで実施した一〇〇を超える戦略策定プロジェクトの分析を行った。この分析によると、調査した事例の五六％において、策定された新しい戦略のカギとなったのは、過小評価され十分活用されていないケイパビリティであった。これらは、単体で活用できる場合もあれば、他のケイパビリティと組み合わせることによって活用できる場合もあった。これらの、半数以上の事例では、コスト競争力の改善に関するケイパビリティが、欠如しているか、もしくは不十分であった。別の四五％の事例では、スピードや製品サイクルタイムの短縮に関して重要なケイパビリティが不足していた。これらは基本的かつ必須の能力であり、概して競争力格差の大きな要因になっているのである。

1　ケイパビリティとは何か

ここでいうケイパビリティとは、何かを成し遂げる能力、特定の業務・活動を反復可能な形で達成する能力のことだ。ケイパビリティは、事業のバリューチェーンを構成する基礎単位である。ビジネスユニットは一般に八〇から二〇〇に及ぶ重要なケイパビリティを所持しているが、本当のコアとなるのは、その中のごく一部である。我々は、それらのケイパビリティのうち、（顧客のために）経済的な価値を創造する能力と、競合企業に対する差別化を生み出す能力を、コア・ケイパビリティと定義している。顧客への請求書の送付、会社のイントラネットの管理、社員のトレーニングなどの、他のケイパビリティが重要でないというわけでは決してない。しかし、これらの能力は通常は我々のいうコアではないし、事業戦略を一新するために活用できる隠れた資産でもない。

「コア・コンピタンス」のコンセプトはビジネス界ではよく用いられている。事業は、その事業の競争力を決定づけるケイパビリティの集合体に基づいて構築されるという概念もなじみ深いものであろう。このテーマを主張した、ゲイリー・ハメルとC・K・プラハラードは、著書の『コア・コンピタンス経営』の中で、次のように述べている。

企業はケイパビリティをめぐって競争しているという命題そのものには、何ら目新しさはない。重要なのは、コンピタンスやケイパビリティが、コアであるのかそうでないのかを区別することである。特定の事業で成功を収めるのに必要な能力をもれなく書き連ねたとしたら、そのリストは長すぎて使いようのないほど冗長なものになるだろう。経営陣はあらゆる物事に一律に注意を払っているわけにはいかず、したがって経営陣は、企業の長期的な成功に対して本当に貢献する活動が何であるかを、何らかの形で理解しておかなければならない。我々の目標は、企業が長期的な競争に打ち勝つために必要な、まさにコアとなるコンピタンスに、経営陣の注意を向けることである。[2]

戦略を作り変える上で、隠れたケイパビリティをどのように活用するかを判断するには、以下に示す、四つのタイプに分類すると分かりやすい。

- 非常に差別化されており、かつ顧客価値を創造するために不可欠な、自社のコアになっているケイパビリティ
- 差別化されてはいない（競合はみな似たような能力を持っている）が、価値を創造する上で不可欠な

ケイパビリティ。これらのケイパビリティは、新しい差別化要因を追求する過程で、イノベーションを生み出すきっかけになり得る。新興企業が市場参入に用いる成長法則は、まさに重要だが差別化されていないこれらのケイパビリティがカギとなっていることが多い

●大きな経済価値を生み出すこともなく、また差別化もされていないケイパビリティ（純粋なコモディティで、アウトソーシングの候補であることが多い）

●限られた価値しか生み出さないが、自社独自の手法で遂行する必要のあるケイパビリティ

このフレームワークを考える上で最も重要な視点は、将来のために必要なケイパビリティである。五年後の状況はどうなっているのか。どうなっているべきか。新たに必要となるケイパビリティを、どこでいつ手に入れられるか。弱いケイパビリティのうちどれを強化する必要があるのか。強力なコア・ケイパビリティのどれに投資して、新しい方法で拡大を図るべきか。新しく得たケイパビリティと既存のものはどのように相互作用し合い、結果として新しいケイパビリティを創造するのか。

ケイパビリティについて集中的に議論することによって、多くの新しい成功パターンと戦略の可能性が明らかになることがある。

「当社で、現在最も差別化を生み出しているケイパビリティを三つか四つ挙げるとすると、それは何であろうか。また、五年後にこのケイパビリティはどのようなものになっている必要があるか」。我々の観察によると、このようなディスカッションを行っている経営陣は少ない。

戦略の転換を成功させた企業とうまくいかなかった企業それぞれにおいて、ケイパビリティがどのよ

うにして成否を分ける決定要素となったのだろうか。この要素は、隠れた顧客資産や、隠れた事業基盤の資産とは少し異なる。これらの隠れた資産の場合、重要なのは、すでに保有している資産の独自性と、即座に明確な差別化を図るためのその潜在的な役割である。たとえばパーキンエルマーのDNA解析関連の製品と、彼らの持っていた特許は、会社の中に埋もれていたが、同社独自の資産であった。マーベルが所有しているスパイダーマンというキャラクターを、他社は持っていなかった。冷蔵庫の特定のセグメントにおける、ドメティックの強力なリーダー企業としての地位は、他社の羨望の的だったが、競合は現れなかった。

埋もれたケイパビリティは、他の二種類の隠れた資産とは異なる。なぜなら、理論上は、ケイパビリティは他社も獲得可能なことが多いからである。もう一つの重要な点は、組織や最終的な競争優位にケイパビリティが与える影響は、さまざまなものが複雑に絡み合った作用として現れることが多い、ということである。新しいケイパビリティは、その周囲にあるすべてのものの可能性を変え、明らかに新しく良質なもの、そして本章の例が明らかにするような、より高次の結合を生み出すのである。

ケイパビリティを直接観察するのは、事業や個々の製品、または顧客に関するデータベースを観察するよりも難しいが、それが与える影響を捉えるのもまた困難を極める。これらの理由によって、我々はケイパビリティを隠れた資産の最たるものであると考えている。

2 埋もれたケイパビリティを発見する三つのパターン

本章では、埋もれたケイパビリティに関する我々の発見を通して、それをどのように見つけるか、またコア事業とその戦略を再定義するにあたって、ケイパビリティが持つ潜在的な可能性についてどのように考えるべきかを説明する。以下では、我々が調査研究の中で発見した三つの状況を検討する。

●ケイパビリティが本社部門レベルで見つかることがある。この場合、その影響は事業と製品ラインへとさざ波のように下方に広がっていく

●ケイパビリティによっては、経営陣が特定の事業の経済モデルを再構築したり、コア顧客に何を提供できるかを再定義したりすることを可能とする

●ケイパビリティは、以前のコア事業よりも大きな価値を生み出すポテンシャルを持つような、まったく新たなコア事業を創造する際の触媒として機能することがあり得る

◉隠れたケイパビリティによる再定義——全社的な変革

事業転換を推進させるケイパビリティが、企業の本社部門にあって、一連の事業と製品ラインを作り変えるために活用できることがある。まず、酵素生産のグローバルリーダーであるノボザイムズの事例を見てみよう。同社の例は比喩的で面白い。なぜなら、彼らの事業が対象とする酵素は、周囲の他の物質と相互作用して新しい能力を発揮させる物質だからである。これは、ケイパビリティが事業に対して及ぼす作用の比喩にもなっている。

ノボザイムズ——再定義への触媒としてのケイパビリティ　酵素は自然界に存在するタンパク質で、化学反応を促進する物質である。実際、酵素《エンザイム》という言葉は「酵母菌の中で」という意味のギリシア語であり、酵母菌が物を発酵させるという効能は、最も古くから知られている酵素反応の一つである。環境に優しく十分な効用を持ち、かつ有機物である酵素は、多くの産業用途において、伝統的な化学物質から徐々にその地位を奪いつつある。酵素を使えば、乳タンパクを分解してチーズやヨーグルトを作ることができるし、ビール醸造を促進することも、洗剤の汚れを除去する能力を改善することも、穀物をエタノールに変えるプロセスを加速させることも、またパンが硬くなるのを遅らせる、といったことまでできる。

ノボザイムズは、高品質の酵素の開発と生産におけるグローバルリーダーになった。二〇〇四年の同社の売上高は六〇億デンマーク・クローネで、営業利益率は一八％であった。同社は各種市場で平均四四％のシェアを持つが、その多くはゼロから創造したものである。

本書で取り上げている他の企業と同様、ノボザイムズの起源も遠い昔にさかのぼる。ブタの膵臓腺からインシュリンを抽出するために、ノルディスクとノボという競合企業二社が、一九二〇年代前半に設立された。四〇年にノボは、消化剤の製造や皮をなめすのに使えるトリプシンという酵素が膵臓腺に含まれていることを発見した。第二次世界大戦中ノボはペニシリンの生産を依頼され、この事業を手がけることによって、発酵と大量生産に関するケイパビリティを獲得した。戦後は大量生産される汎用品としての酵素に集中し、まず粉末洗剤への応用に、次いで醸造への応用に注力した。これら初期の応用は先端的な科学とはいえなかった。実際のところ、醸造用の酵素は、日本酒の生産過程で米の発酵を促進させるための、日本で二〇〇〇年間使われてきた技術に基づくものであった。

一九八八年にノボとノルディスクは合併してノボノルディスクとなった。二〇〇〇年に同社は、ノボザイムズを酵素に特化する別会社としてスピンオフし、その株式を公開した。新会社の社長スティーン・リスゴーは、この業界で二一年の経験を持つベテランであり、スピンオフの時点でノボノルディスクの社長であった。そしてリスゴーは、汎用品酵素に依存しているノボザイムズの体質を変え始めたのだ。同社は、最先端のバイオケミカル（生化学）のケイパビリティを獲得し、特定用途向けのデザイナー酵素（遺伝子工学を用い人為的に設計された変異体酵素をいう）の生産が可能になった。これによって、ノボザイムズの科学者たちは、社会から隔絶した中で研究を続けるのではなく、より顧客と密接な関係を築きながら働かなければならなくなったのだ。リスゴーは、これらのケイパビリティの重要性について次のように語る。

最も技術力のある顧客と、技術面で可能な限り密接な関係を持つことのみによって、本当のブレークスルーを推進することができます。これは、当社が何年間にもわたって取り組んできた、重要なケイパビリティです。実際のところ、当社では現在、どんな予備調査も、現場における顧客の検証が実施されない場合には、六カ月以上続けることを許されません。これは、以前までのやり方とはまったく異なるものです。

継続的にケイパビリティを付加し、それをコア事業へと統合することによって、当社は競争優位を創り出してきました。それぞれのケイパビリティによって、我々が顧客に対してできることが大幅に変化することもありましたし、予想外の影響がもたらされることもありました。我々にとって、科学的側面での最初の重要なケイパビリティの獲得は遺伝子工学の導入でした。一九九〇年近くまで、当社ではほとんどの酵素を自然界から探し出していました。今では実験室で変異を起こさせることによって、酵素を直接改良し、顧客が求める仕様に合わせて酵素を設計することができます。次の重要なケイパビリティはタンパク質工学でした。その次は人工進化と「遺伝子組み換え」のケイパビリティの構築で、これらはヒトゲノムに用いられる解析技術から生まれたものでした。[3]

顧客が、非常に低い温度下において、洗濯物から油汚れを落とす方法を探しているとしよう。まず、ノボザイムズは、世界中から酵素を作り出す可能性のある微生物を集め、そして研究者が高度な産業用ロボットを使って、これら微生物の機能を調査し、顧客のニーズに最も近い酵素を作り出す微生物を見つけ出す。次にその微生物を実験室に入れて関連する遺伝子を取り出し、安全にかつ大量生産できる微生物にその遺伝子を組み込んで、その新製品を顧客に提供する。リスゴーはこの事業を「干し草の山の中で針を見つけ出すようなもの」と表現する。ただしノボザイムズは、干し草を選び出す作業にも、針を見つけ出すプロセスをスピードアップさせることにも、最新の技術を用いている。

このようなケイパビリティによって、ノボザイムズは、競合企業との差を際立たせただけでなく、製品開発にかかる期間の短縮を実現し、競合企業に対する大きな優位性を持つこととなった。新しい人工酵素の開発――発見から開発、承認、毒性試験、申請、商用化までのすべての過程を含む――に要する期間のベンチマークは、以前は五年であったが、二四カ月にまで短縮された。

単一製品を提供しつつ平凡な市場ポジションに位置していたノボザイムズは、現在では、幅広いセグメントで支配的な市場シェアを占めるまでになった。同社は、収益率の低いありふれた汎用製品の販売から、特定用途のための酵素を幅広く設計できる企業へと事業転換を果たし、その過程で新しい高収益の微生物市場を創り出した。新しいケイパビリティが、ノボザイムズの変化を推進したのである。

ノボザイムズは、会社レベルでケイパビリティを構築することによって、酵素関連の事業を強化し、競合企業と差別化し、そして酵素関連事業の新しい可能性を生み出した事例であった。場合によっては、全社レベルで保有している複数の事業にまたがるケイパビリティを一歩推し進め、統合的な経営システムにまで発展させることで、一連の事業に独自の経済価値を生み出すことが可能な場合もある。このような経営システムは、企業だけでなくプライベート・エクイティにとっても命の源であり、それを見つけ出せるのはわずかな企業にすぎない。しかし、見つけ出すことのできる企業は実際に存在する。そのようなケイパビリティを集めてシステム化することにより有名になったのがダナハーである。

ダナハー――繰り返し業績改善する方法を発見する　ダナハー・コーポレーションは、一九八七年には売上高六億一七〇〇万ドルの産業用機器メーカーであり、その事業の大半は産業機械であった。現在、この企業は変貌を遂げている。八七年から二〇〇五年までに、売上高は年率一六％で増加して七九億ドルになった。営業利益率の改善が寄与して、純利益は八億九八〇〇万ドルに増加し、株価は五〇〇〇％以上も上昇して、株式市場全体の上昇率を五倍以上も上回っている。ダナハーは、一つのコア事業に集中することによってではなく、自らの成長法則を創り出すことによって、この期間の変革を成し遂げたのである。この成長法則により、同社は、六つの戦略的な事業基盤と、これらの基盤内の一〇二のサブ事業ユニットを持つ企業へと拡大した。現在、同社の事業基盤は、電気試験業務から環境サービスまで、幅広い産業分野にまたがっている。

ダナハーの事業転換の背景には、反復可能な成長法則があった。それは買収先を見つけ出し、買収を実行して付加価値をつけることである。我々の調査によると、中小規模の買収を多数行う企業は、非常に高い成功確率を記録している。ダナハーもその一つである。一九八七年から九五年までの間、同社は平均買収額が八〇〇〇万ドルの買収案件を、毎年一・五件の割合で行っていた。さらにそれ以降は、平均買収額が一億ドルの買収を、一年に六件以上の割合で行っている。

同社は五つの主要な買収基準――①ニッチ事業である、②コア事業における市場リーダーのポジションを確保している、③同社の戦略的事業基盤と整合性がある、④中規模の企業である、⑤利益を上げる余地のある買収価格である——を重視している。買収後、すべての企業は直ちに「ダナハー・ビジネス・システム」と呼ばれるものに組み込まれる。これは同社の経営陣が、アナリストに表明している成長戦略の要となっているものである。ダナハーの株価が驚異的なパフォーマンスを示したこの期間中、成長の五〇％以上を買収によって推進した同社にとって、このシステムは極めて重要なものである。

ダナハー・ビジネス・システムには、生産性向上、調達技術、指標による測定、管理手法、価値創出など、いくつかの段階と側面がある。これまでのところ、このシステムは反復可能であることが実証されている。またこのシステムは一貫して価値を生み出しており、新しいコア事業の買収によって事業を転換したいと願う他の多くの企業にとって、羨望の的になっている。

しかし、ダナハーほどの成功企業は実際には少ない。ましてや、幾ばくかの関連性を持つ一連のコア事業を買収により追加し管理できるケイパビリティを磨き上げて成功を収めた企業はさらに少ない。ダナハーは、数多くの企業が切望するような、非常に稀有な大企業の一つである。同様の手法を通じて成長を遂げた他の企業には、エマソンエレクトリック（米・電気電子機器）、ヴァルスパー（米・鉱業用コーティング）、メドトロニック（米・埋め込み型医療機器）、およびジョンソン・エンド・ジョンソンがある。多角化のために、ダナハーのような反復可能な成長法則やビジョンを保有したいと望んだ企業には、クヴァナ（ノルウェー・総合エンジニアリング企業）、マルコーニ（英・通信機器メーカー）、ビベンディ（仏・メディア企業）、W・R・グレース（米・化学メーカー）、それにコングロマリットの極めつけであった、ハロルド・ジェニーン時代のITTインダストリーズが挙げられる。

これらの事例から、コア事業の買収を通じて事業を改善するという成長戦略には十分な注意が必要だといえる。あなたの企業が、買収した事業を改善する反復可能なケイパビリティを持っていると考えたとしても、本当にそうだとは限らない。この種の戦略は一部の企業にとっては効果的かもしれないが、多くの企業にとっては一見魅力的だが極めてリスクの高い選択肢である。この戦略の採用を検討する際には、自社のケイパビリティが、本当に他社と差別化できるだけの価値を加えるものであることを、明確に証明する必要があろう。さらに、どのようにすればその困難な道のりを達成できるのかを、十分に理解することも必要である。なぜなら、多くの企業が同じことを試みているにもかかわらず、成功者はほとんど存在していないのだ。

P&G――顧客に関するケイパビリティを通じた再生　プロクター・アンド・ギャンブル（P&G）は、CEOのA・G・ラフリーの下、めざましい復活を成し遂げた。同社は、その根幹のさらに奥深くから見つかった、埋もれたケイパビリティを上手に利用して復活を遂げたのである。そのケイパビリティとは、数多くの消費者製品分野において消費者行動を分析するスキルであり、このスキルが同社の商品開発力を支える独自の洞察力を生み出している。ラフリーが二〇〇〇年にCEOに就任して以来、P&Gの株価の上昇率（ほぼ一一五％）はS&P株価指数の上昇率を三倍近く上回っている。九八年から二〇〇一年までの三年間に、同社の営業利益は六〇億ドルから四七億ドルに急降下したが、〇六年には一三二億ドルに回復している。これは、P&Gが一七〇年の長い歴史を持つ企業であり、また、同社が進出している各国の市場成長率がそれほど高くないことを考えると、驚異的な数字といえる。

ここでは、Ｐ＆Ｇのオーラルケア部門の再生への取り組みを取り上げたい。この部門が市場でリーダー企業になれずに低落を続けていた状況をどのようにして変えたのか。デンタル製品事業の前プレジデントのマイケル・キーホーが、代表的な歯磨きブランドのクレスト製品ラインの再生について、以下のようにコメントしている。この製品は一時期、競合であるコルゲートに対して市場シェアを失っていたのだが、その後二桁成長を遂げるに至った。再生戦略は、複数のブランドと、製品ではなく消費者に焦点を当てた市場アプローチの二つに基づいて策定されていた。

市場と消費者に対する我々の見方は、当時あまりにも狭く内向きになっていました。競合企業は、このカテゴリー全体を定義し直し、ホワイトニングやブレスケア製品、健康重視の歯磨き粉や、漂白効果のある製品など、美容・健康効果を前面に押し出しており、その結果当社のクレストよりもずっと速いペースで成長していました。しかし、我々の業績は一九九〇年代末に底をつきました。再生策のカギは、特定のアプローチとツールを用いて、今までより深く消費者に焦点を当てることと、ブランドの定義を広げて、新しい消費者ニーズ全体を軸にしたイノベーションを図れるようにすることでした。現在では、製品ではなく、消費者のトレンドと購買行動が、我々の戦略の中核です。当社は、消費者から学ぶ手法に関して、最も優れた企業になったと自負しています。したがって、各製品の戦略構築にあたり、最も情報を有する企業といえるでしょう。それが歯磨き粉であれ、マウスウォッシュであれ、ホワイトニング製品であれ、消費者が望む効果を得るべく選ぶ製品ならば何でも……。そして我々は、ニーズに対応した製品を真っ先に市場に出すことに集中しています。

これは、顧客を深く理解するというケイパビリティを構築したことによって得られた競争優位なのです。[4]

全社的なケイパビリティは、さまざまな形をとり得る。またその芽を見つけ出し、その有効性を示すのは難しいことが多い。しかし、もしそうしたケイパビリティの存在が判明したら、コア事業再構築のための強力な戦力になり得ると考えられる。ここで示した三つの例は、このプロセスがさまざまなパターンを通じて起こり得ることを示している。ノボザイムズは、新たな科学知識を導入し、その知識を全事業基盤において事業化する優れたケイパビリティを開発した。ダナハーは、同社が独自の経営システムを所有していることに気づき、それを改良して体系化し、予測可能な特徴を有する特定の企業に適用した。ケイパビリティを買収先企業に適用し、業績改善を図ったのである。P＆Gは、顧客を深く理解するというコア・ケイパビリティを再発見し再活用した。このケイパビリティは、かつてはP＆Gの得意分野ともいえるものであった。この能力が、デンタル製品事業を含む複数の事業部門において、顧客主導型の新しい戦略に基づく再生の要となったのである。

次に、埋もれたケイパビリティが、成長が減速している企業の再生において重要な役割を果たした二つ目の方法を見てみよう。

埋もれたケイパビリティによる再定義――ビジネスモデルの変更

埋もれたケイパビリティの発見は、新たに獲得したケイパビリティと組み合わせることによって、顧客に何を提供できるか、またはどのように提供できるかを変える可能性を秘めている。

ボストン・サイエンティフィック――ケイパビリティの連鎖反応　低侵襲手術（ＬＩＳ：切開面積を狭めることにより人体に与える負担を軽くする手術）は、医療技術の進歩に伴い、ここ一〇年以上にわたって医療界の一部で呪文のように唱えられている。この種の多くの治療技術においてブレークスルーとなった製品は、可動型カテーテル（スティアラブル・カテーテル）と、最終的にはバルーンつき可動型カテーテル（バルーン・カテーテル）であった。カテーテルは、長いプラスチックのチューブの内側にやや固いガイドワイヤーを通したもので、膨らませることのできる小さな風船（バルーン）が先端についていることもある。カテーテルは、体をわずかに切開してそこに挿入し、何らかの要因で詰まってしまった脈管（血管やリンパ管など）を拡げるために使われる。

これらの各種可動型カテーテルは、一九七九年にジョン・エイブリーとピーター・ニコラスが設立したボストン・サイエンティフィック（ＢＳＣ）という企業が最初に作った製品である。それ以来同社は、何十年にもわたり医療分野で最も成長している市場の一つにおいて、多くの重要な製品を開発した先端企業であり続けてきた。やがて、同社は可動型カテーテルの使用を、心臓、脈管、呼吸器、泌尿器および他の内臓に拡大していった。これらの製品開発と一連の買収によって、ＢＳＣは一九九七年までに約一九億ドルの売上げを上げるまでに成長し、その年の半ばには時価総額は一二〇億ドルを超えた。

ただしその後、同社は大きな転機を迎えることになる。一九九八年、製品のリコールで大きな損失を出し、さらに会計疑惑にも襲われ、二年続けて利益目標を達成できなかった。混乱は二年ほど続き、二〇〇〇年末には、同社の時価総額は五〇％以上減少していた。

しかし一九九九年には、新ＣＥＯのジム・トービンが同社に加わった。トービンは、ＣＥＯとしてバイオジェンを順調に経営した後、バクスター・インターナショナルにおいて、尊敬を集める経営幹部の一人として長期にわたりキャリアを積み上げていた人物である。トービンと経営陣は、直面している状況をすぐに理解した。同社には、トービンがいうところの「プレイブック（アメリカンフットボールでチームのすべての試合と戦術などをファイルした資料）」が必要であった。かつては同社の推進力であったケイパビリティ——製品へのフォーカス、関連性のある小規模な相手を選んで買収を実行する能力、およびＬＩＳに対する深い知識――は、より複雑かつ競争が激化した世界では、もはや十分なものではなくなっていたのだ。

特に同社は、増大しつつある三つの〝隠れた〟負債に直面していた。第一にＢＳＣは、ジョンソン・エンド・ジョンソンのような台頭してきていた競合と比べると小規模であった。第二に、ＢＳＣの製造とオペレーションは高コスト構造となっていた。トービンがＣＥＯに就任する前の一〇年間に、同社は大量の新製品を発売していた。この製品に含まれる収益率の高い製品群の存在が、コストを下げるプレッシャーを弱めていたのだ。その結果、製造における最新のベストプラクティスは存在せず、厳しい市場環境においてますます大きな負担となっていた。第三に、ＢＳＣの財務状況では、ライバルに匹敵する研究開発を行うことができなかった。同社はこの状況を踏まえ、何をすべきであったのだろうか。

ＢＳＣは、二〇〇〇年以来、三段階にわたる大規模かつ思い切った戦略的な施策を実施した。それぞれの段階においては、前段階の施策の成果を踏まえ、さらに大規模で大胆な施策が計画された。第一段階では業務を再構築し、製造工程における優位性の構築（および研究開発に対する再投資）を推進した。第二段階では、薬剤溶出型ステントの開発に取り組み、その立ち上げに成功した。これは薬剤を塗布してあるプラスチックとワイヤーからなる短いチューブ状の製品で、この商品によって心臓手術におけるステント（血流を確保するための医療機器）の性能が向上した。現在実施中である第三段階は、ガイダントの買収である。ガイダントは心調律管理（不整脈の診断・治療）の主要企業の一つで、ＢＳＣのコア事業である心臓カテーテル治療（開胸手術をせずに、カテーテルを挿入して治療を行う方法）事業にも加わっている。

医療業界で過去最大の買収の一つが、二〇〇六年にＢＳＣが、ジョンソン・エンド・ジョンソンと競いながらもガイダントを二七〇億ドルで買収した案件である。その結果、二〇〇〇年の売上高が二六億ドル（対前年比六％減）で成長が失速したかに見えていた小さな企業が、心臓および脈管手術と、心臓カテーテル治療というコア市場において、グローバルリーダーの地位を突如獲得することになったのだ。

何がこの連鎖反応を引き起こしたのであろうか。これには多くの要因が関係している。しかし、我々は当時の幹部との対話を通じて原因を探り、その根源的な原因の一つを発見した。トービンと経営陣は、生産設備を統合して、製造やプロセスフローに関して世界有数のケイパビリティを同社にもたらすことを最優先とし、それを成功させたのだ。その効果は、迅速かつめざましく、非常に激しい競争環境にもかかわらず、総粗利益率は六五％から六九％に改善した。ＢＳＣは、改善によって得た全額を研究開発に投資し、売上高に対する研究開発費比率を九％から一二％に引き上げた。投資額は、一九九八年の二億ドルから二〇〇二年の三億四三〇〇万ドルへと増加した。さらに経営陣は、投資を少数の優先分野、特に新世代の心血管用ステントに絞り込んだのだった。

研究開発投資は、偶然発見された隠れた資産と組み合わせることによって、大きな効果を発揮した。一九九八年のシュナイダー・ワールドワイドの買収とともに、ＢＳＣは、ＳＩＢＳというスチレン系プラスチック材料を医療装置に使う権利を獲得していた。そしてＢＳＣによる試験によって、この素材が次世代のステントとしての有望であることが明らかになった。

その次世代製品では、同社は、瘢痕組織（切開した跡にできる皮膚の盛り上がった組織）が徐々に形成されるのを防ぐ薬剤をステントの表面に塗布した。瘢痕組織が塞栓を形成するとステントが詰まることがあり、リスクが高い再手術が必要となった。薬剤溶出型ステントはこの狭くなる症状（再狭窄と呼ばれる）の可能性を大幅に減少させた。薬剤溶出型ステントの製造にあたり最低限守られるべき要件として、人体に免疫反応を起こさないことや、耐久性、弾力性、薬剤をステントに保つ能力等が挙げられるが、最も重要な要件は、薬剤をゆっくりと着実に放出する能力である。これは、ＢＳＣが二〇〇四年三月にアメリカで発売したＴＡＸＵＳステントが持つ能力であり、これがカギとなった。この製品は、二カ月で市場リーダーとなり、七〇％の市場シェアを獲得するという大成功を収めた。

しかし、トービンと経営陣がもたらした、製造工程におけるオペレーションのケイパビリティこそが、

ＢＳＣの成長の大きなカギであった。このケイパビリティこそが、研究開発部門における経営資源の制約を解放し、新しいステント（ＴＡＸＵＳ）の開発と、シュナイダーから得た隠れた資産（ＳＩＢＳ：ステントに使われるプラスチック材料）の特性の発見を可能にしたのである。買収時には、明確な使用法が見つかっていなかったため、この素材の価値はゼロとして償却されていた。

ＴＡＸＵＳのことを、医療分野において歴史上最も成功した新製品と評する者もいる。この製品は、最初の四カ月で一四億ドルを売り上げたのだ。二〇〇六年初頭までにＢＳＣの営業利益の六〇％を占め、売上高を三五億ドルから六三億ドルに増やして、同社の時価総額が急上昇するのに貢献した。

ＢＳＣの戦略における第三の打ち手は、今まさに展開中である。ガイダントの買収は賛否両論を巻き起こした。当初は広く称賛されたものの、それは長くは続かず、さまざまな要因――ガイダントの心臓用医療装置のリコールと、薬剤を塗布したステントと血液凝固の発生との因果関係に対する懸念――によってＢＳＣがつまずいた時には非難も浴びた。それでもこの買収によって、ＢＳＣは世界二位の医療機器メーカーとなり、手術用ステント、心調律管理用製品など、最も急速に成長している医療機器市場の幅広い製品群において、リーダー企業の地位を獲得するに至ったのである。このＢＳＣの物語はまだ始まったばかりであり、この大規模かつ変革をもたらした買収がどのような結末を迎えるのかは、今後の展開を待つこととなる。しかしこの第三の打ち手もまた、本項で説明したケイパビリティ主導型のステント開発戦略によって可能になったのである。

◉──埋もれたケイパビリティによる事業転換──新しいコア事業を創造する

我々は、事業の再生が、既存のケイパビリティから新たなコア事業を生み出すことによっても達成可能であることを発見した。それは、既存のケイパビリティと、新たなケイパビリティとの組み合わせにより、新たな事業領域へと拡張されるのだ。これは、リー&フォンが、その事業転換の過程で経験した継続的な変革事例にもいえることである。この変革を通して、リー&フォンは一商社から、アジアにおける物流マネジメントのリーダー企業となったのだ。また、パーキンエルマーが、分散した製品とケイパビリティから、新しいライフサイエンスというコア事業を構築した事例にも当てはまるであろう。さらに現在、事業再生の話として最も広く取り上げられているアップルにも当てはまるだろうし、デビアスの事業単位であるエレメントシックスの事例にも当てはまるであろう。

アップルの現在進行中の事業再生は、〈iPod〉と〈iTunes（音楽と映像をダウンロードできる同社のサイト）〉の成功に基づいている。この事例では、複数のケイパビリティの新たな組み合わせが、企業にとって新しい事業転換の可能性を持つコア事業を、どのように創り出すのかを示している。

アップルの新しいコア事業 アップルは、すばらしい製品によって消費者から広く称賛されているが、長年にわたりその財務状況は安定しなかった。パソコンの世界市場でのシェアは、一九九五年から二〇〇五年の間に九%から三%未満に低下した。〈iPod〉音楽プレーヤーは〇一年に発売されたが、当時のアップルの株価は一五年間にわたって低迷し、〇三年の同社の時価総額は八七年と同じであった。九三年から〇三年というパソコンの成長期において、アップルの株主に対する（株価上昇および配当を含む）総利益率は、わずか四％にすぎなかった。革新的な製品を開発しようとする取り組みは、ＮｅＸＴソフトウエア社のワークステーションシステムや、ニュートン手書き入力ＰＤＡ装置の買収など多岐にわたったが、〇三年末の自己資本利益率（ＲＯＥ）はわずか二％にとどまっていた。

しかし、二〇〇三年のｉＴｕｎｅｓミュージック・ストアの開始とともに、〈ｉＰｏｄ〉の販売は急増した。アップルは、〇三年の第Ｉ四半期にはわずか一二％のシェアしかなかった携帯ＭＰ３プレーヤーの市場で、〇五年六月までに七〇％のシェアを獲得した。二年足らずのうちに、ｉＴｕｎｅｓミュージック・ストアは音楽配信市場で八五％のシェアを獲得しているが、さらにこの市場は、〇八年まで年率六〇％で成長すると予想されている。アップルの時価総額は、〇三年六月の七〇億ドルから〇六年三月には五五〇億ドルに爆発的に増加している。

音楽事業は、現在同社の総売上高の五〇％近く、そして利益の四〇％を占めている。この市場には、マイクロソフトから携帯電話機メーカーまで手ごわい競合企業が大勢潜んでおり、またアップルが完全に変革をやり遂げたというにはまだほど遠い状況にあるが、音楽事業は同社を再定義する可能性を十分に秘めている。アップルのコアの強さは、デザイン、ブランドマネジメント、ユーザーインターフェース、および洗練されていて使いやすいソフトウエアなどであり、詳しく観察すれば、同社の他の多くの製品と同じく、その伝統的なコアの能力が、〈ｉＰｏｄ〉とその後継バージョンに再び結集していることが分かるだろう。

新しいケイパビリティであり、かつ同社の事業転換の触媒となったものは、iTunesミュージック・ストアの展開を通じ、他社に先駆けてコンテンツの利用を可能とした「先買能力」であった。同社のこのケイパビリティは、インターネットを通じた合法的な有料配信契約を、大手レコード会社四社と真っ先に締結したことにより手に入れたものだ。アップルはまた、「フェアプレイ」というソフトウエアを活用することによって、デジタル著作権管理の問題に対しても際だって実用的な手法を創造した。このソフトウエアによって〈iTunes〉で購入した音楽は〈iPod〉でしか再生できないようにしたのだ。音楽会社は著作権料収入を非常に管理しやすくなり、〈iTunes〉の売上高の八〇%を占めるに至った。この〈iTunes〉と〈iPod〉の共生関係は、両者の急成長をもたらすとともに、独自の参入障壁を創り出している。〈iPod〉が増殖して、〈iTunes〉でのダウンロード数が増えると、別システムへのスイッチングコストが増加する。消費者は音楽プレーヤーを別の企業の製品へ買い換え、複数のダウンロードサービスを使うことを嫌がるようになるのである。

アップルの復活に関するレポートの中で、JPモルガンは次のように述べている。

この事業モデルが本当にうまく回り始めたのは、アップルがiTunesミュージック・ストアを〈iPod〉と組み合わせ始めてからだ。実際のところ、ミュージック・ストアが始まる前は、〈iPod〉の出荷額は1四半期当たり平均一一万三〇〇〇台と、めざましいといえるほどではなかった。しかしミュージック・ストアを開始した直後の第Ⅳ四半期には、同社は対前年比で二三五%増となる七三万三〇〇〇台を出荷した。……アップルは、非常に大きな需要のあるソリューションを創造したのである。より規模が大きく多額の研究開発予算を持つ競合企業は、同社の快進撃についていくために、何とか大急ぎで、レコード会社との提携を成立させようとしている。[5]

これまでのところ、〈iPod〉に基づく音楽戦略はアップルに事業転換をもたらしている。これは、十分な成長の可能性が見えないコア事業（パソコン）から、新しいプロフィット・プールに移行する戦略の例である。初期のMP3プレーヤーは複雑で使いにくかった。それに対して、アップルはソフトウエアを改良しただけでなく、〈iTunes〉という使いやすいプラットフォームをも創り出した。そして最も重要なこととして、消費者にユニークな製品体験を提供したのだ。もしあなたの〈iPod〉が壊れたとしたら、発泡プラスチックとラベルつきの郵送用の箱をアップルから送るよう、オンライン上で手配し、送られた箱に〈iPod〉を入れ返送すればよい。修理から戻ってきた新しい〈iPod〉を受け取ったら、単にコンピュータに接続するだけでよいのだ。何回かクリックするだけで、〈iTunes〉が以前のコンテンツと設定を回復してくれる。

この偉業を成し遂げるために、アップルは、デジタル著作権管理と、音楽に関する新たなケイパビリティを獲得しなければならなかった。過去一〇年間にアップルが創造した価値のほとんどすべては、隠れていたか十分に活用されていなかった資産と、同社が新たに獲得した重要なケイパビリティによって創り出されたのだ（**図表5－1**）。

図表5-1　アップルは重要な新しいケイパビリティを買収／構築……

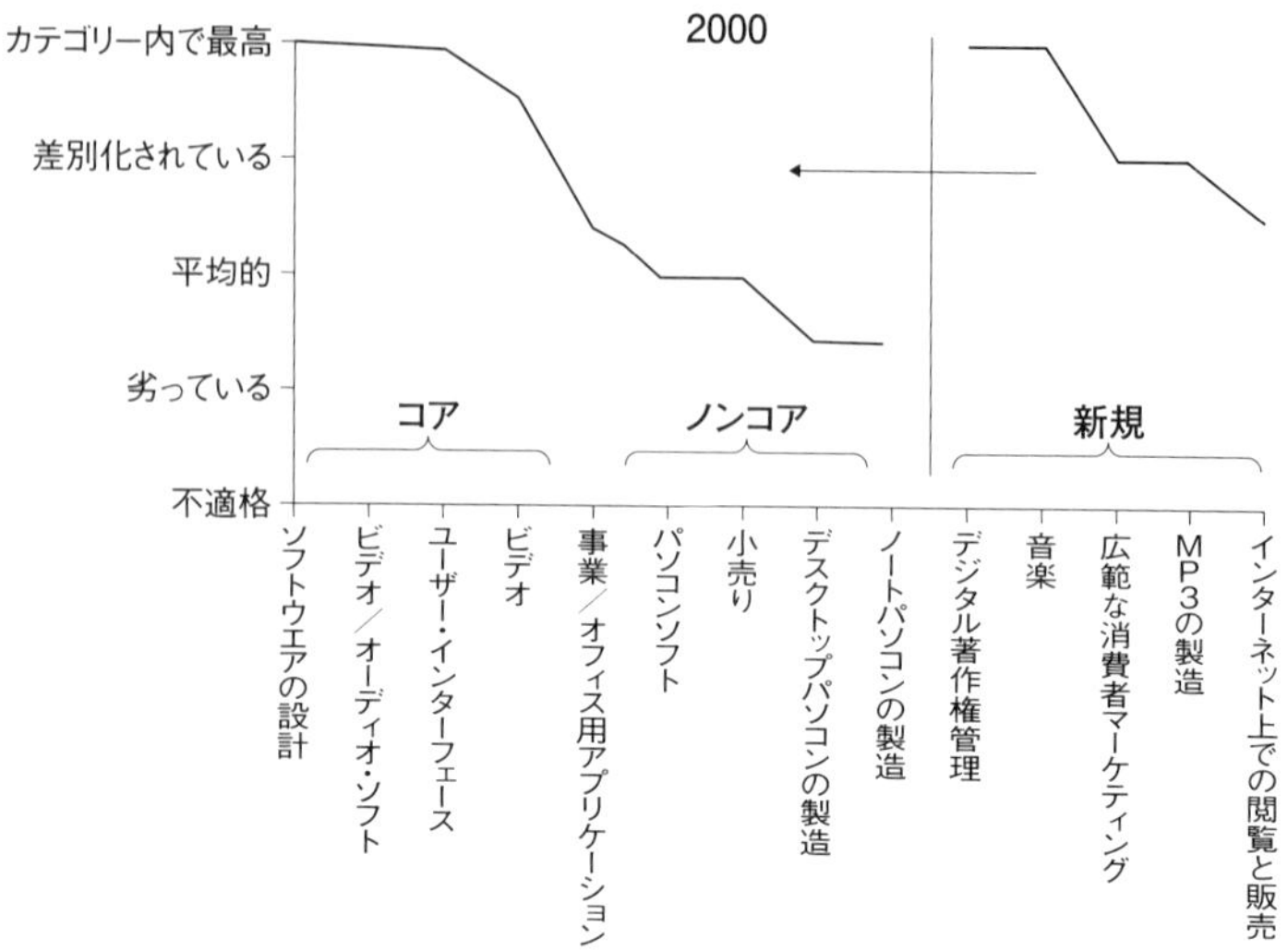

……そして、その多くが同社の新しいコア事業の基礎となった

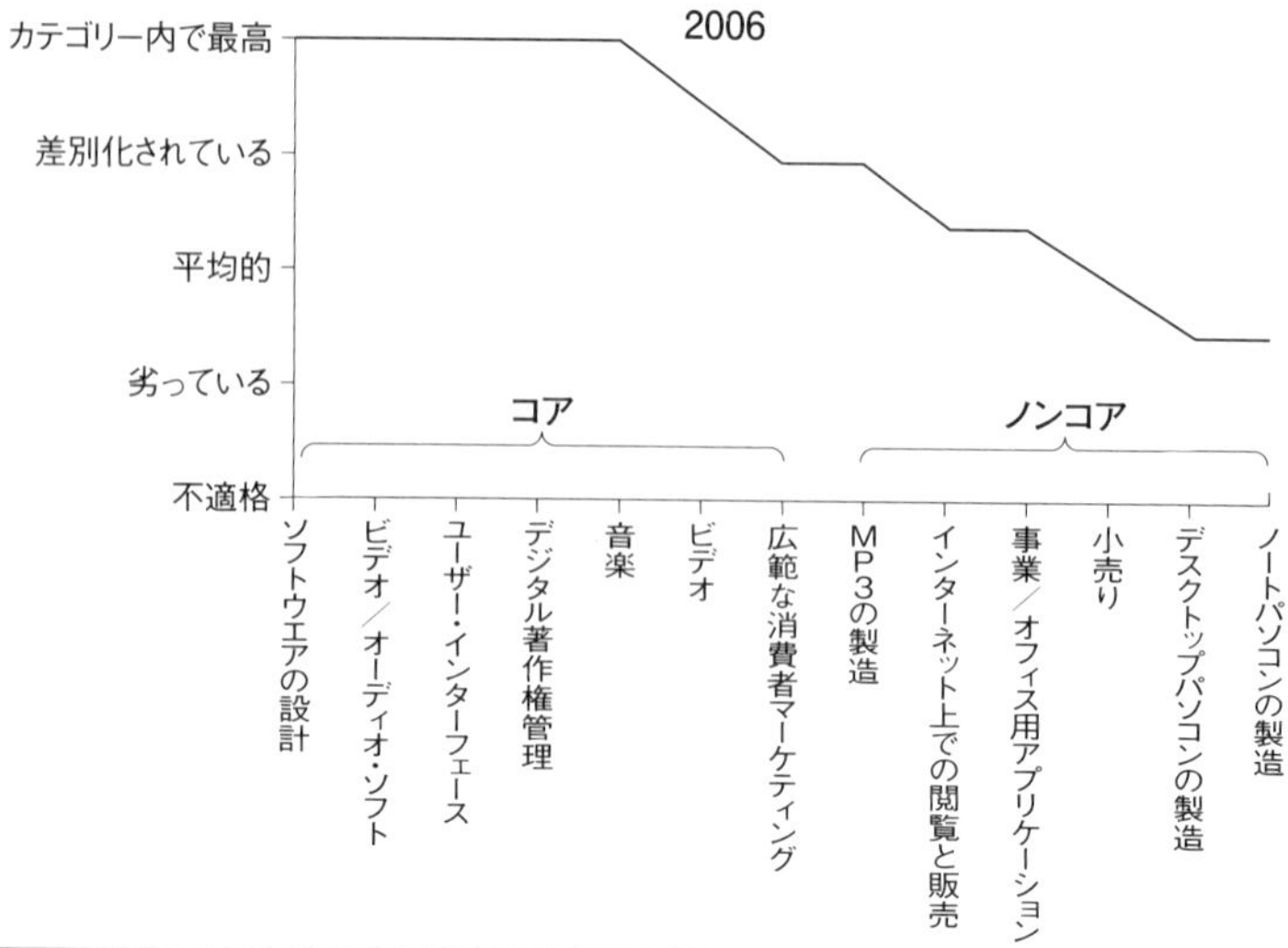

3　自社のケイパビリティを評価する

ほとんどの企業では、自社のビジネス、製品ライン、部門についてはもちろん、不動産ですらきちんと記録し管理しているにもかかわらず自社のケイパビリティの記録はきちんととっていない。経営陣に、ライバルと差別化するために最も重要なケイパビリティ、あるいは顧客のために最も価値を生み出しているケイパビリティを三つか四つ紙に挙げてもらい、そして、将来自社の状況がどう変化するかを尋ねてみよう。彼らのためらうことに驚かされるかもしれない。

我々の経験によると、このような質問に対して、明快かつ一貫性と説得力のあるケイパビリティのリストを示すことができる経営陣は少ない。競合との差別化を証明するために、業績に関する社外のベンチマークを明確に提示したり、またこれらのケイパビリティがどこで価値を生み出しているのかを示すために、バリューチェーンの各段階におけるプロフィット・プールの大きさを明確に指摘できる経営陣はさらに少ない。なぜそのようなことが起こるのであろうか。おそらくは、顧客データベース、事業ユニットや製品ラインに比べ、ケイパビリティは見たり、感じたり、また触れたりすることが難しいからだろう。あるいは、複雑な組織では、複数の部門にまたがるケイパビリティ（多くのケイパビリティがそうだ）には、だれも責任を負わないからかもしれない。測定も定義もしないものを管理することはできない。競争優位の最も基本的で重要な単位であり、かつ、戦略方針を変える触媒にもなるケイパビリティが、きちんと理解されていることはほとんどない。これはなんと皮肉なことであろうか。

●——四つの有用なツール

この項では、**図表5－2**に示した四つのツールについて説明する。これらは戦略的な選択肢を考える際、考えをまとめあげ、そしてケイパビリティについてのデータを集める上で役立つはずである。

まず第一のツールとして、バリューチェーン（図表5－2a）を考えよう。バリューチェーンは、顧客に価値を提供するために、企業が行う主な活動（または活動の集合）を一つの流れの中で表したものである。**図表5－3**は典型的なバリューチェーンを拡張したもので、企業活動において我々が最も重要だと考える二〇のカテゴリーを示している。

重要なことは、ケイパビリティを網羅するカタログを作ることではない。そのようなものを作ったとしても、混乱を増すだけだろう。むしろ価値があるのは、自社の中核的なプロセスと活動のみを確認して、どこに優位性があるか（または、ないか）をできる限り正確に記述し、その優位性が、一群のケイパビリティ（競争優位のうち最も価値があるもの）によって、どのような形でもたらされているのかを理解することだろう。

図表5－2で示した四つのツールは、コンセプトとしては単純である。しかし、実際にこれらの図表を作成したり、内容について合意したり、あるいはデータとともに示したりするのは容易ではない。そ

図表5-2　コア・ケイパビリティを定義する基本アプローチ

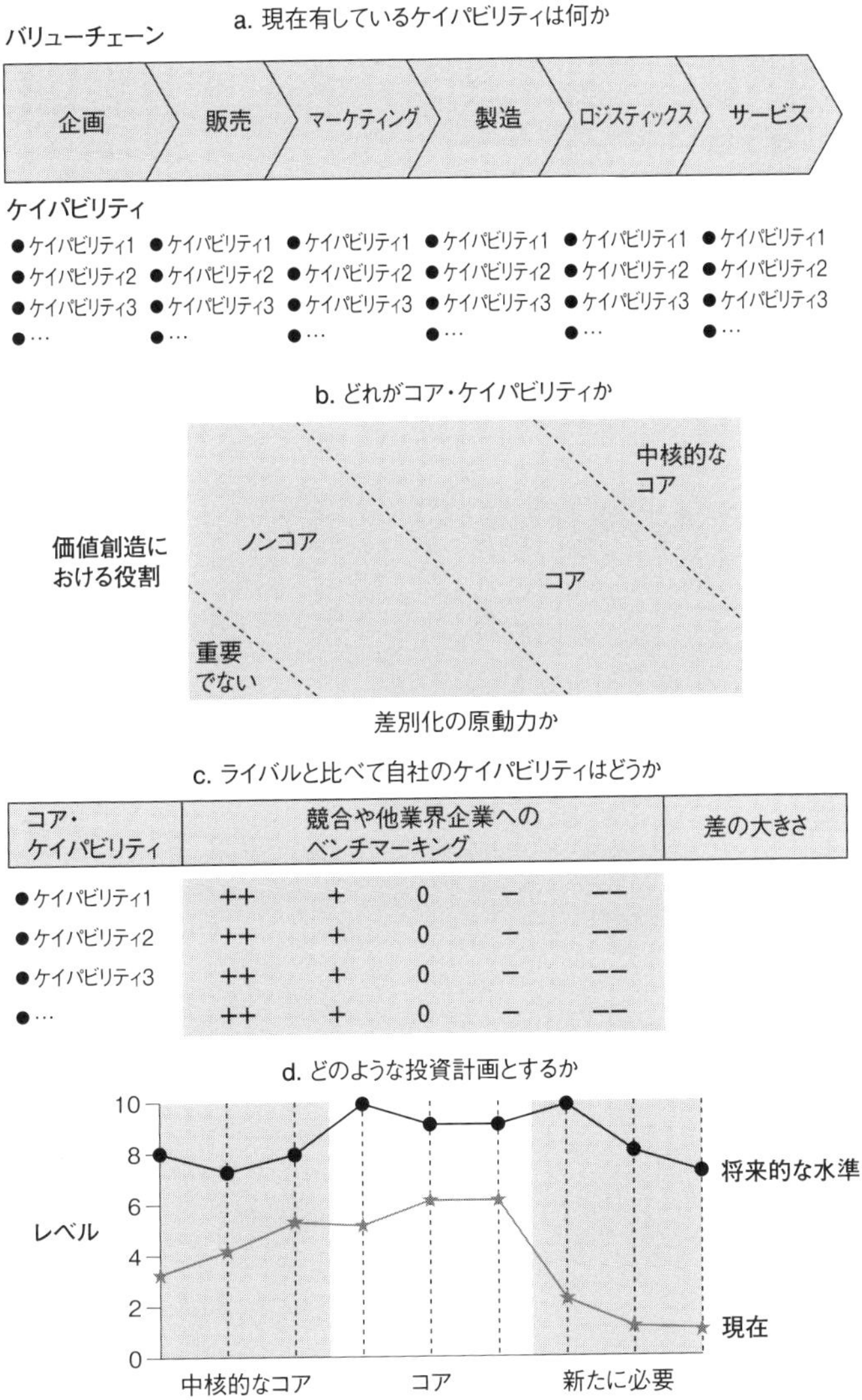
a. 現在有しているケイパビリティは何か
バリューチェーン
企画
販売
マーケティング
製造
ロジスティックス
サービス
ケイパビリティ
●ケイパビリティ1
●ケイパビリティ2
●ケイパビリティ3
●…
b. どれがコア・ケイパビリティか
中核的なコア
ノンコア
コア
重要でない
価値創造における役割
差別化の原動力か
c. ライバルと比べて自社のケイパビリティはどうか
コア・ケイパビリティ
競合や他業界企業へのベンチマーキング
差の大きさ
●ケイパビリティ1　++　+　0　−　−−
●ケイパビリティ2　++　+　0　−　−−
●ケイパビリティ3　++　+　0　−　−−
●…　++　+　0　−　−−
d. どのような投資計画とするか
10
8
6
4
2
0
レベル
将来的な水準
現在
中核的なコア
コア
新たに必要

図表5-3　バリューチェーンを用いてケイパビリティを分類する

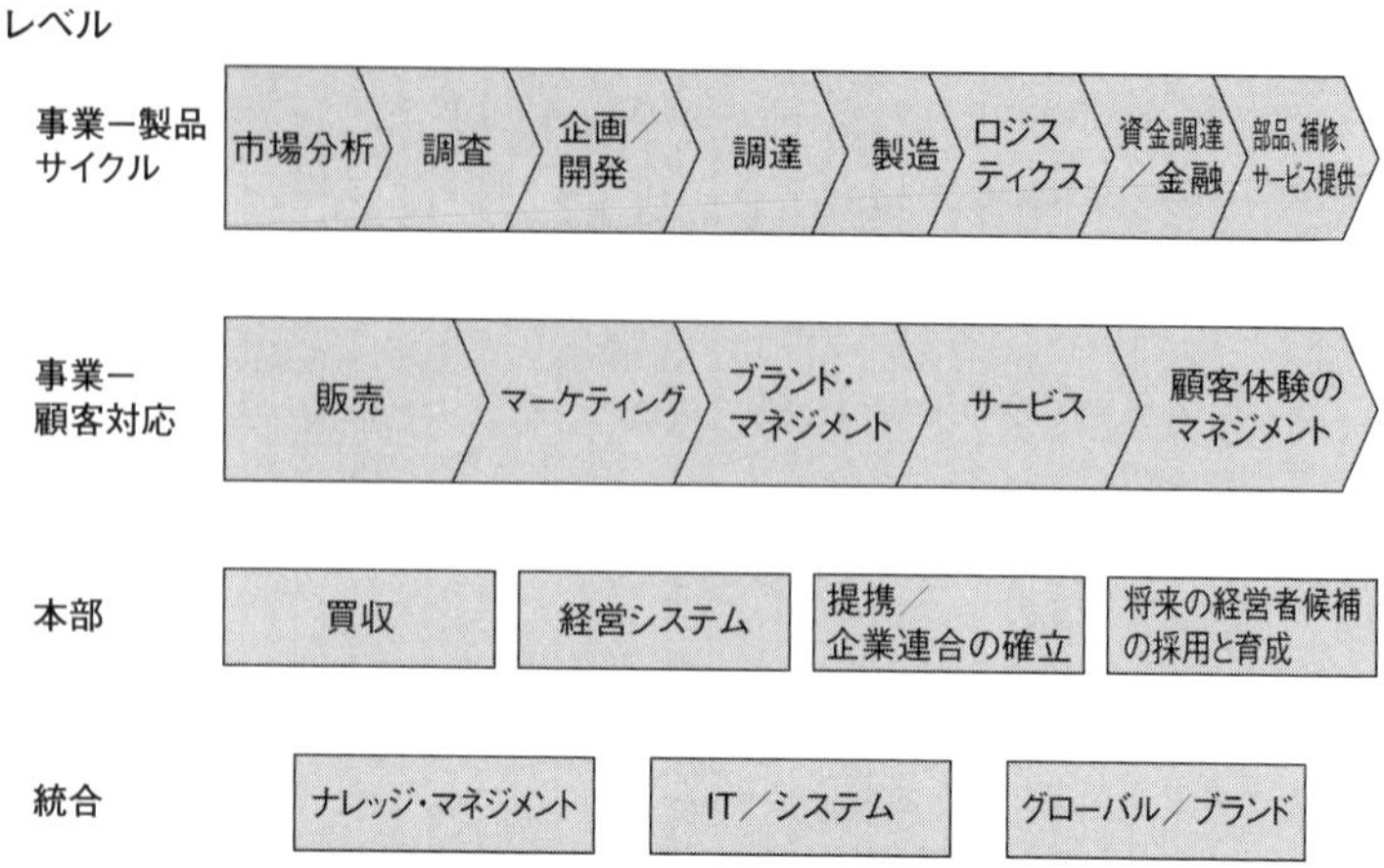

れでも戦略を変革する準備段階としてのこの取り組みの結果が、答えを導く上の基盤となる。すでに述べたように、自社の重要な活動やその基礎になっているケイパビリティ、および価値と差別性を示すデータを視覚化するには、バリューチェーンは最良の出発点である。二番目のツール（図表5－2b）は、明らかなコア・ケイパビリティを、そうでないものから区別するのに有用である。第三のフレームワーク（図表5－2c）は、最も重要なケイパビリティの現状を判断するのに役立つ。このフレームワークは二つの質問――主なライバルと自社のケイパビリティを比較すると、その差はどのくらいか（プラスかマイナスか）、またそれは時間の経過とともにどのように変化しているか（拡大しているか、縮小しているか）――を計量する上で役立つ。最後の図（図表5－2d）は、買収もしくは投資によって強化する必要のあるケイパビリティを特定する上で有効である。

四つの図をすべて組み合わせることで、あなたの会社のケイパビリティの全体像が得られるだろう。これらの図表を作る作業は、アイデアを生み出したり、新しい戦略の選択肢を示唆したり、すでに判明している選択肢に対して欠けているものを明らかにする上で、必ず役に立つものである。

Column ◆ 自社のコア・ケイパビリティを明らかにする

自社のバリューチェーンを明確に規定したら、以下の七つの質問に答えることによって、コア・ケイパビリティを突き止め、その特徴を明らかにすることができるだろう。

1. 顧客の目から見て、バリューチェーンのどの機能が最も価値を生み出しているか。
2. バリューチェーンのどの機能が、最大のプロフィット・プールと関連しているか。
3. バリューチェーンの最も重要な部分に関連しているのは、どのようなケイパビリティか。
4. 競合企業と比べて強く差別化できているケイパビリティは何か。それはなぜ差別化できているのか。
5. 自社の利益のうち、どの程度がその差別化要因から得られているか。
6. この（差別化による）優位性とそのトレンド（拡大しているか、縮小しているか）を測定することが可能か。
7. 将来この状況はどう変化するか。

また、我々の事例研究から、バリューチェーンの事実上あらゆる段階において、戦略の再定義に用いることのできる、埋もれたケイパビリティが存在する可能性があることが明らかになった。そしてその影響の度合いは、顧客の状況とその業界のプロフィット・プールに左右されることも示された。例として、前に挙げた二〇のカテゴリーの中のいくつかについて考えてみよう。

●ロジスティクス：リー&フォンは中国初の商社の一つとして一九〇六年に設立され、絹、ヒスイ、象牙、花火といった製品の輸出を主要な業務とする企業であった。しかし、商社というコンセプトはやがて持続性の限界に達したようであった。同社には改革が必要であり、創業者の孫である、ビクターとウィリアム・フォンがそれを実行したのだ。リー&フォンが、中国全土にわたる専門化された製造工場群に対する知識と特権的なアクセスという「隠れた資産」を保有していることに、二人は気づいた。過去二五年間に、リー&フォンは世界一流の物流マネジメント会社の一つになった。これは十分に活用されていなかったケイパビリティに基づいて行われた、驚くべき事業転換であった。以前から持っていた、自社の最も差別化されたケイパビリティに対する洞察と、プロフィット・プールと顧客ニーズの将来の動向に関する強力な直観を組み合わせることで、小さな企業が自社を完全に再定義した教科書的な成功事例である。

●市場分析力：プロクター・アンド・ギャンブル（P&G）の再生は、巨大で複雑な企業が、業績を回復させ、戦略を再び会社の原点に集中させた典型的な事例である。すなわち消費者に対する理解という、十分に活用されていなかったケイパビリティを、再び舞台の中央に復帰させたのである。

洗剤のタイドなど、P&Gのコア・ブランドとともに歩み、古いブランドが持つ隠れた資産を見つけることにキャリアの大半を費やしてきた新CEOは、ケイパビリティの重要性を認識し、本社、部門レベルでもケイパビリティが存在するものと確信していたのであった。

●**経営システム**：ダナハーの反復可能な戦略の大部分は、複数のコア事業を持つ多くの中規模企業の羨望の的になったが、ダナハー・ビジネス・システムと呼ばれる同社に埋め込まれたケイパビリティにさかのぼることができる。同社は、特定のタイプの製造業の買収を成功させていく過程で、このシステムが信頼に足る効果を持つことを証明した。しかし、買収戦略が十分完成されるまでは、これらの経営能力が持つ可能性は明らかではなかった。このシステムを発展させるためには、検証、継続的な改良、再定義が必要だった。

●**ファイナンス**：GEキャピタルの驚くべきサクセス・ストーリーには、いくつもの要因がある。最も重要なのは、顧客の資金調達を手助けしたり、GEが製造した製品をリースするために使われていた社内のケイパビリティを発展させたことであった。GEキャピタルの対象商品は、家電製品から始まり産業用製品にまで拡大されていた。規模は小さいながらも同社で最も収益率が高い事業の一つだったことから、ジャック・ウェルチと経営陣は、この埋もれたケイパビリティを見出したのだ。彼らはこの事業の規模を拡大する方法を模索し、企業統合がまったく進んでいなかった当時の市場においても、規模の拡大が実行できることを発見したのである。

●**製品の設計と開発**：ノボザイムズの長期間にわたる利益拡大を伴う持続的成長は、二種類のケイパビリティに関連させて説明できる。利用されていなかったケイパビリティ（既存の酵素製品に関する知識を用いることで、別の商用化できる酵素を発見する能力）と、科学の進歩に伴って新たに加えることのできたケイパビリティである。そのようなケイパビリティを他社に先駆けて自社に加え、商品化することは競合企業に対する競争優位をもたらす。一つの製品事業を、一連のニッチ市場を攻略する成長法則を持つ企業へと変化させるケイパビリティははじめから存在したが、CEOと経営陣によって前面に打ち出されるまでは、十分に認識されていなかったのである。

●**サービス**：この分野では、またもIBMにおける変革を、例として持ち出すことになる。それは独自の小さなサービス事業から始まったが、この一連のケイパビリティがサポート役から中心的な役割に移行させることができるものであると、新CEOに認識させるに至った。こうしたCEOの認識は、事業部門にいる強い信念を持つ社員たちが、CEOと直接議論したことから生まれたのである。

4　ケイパビリティの獲得

不足しているケイパビリティを獲得する最善の方法の一つは、他社を買収することである。不足しているケイパビリティが広範にわたり、複雑であり、一からつくり上げるのが困難で、なおかつ急速に発展している業界の場合は、特にこのことが当てはまるといえる。バイオテクノロジーはその一例であろう。

リスクの高いバイオテクノロジー企業の買収が、企業の事業転換における触媒の役割を果たしたのが、医薬品会社のロシュだった。ロシュはバイオテクノロジー業界におけるリーダー企業のジェネンテックの六〇％の権利と、ポリメラーゼ連鎖反応（ＰＣＲ）法の重要特許を保有している、シータス・コーポレーションの重要な資産を買収した（偶然にも、パーキンエルマーもアプライドバイオシステムズを買収した時に、同じ技術をいくつか手に入れていた）。ジェネンテックの買収時に、ロシュのＣＥＯのフリッツ・ゲルバーは、「この企業の少ない利益と比べると、この買収は一見高い買い物に見えるだろう。しかし、これほど優れた研究開発力が得られるなら安いものである。わが社の研究活動に投資するよりは、ずっと高いリターンが得られるだろう」[6]と語っている。

買収後もロシュはジェネンテックの戦略には干渉しなかった。買収によって手に入れたこの戦利品を、彼らは、科学的知識とアイデアを引き出す（あるいは加える）ためのケイパビリティと見なしていた。ロシュはジェネンテックに対する持ち分を増やし続け最終的に完全子会社化したが、その後も、この方針を維持していた（後にロシュはジェネンテックの株式の一部を売りに出し、ジェネンテックは再びニューヨーク証券取引所に上場されている）。

ジェネンテックと、シータスの資産を所有することで、分子生物学に基づく薬学と診断学との融合が進展するだろうとのロシュの認識は高まった。たとえばバイオテクノロジーに基づく遺伝子タイプ２の肝炎用の薬は、患者の三〇～四〇％にしか効果がないことが分かったのだ。治療効果のある患者と、そうでない患者を予測するメカニズムを理解するためには、医師はバイオマーカー（血糖値、コレステロール値のような生物学的な測定値）を分子レベルで診断することが必要であるが、このバイオマーカーの仕組みは薬品自体の仕組みと密接に関係している。伝統的な医薬品の世界と比べてバイオテクノロジーの世界では、診断学と治療学の関係は、ずっと緊密になっている。バイオテクノロジーの世界では、病気のメカニズムが、製品設計の基本的な基礎単位になっているからである。

このことを理解したロシュは、一九九七年にベーリンガー・マンハイムを買収して診断事業を立ち上げ、診断システムと製品分野でグローバルリーダーになることを決意した。ロシュがベーリンガー・マンハイムを買収したのは、マーケティング力の向上のためだった。この買収によって、ロシュは診断事業で最も速い成長を見せ、薬理ゲノム学という遺伝子検査と分子診断の分野という最も有望なセグメントに足がかりを得た。現在ロシュは、この新興市場における確固たるリーダー企業である。今のところ、診断とバイオテクノロジーのケイパビリティに対して個別の買収が結合し、新しい非常に有望なコア事業を生み出した成功事例といえる。

ロシュが、伝統的な大衆薬事業（一八九六年までさかのぼる）と、市場リーダーの地位にあったビタミン事業を売却した時、コア事業の転換は完了した。医薬品会社上位二〇社のうち、ロシュはバイオテクノロジー事業の売上高で上位三社に入っており、同社の医薬品収入の約五〇％がバイオテクノロジー事業に由来するものである。九〇年以来、売上高と営業利益はそれぞれ年率九％と一三％で増加し、同社の時価総額を一一〇〇億ドルに押し上げた。この額は、二〇〇四年の同社の売上高の四倍を超える。

この構造変化により、ロシュは利益率を二三％に倍増させている。また、アナリストたちは新製品候補を潤沢に持つロシュの利益は、今後も増加し続ける一方であると予想している。実際に、この構造変化が起こる以前と以後のロシュの財務データを見て、アナリストたちはロシュの改革を「このセクターで最高の企業ファンダメンタルズの改善」と称した。これは、将来を読んでケイパビリティに投資する力、いくつかのケイパビリティを組み合わせてコア事業に新しい可能性を生み出す力、およびもはや新しい成長法則に適合しない事業とケイパビリティを捨てることができる力に対して称賛したのだ。この一六年の間に、ロシュは時価総額を実に一三倍に増やした。その間、医薬品企業の業種別S＆P株価指数は四倍、また、市場全体の動きを表すS＆P五〇〇種株価指数はわずか三倍しか上昇していない。

ベインがフォーチュン五〇〇社を対象に行った一〇年間にわたる調査によると、コア事業を再定義した事例の八〇％以上が買収を行っていた。定義にもよるが、これらの事例の五〜一〇％が、ロシュの例のように、その会社のコア事業の性質を変えてしまう、新しいコア事業の買収を行っていた。本書で取り上げた二五件の詳細な事例研究の中でも、一六件の事例において、買収が重要な役割を演じている。

しかし、次の事業転換の基盤になることをあらかじめ企図し、本来のコア事業と異なる分野において、まったく新しいコア事業を創造する買収を行ったのは二件にすぎなかった。ロシュ以外にこれに当てはまる事例はＧＵＳである。同社が行ったアルゴス小売チェーンの買収は、新しいコア事業開発の要になり、それがグループ全体の事業転換につながった（第３章参照）。別の四つの事例では買収規模は大きかったものの、本来のコア事業と共存しており、事業転換を起こす役割はそれほど大きくなかった。その事例とは、インチケープ・バイイング・サービスを買収したリー＆フォン（規模が二倍になった）、コールハーンの買収によって、より広範な靴市場へと進出したナイキ、バジェットの買収によって空港のレンタカー市場でトップへと飛躍したエイビス、およびサービス分野でＰｗＣコンサルティングのような大型買収を行ったIBMである。

別の一〇件では、まったく新しいコア事業を直ちにつくるわけではなく、事業転換に必要なケイパビリティを獲得するために一連の小規模な買収を行った。このように買収によってケイパビリティを加えることは、以前は遠くにあった周辺市場でのチャンスを手の届く範囲に近づける効果があるし、このような動きをいくつか続けることによって事業戦略を再定義することを可能にすると考えられる。

5 ケイパビリティによる事業再定義を行う場合の落とし穴

我々が調査した再定義の事例で、埋もれたケイパビリティ（少数の新しいケイパビリティと組み合わせることもある）を、新しい戦略の主要な推進力として使った企業は二〇%に満たない。八〇%以上は過小評価されていた事業基盤（第3章）か、もしくは未活用の顧客インサイト（第4章）から推進力を得ていた。しかし、これらの事例のほとんどすべてで、ケイパビリティは主役ではなかったが、重要な脇役を演じていたといえる。

埋もれたケイパビリティ、または利用されていなかった新旧のケイパビリティの組み合わせによって再定義を行う場合は、落とし穴が存在することを理解しておくことが重要である。ここでは、そのような落とし穴を五つ記した。

●**自社が持つケイパビリティの強みを過大評価する。**原因は、間違ったベンチマークと自社の能力を過大評価してしまうことにある。

●**新しいケイパビリティを構築することの難しさを過小評価する。**原因は、当該業界で世界有数の能力を有する企業になるとはどういうことかを十分理解していないこと、および十分に積極的な投資計画ができていないことにある。いくつかの分野において、ソニーが、サムスンとアップルに対して戦略的失敗を犯してしまったのは、ソニーのソフトウエアのケイパビリティが不十分であったことが理由として挙げられるだろう。おそらくは、改善にどれくらい大規模な努力が必要かについての判断を誤ったためではないかと考えられる。

●**構築したケイパビリティの質または量が、不十分である。**原因は、将来必要になるケイパビリティの水準をダイナミックに捉えることができないこと、もしくは、ライバルのケイパビリティへの投資に十分注意を払わないことにある。ウォルマートがKマートに勝った理由の一部は、ウォルマートがシステムと情報に関するケイパビリティの獲得に注力した一方で、Kマートがそれらに無関心であり投資が少なすぎたという点から説明できる。

●**コアとの関連性を理解できないために、集中投資を行わない。**原因は、ケイパビリティに対する自社の需要を過小評価する、社員が同時に複数の仕事をこなせると楽観的に仮定してしまう、もしくは（短期的な）利便性に鑑み仕事を分散させてしまうことよる戦術の非効率性に気づかないことにあるものと考えられる。

●ケイパビリティの定義が不正確である。 原因は、本当に必要な能力が何であるかを詳細にわたり十分に調査しないことにある。製品中心戦略からサービス中心戦略へと移行を図る多くの試みが失敗しているのは、さまざまなタイプのサービス提供ケイパビリティを十分に理解していないためであると考えられる。

いずれの事例においても、埋もれたケイパビリティ、およびそのケイパビリティが事業内のどこに存在するかという認識は、新しい成長をつくり出す方法を探るための慎重な調査と、事業変革への前向きな姿勢から生み出されている。こうしたケイパビリティを見つけるためには、求めているケイパビリティの強みと有効性に関する具体的なデータが必要となる。我々の経験によると、自社がどのようなケイパビリティを持っているかを探し出し、その有効性を診断し、どんな変化の予兆にも常に警戒を怠らないようにするための、十分に計算し尽くされたプロセスを用意することで、隠れた資産とそれに付随する隠れた成長機会をより多く見つけ出すことが可能となるものと考えられる。

他の手段がすべて失敗に終わったなら、原点に戻るべきではなかろうか。そして、次の質問に対して合意が得られるかを試してみよう。「わが社が最も得意とすることは何か。それはなぜか」。そして、その答えがどこに行きつくのか調べてみてはいかがだろうか。

Column ◆ コア・ケイパビリティにおいて十分活用されていない潜在能力をどのように発見するか

自社のコア・ケイパビリティを突き止め評価した後で、次世代の戦略において重要な役割を果たすケイパビリティが何であるかを、どのようにして見極めればよいのだろうか。

将来の戦略を組み立てるためには、以下の三点を同時に満たす状況を見つける必要がある。①自社の戦略が、強力かつ持続可能なプロフィット・プールの追求に重点を置いている、②自社の戦略は、競合が対抗しにくい形で大きく差別化できる可能性を十分に秘めている、③その計画を、迅速かつ高い成功確率で実行できる。

ベイン・アンド・カンパニーが行った多数の戦略策定プロジェクトの事例をもとに最近行った調査・研究によると、右記の三点は戦略に基づき必要な利益水準を達成するための必須要件であることが示されている。コア・ケイパビリティは、以下の五つの状況において、新しい戦略の要となるような未開拓の潜在能力を持ち得るのではないかと考えられる。

- **投資額の倍増**：コア・ケイパビリティに大規模な投資をし、新たな水準に引き上げることによって、新たな戦略において競争優位を決定づけるような重要な源泉へと変えることができる場合（例：ＩＢＭのサービス事業への投資手法）。
- **拡張**：コア・ケイパビリティを、まったく異なる市場、または用途に拡大できる場合（例：アップルが設計、ソフトウエア、および顧客に関するケイパビリティを使って、〈ｉＰｏｄ〉とその戦略を生み出した方法）。
- **予測**：コア・ケイパビリティを社外から（買収も含む）獲得した資産と組み合わせることで、新しく独自性のあるケイパビリティを創造できる場合（例：ロシュがジェネンテックの買収を利用して伝統的な医薬品事業を改善し、薬理ゲノム学の事業部門の設立を通じて価値創造の重心をバイオテクノロジー関連の製品に移行した方法)。

●**組み合わせ**：コア・ケイパビリティの一つを、社内の別の部署ですでに持っているケイパビリティと組み合わせることで、まったく新しいケイパビリティを創造できる場合(例：ボストン・サイエンティフィックが、ステント戦略において新旧の要素を組み合わせた方法)。

●**格上げ**：かつては強力だったケイパビリティであり、一時的に重要性を失ったか、もしくは効力が弱まったが、復活させて脚光を当てれば、新しい戦略の推進役となり得る場合(例：遺伝子解析市場に関するアプレラの知識と特許は、隠れた資産だった)。

会議室における数人の議論だけで正しい答えが現れてくることはほとんどない。埋もれたケイパビリティの見極めにおいて通常必要とされるものは、広範にわたる新しい視点と、市場との直接の接点である。埋もれたケイパビリティを見つけ出し、その利用方法を確立するためには、組織内のさまざまな階層の社員による探索プロセスへの関与、新鮮なデータ(たとえばコア・ケイパビリティの相対的な強さなど)、および戦略上の選択肢を発展させ、隠れた資産について発見した事実に基づき戦略上の選択肢を改良していく創造的なプロセス等が必要になると考えられる。

第6章 「成長サイクル経営」の重要性

本書の序文で、「時として、新しく生まれるためには、まず死ななければならない」という中国の諺を紹介した。この諺は、我々が調査した多くの成功企業の事例によって、常に真実とは限らないことが実証されたようだ。これらの成功企業は、少なくとも当面は生き残って再生し、持続不可能な状況から永続的企業成長へと変身した。

それでも、こうした事例のような大成功は普通に達成できるものではなく、あくまで例外的なものと考えられる。我々の推定では、再定義を意図する企業全体の中で実際に成功するのは、およそ五社に一社にすぎない。そして数多くの倒産、CEOの（頻繁な）交代、企業の平均寿命の短縮といったトレンドは、事業の再定義がさらに難しくなりつつあることを示唆している。

既存の衰退しつつある組織を、衰退の流れにまかせるのではなく、重大な変化に適応させることができるのであれば、その価値は極めて大きい。我々が事例研究を行った二五社において、コア事業の根本的な転換の必要性を認識した際の各社の時価総額は、合計でおよそ五〇〇億ドルであった。一方変革実行後には、時価総額は一〇倍に増加して約五〇〇〇億ドルになっていた。すべての製品ラインにおいて繰り返しフォーカス―拡張―再定義の一連の成長サイクルを意識し、成長サイクルに応じて経営するスキルを身につけた企業が、事業環境の変化への適応の仕方を学ばない企業よりも、はるかに高い業績を上げるのは明らかであろう。

しかしこれは瞬時に起きるわけでもなければ、代償なしでできるわけでもない。課題を認識し、事業転換戦略を実行して、新しい戦略の成果を刈り取るまでの期間は、一般に三年から四年である。もちろんこれは、業種と企業を取り巻く状況により異なると考えられる。

大規模な変化には強力な動機づけが必要になることが多い。再生計画のうち一二件は、戦略を一新するために投入された新しいCEOによって策定されたものであった。一二五社のうち一〇社（ハーマン、マーベル・エンターテインメント、リー＆フォン、サムスン、TACA、ハイペリオン、エイビス、アメリカン・エキスプレス、IBM、ブランズウィック）は大幅な変革を始めた時、コア事業がすでに危機的状態に陥っているか、陥り始めたところであった。他の八社では、将来的には行き詰まりそうな兆候をすでに示していた。残りの七社では、懸念の兆候はもっと遠くに見えていた。

事業環境の激変は常にあり、決して例外的状況ではないのだろうが、事業基盤が危機に瀕しているようなやむを得ない状況でもない限り、事業を変革しようと自らを奮いたたせることのできる企業は少ないということも、また事実である。

1 コア事業再定義のための四つの教訓

我々のデータから導き出された将来像は明るいものではない。しかし、暗い道の真ん中には明るい希望の光の帯があり、つまずきそうな者を手招きしている。この明暗入り混じった構図は決して驚くべきことではない。利益を拡大させる成長を一〇年間にわたって継続的に達成できた企業は、統計的には一〇社のうちわずか一社にすぎないし、成長サイクルの加速に伴って、この割合は時間とともに低下している。事業が失速した時に成長率を回復できる企業は五社に一社にも満たないし、失速する可能性は、企業規模、企業の歴史、組織の複雑さが増すとともに高まっていく。事業環境の激変の渦中にある業界の中でコア事業戦略を再定義する必要性に直面している企業のうち、社員と株主のために成長のサイクル(フォーカス―拡張―再定義のサイクル)にうまくのれる企業は、わずか二〇~二五%程度にすぎない。いったい企業はどうしたらよいのだろうか。

すでにその悲惨さを見てきたように、ビジネスにおける魔法の特効薬によって答えがもたらされることはめったにない。具体的には、大規模かつ劇的なビッグバン的事業転換策、人目を引く新市場への参入、次に大化けするかもしれないアイデアの追求、あるいは朝には脅威が全部消えてなくなることを願いながら、居心地のよい現状へ安住することなどが「魔法の特効薬」に当てはまる。全体を俯瞰するため一歩引いた視点で見てみると、企業の成長、再生、衰退に関する戦略にかかわる四つの主要なテーマが、我々の七年間の研究から導き出される。これらの主要テーマが、事業再生におけるほとんどすべての事例で、中心的な役割を果たしていたのだ。

最初のテーマは、自社の事業のコアを深く理解する（第2章「コア事業の現状診断」を参照）とともに、絶対的に必要とされる場合を除いては、決して大きく離れた未知の領域に跳び込まないことである。つまり今のコア事業や新たに改善されたコア事業が、将来の成功のカギであり続けるとの確信を何らかの形で持つことの重要性である。

二番目のテーマは、より有望なコア事業に集中して成長できるよう、行き詰まった事業や製品を進んで取り除き、「成長のための縮小」さえ厭わない姿勢である。このアプローチは、サムスン、パーキンエルマー、ＧＵＳ、さらにはＩＢＭ（同社は最近パソコン事業を売却）などの企業が変革プロセスを促進する上で有効であった。

三番目の主要テーマは、成長への基盤として、卓越したオペレーションと低コストによる経済上のメリットを獲得することへの情熱である。悪化し、非効率になった業務基盤に基づいて、長期的に価値を創造したり再生を何度も繰り返したりした例は、事実上存在しない。未来への展開計画（ロードマップ）、明確な顧客フォーカス、および競合に対してどう差別化を図るかという決断自体を規定するのは戦略であり、卓越したオペレーションだけでは戦略の代わりにならないのは確かである。しかしオペレーションの卓越性は、ビジネスの歴史の中で、永続する優れた戦略や、戦略の再生のほぼすべてにおいて、必要不可欠な構成要素になっている。

最後のテーマは、すでに手元にあるか、もしくは容易に手に入れられる要素を活用し、事業再生を成し遂げることの重要性である。これが隠れた資産による再生への道筋である。本書の大部分は三種類の隠れた資産（基盤、顧客、ケイパビリティ）のそれぞれを一つひとつ説明することに主眼を置いてきたが、ここまでに述べた四つの主要テーマにおける重要な成功要因は普遍的に適用できるものであり、永続的企業成長の事例から得られる教訓として最後にまとめることにする。

●教訓1：再定義はコア顧客から始まる

ほぼすべての成功例は、新たな戦略の中心にあるコア顧客に関する明確なコンセプトに基づいていた。その焦点は、既存の顧客に対するサービスモデルをつくり変えることに置かれていたかもしれないし、コア顧客の定義を変えることにあったかもしれない。しかし、その焦点は、決して急成長市場や空想的な技術、あるいは突然現れた途方もない戦略のアイデアなどではない。成功事例の再定義は、具体的かつ識別可能なコア顧客における詳細な購買行動パターンと経済性に基づいてなされていた。この原則は、カギとなる隠れた資産が、どれか、またはこの三つの組み合わせであるかを問わず、適用可能なものであった。

◉教訓2：再定義するためには、隠れた資産は四つの条件を満たす必要もある

隠れた資産を利用して成功した戦略の転換は、次の四つの基準を満たしていた。それは、①明確かつ測定可能な形で、競合との差別化が可能である、②顧客に具体的な価値を提供できる、③強固な（かつ多くの場合新たな）プロフィット・プールが存在する、④実行に必要なケイパビリティを獲得できる力を持っている、の四つである。よいゴルフスイングが複数の要素から成り立っているように、戦略の刷新における四つの要素も、一つだけならできそうであり、かつ簡単に見える。難しいのは、四つを全部同時に行い、それを何度も繰り返すことなのである。

◉教訓3：隠れた資産に気づくためには、新たな視点が必要である

隠れた資産が物理的に「見えない」ということはめったにない。むしろ認識されていなかったのは、その資産が持つ潜在能力や、潜在能力の発揮の仕方なのである。これを認識するのが難題だった点は、二つ存在するように思われる。その一つは、世界と自己が置かれている状況に対し、自己の見方を規定している物の見方の偏りを覆すことの難しさである。集団意思決定に関する心理学の本を見ると、組織における物の見方の偏りや、特定の物事をあえて見ないようにすることが持つ有害な効果の特徴が、よく説明されている。集団のこうした性質は、ストレスのある環境や急速に変化する環境の下で特に広く

発生し得るものであり、大きな損害をもたらす。この物の見方の偏りは、過去に成功体験を持つ人々の集団においては、さらに増幅される傾向にある。これは最終的に幻滅や悲惨な結果をもたらした複数の事例で明らかであろう。再定義を成功させるには、実行可能なものをありのままに見た上で、過去の成功パターンに疑問を投げかける健全な考え方を持つことから始まる。

もう一つの難題は、自社の事業と資産に対する新鮮な見方を獲得するために必要な、適切かつ新たな視点を見つけ出すことである。この視点は顧客から得られるかもしれないし、新しい社員や外部の人間から得られるかもしれない。隠れた資産に関する最良の洞察のいくつかは、とりわけ就任後最初の一〇〇日間の新CEOや、他の業界とその業界の成功パターンを注意深く観察していた人々、あるいは顧客と毎日接している（しかし戦略に関する洞察を求められることはめったにない）最前線の社員からもたらされていた。パーキンエルマー（新CEO）、マーベルおよびデビアス（他の業界の成功パターンの観察）、アップル（旧来の型を破る、製品に対する新鮮な見方）がこの例である。

教訓4：隠れた資産を利用するには、組織の再定義が必要である

本書は一義的には戦略に関する本であり、組織に関する本でもなければ、経営手法や計画の実行に関する本でもない。しかし、これらの側面はしばしば戦略そのものと同じくらい重要である。隠れた資産を活用してコア事業の戦略を刷新するにあたっての組織の課題は、通常時の事業課題とは異なるため、経営陣が相当程度の時間を投入する必要が生じることもあり得る。

これまでの事例研究を通じて我々が観察した重要な成功要因や阻害因子に関し、以下の五つの質問は一考の価値があるものと思われる。

●変革過程をモニタリングし推進するために、専任のプログラム推進室を設けるべきか
●新たな領域に進出する際、学習と軌道修正が確実に行われるようにするにはどうすべきか
●業界で起きている事業環境の激変は、全般的な変革スピードの上昇の予兆なのか。新しい戦略の下で意思決定プロセスのスピードと新陳代謝を上げるにはどうすればよいか
●戦略の実行のためには、どのようなケイパビリティが必要か。それを取得するための計画はどのようなものか
●新たな戦略と、戦略を可能にするのに必要な資産に関し、どのような意思決定が必要か。それらは、以前のものとは異なる形で下されるべきか。どのような点で異なるのか

2　コア事業で利益を上げる

本書での焦点は、企業がコア事業を根本的に変える方法にある。それは境界を押し広げる新しいケイパビリティの追加、コア事業の重心の新たな領域への移動、あるいはコア事業の完全な入れ替えなどで

実行される。

既存のコア事業では継続的な成長を後押しするのに十分でない時に、経営陣はいったい何をすべきだろうか。産業界の事業環境の変化は、一層激しさを増している。一つの戦略サイクルが終わりを迎える期間が急速に短縮していることは、至る所で明らかになっている。競合企業や顧客に関するデータの賞味期限は短くなり、資本と情報の移動はかつてないほど速く、リーダー企業が今後もそのポジションを維持していられるかは、ますます不確実なものになっている。CEOはかつてないスピードで頻繁に職を変えている。そして最も重要なことは、競争上の差別化を構築できる要素の有効期間が、以前と比べて（平均的に）短くなってきているということである。

多くの企業でかつては十分な対応力があった即応性の高い事業計画策定の仕組みは、もはや十分な即応性を持っているわけでも、順応性に富んでいるわけでも、洞察力に満ちているわけでもないように見受けられる。これは、引用した多くの事例で、企業の対応が遅すぎたり、対応できなかったり、あるいは絶望から大規模な事業転換型の解決策にとびついて大失敗する結果になった一因でもある。

我々はよく、戦略立案および資源配分を管理するための最善事例（ベストプラクティス）について質問を受ける。状況を監視し、各事業のカギとなる指標を追跡し、（フォーカス―拡張―再定義の成長サイクルのどの段階であっても）変化が必要になった際に適切な戦略の選択肢を明らかにするプロセスのことであるが、それを可能とする「経営システム」にはさまざまなものがある。それはちょうど、殿堂入りしたテニス選手や、一流のオーケストラ指揮者や、偉大な建築家に多様なスタイルがあるのと同じだ。とはいえ、基本的な手法のレベルでは、成功を規定するコアとなる原則があるように思われるし、これはビジネスにおいても同様であろう。

七年間に及ぶ調査と事例研究の分析、およびこの調査結果を多くの経営者とのミーティングで議論した結果を踏まえると、以下の一〇のポイント、発見事項や観察結果を、個々の状況に応じたやり方で考慮に入れたものが、最良の経営システムであると我々は考えている。

Column ◆ コア事業の成長と再定義に関する一〇のポイント

1. コア事業を定義することから始める
2. コア事業におけるフルポテンシャルに固執する
3. リーダー企業の経済優位性を十分に理解する
4. コア事業の周辺領域を精密にマッピングする
5. コア事業での反復可能な成長法則が持つ力を認識する
6. 迷ったら、コア顧客に戻る
7. フォーカス―拡張―再定義の成長サイクルを常に意識する
8. 隠れた資産が持つ力を最大限に活用する
9. ケイパビリティを再生の重要基盤と考える
10. フォーカスの重要性を過小評価しない

1. コア事業を定義することから始める

自社のコア事業は何か、戦略的差別化の源泉は何か、実際はどのようにして（そして、なぜ）企業価値向上に貢献する利益を上げることができるか、そしてコア事業の境界はどこにあるか。これらが理解されていないのであれば、それ以外にどんなことを検討しようとも、残念ながら時間の無駄になる可能性が高い。企業幹部研修に参加して驚くのは、数多くの優秀な企業の方々が、コア事業に対する理解を見失っているように感じられること、そして非常に多くの企業の方々がコア事業について話し合ったことすらないということである。自分がいったいどんな存在であるかについて確信が持てないのなら、何になりたいのか、それにはどんな価値があるのかを判断するのは、容易なことではないだろう。

コア事業の境界や差別化について、数段階掘り下げてその根本要因について詳しく話し合ったのは、どれくらい前だったか自問してみてほしい。あるいはコア事業自体の現状について詳細な評価を行ったのはどれくらい前だっただろうか。その結果はどうだったであろうか。

2. コア事業におけるフルポテンシャルに固執する

事業における最大の過ちの一つは、急成長している新市場、技術や機会を求め、コア事業を早まって捨ててしまうことにある。我々の調査では、六〇％以上の企業経営層が、自社のコア事業は、フルポテンシャルの五〇％も獲得できていないと繰り返し回答している。しかしながら、ほとんどの企業経営層の方々は、そのフルポテンシャルがどこにあるのかについて明確に理解できていないように思われる。

自社のコア事業におけるフルポテンシャルはどの程度か。どうしたらその可能性を把握することができるのか。この二つの質問は、企業内で成長機会を評価するどんな組織においても、真っ先に議論する必要があるのではないだろうか。

3．リーダー企業の経済優位性を十分に理解する

市場のリーダーとなりプロフィット・プールを支配することに大きな価値があることは、一般的に知られている。リーダー企業の地位は、たとえそれが自社事業の一部分におけるものであったとしても、認識されている以上の価値を持つ。多くの場合、リーダー企業の経済優位性を有するコア事業が、その企業の企業価値の大半を創造しているものと考えられる。

しかし会計上の事業区分と、明確に定義された自社の真のコア事業領域とに相違があるから、自社のコア事業が、その事業が規定する市場において真にリーダー企業のポジションにいるかどうかが分かりにくい。これがリーダー企業の経済優位性も分かりにくくしている。このことから、この優れた特質の多くは、十分に評価されていない。リーダー企業の経済優位性は、事業転換の足がかりを見つけようとする時にのみ適用可能なだけでなく、周辺領域へ進出する際の成功可能性を評価する時にも適用が可能だし、純粋に市場シェアを獲得するための投資価値を評価する時にも検討に値するものと考えられる。

自社が持っているリーダー企業としてのポジションの真の境界と収益性を理解していると確信できるか、自問してみることも必要ではないだろうか。

4. コア事業の周辺領域を精密にマッピングする

強力なコア事業には、一般に、その四方に七〇から一〇〇もの投資機会が広がっている可能性がある。しかし、その投資機会の大半をやみくもに追求しても意味がない。ここでの問題は、どの投資機会を、どのタイミングで追求するかということであろう。

往々にして周辺領域にある成長機会が、より広範な戦略テーマに対する手がかりを含み、コア事業にケイパビリティをつけ加える必要性を訴えかけることがある。多くの場合その根源は、顧客の要望、先進の顧客における製品の活用方法、次世代のニーズ、あるいはサプライヤーからのアイデアなどにある。これらは、将来のマーケットにおいて企業に求められる要求事項の最前線といえるものとも考えられる。周辺領域への進出における成功確率は、平均するとわずか二五%程度にとどまるため、明確な選定基準を社内合意に基づき確立し、周辺領域の評価とデータ収集を戦略検討プロセスの一部として含めておくことが極めて重要となる。経営学はコスト削減と品質改善を改良して高水準なものに引き上げた。一方で、成長投資に関する経営手法は、依然として、さほど進化しているとはいえないが、こちらも負けず劣らず、もしかしたらそれ以上に重要であるかもしれない。

周辺領域への投資基準が十分に認識されているか、いくつかの成長投資の選択肢を比較する方法を知っているか、自問してみることも必要ではないだろうか。

5. コア事業での反復可能な成長法則が持つ力を認識する

持続的成長を続けている企業に最も共通して見受けられる特徴が一つある。それは、反復可能な成長法則を確立しており、その法則が周辺領域への進出を助長し、長期的には新しいケイパビリティを獲得し続けることで、コア事業を常に進化させることに成功している、ということだ。ナイキはその典型例であり、一つのスポーツから別のスポーツに次々と進出している。同じスポーツの中ではまずはシューズから始まり、人気スポーツ選手を使ってブランドを確立することに重点を置いた製品に進出する。次に消耗品や、時には耐久財に進出し、続いて専門店チャネルに進出する、という成長法則を繰り返している。ボーダフォンの地理的な拡大は、反復可能な成長法則によって強化された。GEキャピタルの一七〇件に及ぶリース企業の買収は、買収に基づく反復可能な成長法則の真髄である。デルの成長エンジンは、複数のセグメント、製品および地域にわたり直販モデルを確立できる能力であった。リー&フォンやノボザイムズのような一部の企業は、絶えずケイパビリティを加え事業範囲を再定義し続けることを通じ、最終的にはコア事業そのものを再定義している。

コア事業での反復可能な成長法則の特質を十分高く評価しているか自問するとともに、経営会議や戦略ミーティング等で話し合ってみるのはいかだろうか。

6. 迷ったら、コア顧客に戻る

成功企業における最も優れた周辺領域への優れた進出のアイデアの八〇%以上は、コア顧客に由来または関係している。そのアイデアが研究室や本社部門で生まれるものでもなければ、投資銀行や創造的な企業研修によってもたらされるわけでもない。自社顧客の詳細な分析を行うためには、主に五つの視点（レンズ）が必要であると考えられる。レンズを上手に生産的に活用している企業もあれば、形を真似るだけの企業もあるようだ。そのレンズとは、①カスタマー・ライフサイクル（顧客の生涯における商品・サービスの購入サイクル）、②顧客管理システムの経済性、③顧客セグメンテーション、④顧客内シェアと購入パターン、⑤自社顧客の（新商品、新顧客領域等への）展開可能性、である。

顧客ベースの周辺領域への進出の成功確率は、他の進出戦略の成功確率よりも高いようだ。何をするべきか迷った時は、最も重要な原則に立ち返り、コア顧客を掘り下げて検討するのがよい。最良のアイデアは、人類学者が人間の行動をつぶさに観察するかのように、コア顧客を掘り下げることから生まれるのであり、途方もないアイデアを求め会社の外をつぶさに眺めても生まれない。競合との差別化の余地が縮小している現状では、競合よりも速く細分化されたセグメントへの成長機会を見つけ出し、知見を得る能力こそが、非常に大きな優位性を生み出す可能性を秘めているのではなかろうか。

競合と比較し、自社は新しい顧客に対する知見が秀でているかどうか、自問してみることも必要ではないだろうか。

7. フォーカス─拡張─再定義の成長サイクルを常に意識する

戦略上最も重大な読み違いのうちのいくつかは、成長サイクルのどのタイミングに自社が位置しているかに関する判断にある。具体的には、自社のコア事業のフルポテンシャルに集中すべきか否か、周辺領域に大規模な投資をすべきか否か、またはコア事業を再定義（さらには別のコア事業に移行するか、または新しいコアをつけ加える）すべきか否か、の決断についてである。数年前のボシュロムの例のように、コア事業から早計に手を引いてしまうことは、ポラロイドのように衰退しているコア事業に固執することと同じくらい悲惨な結果をもたらしかねない。両社ともかつてはウォール街でも高く評価されており、聡明な経営陣を抱え、市場を支配するコア事業を持っていた。そして両社とも、フォーカス─拡張─再定義サイクルの一方の端で、結果的に読み違いをしてしまったように思われる。

次の成長を計画する際に、成長サイクルの各段階をバランスよく調査・検討しているだろうか。自社は現在成長サイクルのどの段階にいるのか確信が持てるだろうか。探し求めている警告信号とはいったいどのようなものだろうか。

8. 隠れた資産が持つ力を最大限に活用する

基本戦略の変更は決断することが難しいし、実行するのはさらに難しい。事業を最も早く始めた企業や優良企業にとってさえ、リスクは大きい。したがって、基本戦略の変更にあたっては、他の企業、さらには他の業界の経験から教訓を学ぶことが重要になる。教訓の一つは、我々が調べた事業再生の事例のほとんどすべてにおいて、以前は重要ではなかったが、より大きな重要性を持つようになった「隠れた資産」を活用して事業が再生されていたということである。隠れた資産の一例である、最大限の活用が図られていなかった顧客データは、アメリカン・エキスプレスの再生を助け一五年間続く成長軌道に乗せた。もう一つの例はコア事業を支援するサポート事業のうち、当該事業自体が単独で主要なコア事業になる可能性を持つものである。IBMグローバルサービスによる再生は、その一例だ。

隠れた資産、隠れた負債、および戦略的な資本の現状といった、戦略に関する「バランスシート」の管理は、CEOと経営陣の最初の仕事である。現在の最も重要な負債と将来のための資産の多くは、視界から隠れていることが多い。したがって、企業は常に、隠れた負債・資産の可能性を追求し発見する必要があることを認識しなければならない。

9. ケイパビリティを再生の重要基盤と考える

十分なパワーを持つ、適切かつ新たなケイパビリティを加えることは、コア事業にとって強力な効果をもたらすものと考えられる。具体的には、本書の事例にあるとおり、コア事業の力を倍増させ、有効性が落ちた事業成長モデルを回復させ、さらにはコア事業の境界を以前は手が届かなかった新たな領域に拡大する、といったことが可能となる。一部の企業では、組織と、組織の持つ新しいケイパビリティを加える能力とが、ほとんど戦略そのものになっているかのようにさえ思える。組織が新たな戦略なのだ。

競合との差別化に最も重要な既存のケイパビリティの棚卸しと、ケイパビリティの現状評価、および追加するべきケイパビリティに関する評価に、十分な時間がかけられているだろうか。

10. フォーカスの重要性を過小評価しない

三つの成長サイクルはどれも、それぞれのやり方で、フォーカス（徹底的に集中すること）の重要性を主要テーマとしている。成長のための集中というのは、直観に反することのようにも思われる。しかし、少数の丈夫な枝にエネルギーを集中させるために他の枝を刈り取るように、事業についても、適正な範囲を超え拡大しようとする傾向を防ぐためには、適宜刈り取る必要がある。成長と拡張のための正しい第一歩が実はフォーカスを絞り込むことにあった、という事例が非常に多いことには、常に驚きを感じざるを得ない。

事業成長における「フォーカス（集中）」段階のテーマは、コア事業への戦略的なフォーカスである。『本業再強化の戦略』においては、焦点を失いコア事業の核心にあるものが本当は何なのかを見失ったために成長機会を取り逃がした何百という企業の実例を説明している。

「拡張」段階においても同様にフォーカスがテーマだが、扱い方は異なる。周辺領域への進出においてリスクを減らす最善の方法は、反復可能な成長法則に従うことであり、その成長法則が利益を伴う成長の背後にある強力な組織原理となっていることを示している。強力なコア事業に基づく成長法則の反復可能性を追求することが、絞り込みと資源の集中をもたらすのではないだろうか。

本書でいう「再定義」は事業転換と再生だが、フォーカスに関する重要なメッセージを含んでいる。それは、すでに保有している隠れた資産を理解し、その資産を成長への足がかりとすることに集中することである。もし隠れた資産による成長が可能であれば、まったく新しいことにとびつくよりも、差別化して成功できる可能性は高い。さらに、成長に再点火しようと苦労している企業が企業価値を生み出す上で最も確実な方法は、一般にはあまり活用されてはいないが、実は、焦点を絞り込み成長のための縮小を検討することではないだろうか。

経営陣が一つのテーマから別のテーマと跳ね回り、コア事業とそれが意味するものを掘り下げようとしないことも、残念ながらあり得る。事業の本当の焦点は、社外にある競合企業、技術の変化、顧客のダイナミクスに当てられるべきである。しかし実際には皮肉にも、最も手ごわい敵の多くは社内にいるし、最も取り扱いが難しい敵は、多くの場合自分自身である。以下の言葉もまた真実ではないだろうか。

自分自身について知らないのなら、何になるべきかを判断するのは難しい
自分がどこにいるのかを知らないと、どこに、どのように行くべきかを決めるのは難しい
自分が本当に得意なのは何かを知らないのなら、何をすべきかを知るのは難しい

フォーカス—拡張—再定義という成長サイクルの各段階において戦略を検討するにあたっては、いか

なる段階においても、まずは自社のコア事業を理解しているか、そしてコア事業から利益を上げることができているかを確認することを出発点として、あらゆる検討をスタートさせるべきである。

第7章 アンストッパブル（永遠の企業価値向上）への挑戦に直面する日本企業へ

1 〝果たしてわが社は一〇年後まで勝ち残れるのか〟

「果たしてわが社は一〇年後まで勝ち残れるのか」。こういった問いを、クライアント企業の多くの経営者の方々から伺う。

「果たしてわが社は生き残れるのか」という問いに真摯に立ち向かっていた、二〇〇五年以前の「空白の一〇年間」の再生過程では、想像できなかった問いに直面している企業が多いのではなかろうか。当時は、この難局を乗り切れば成長軌道に戻れるとの期待感が日本企業を支えていた。そうした淡い期待感は、人口減、低成長、ＢＲＩＣｓ諸国とのグローバル競争、タレント競争、さらに高まる株主からの

図表7-1　日本における企業のコア事業の変化

（1997年末時点での時価総額上位50社の動向調査）

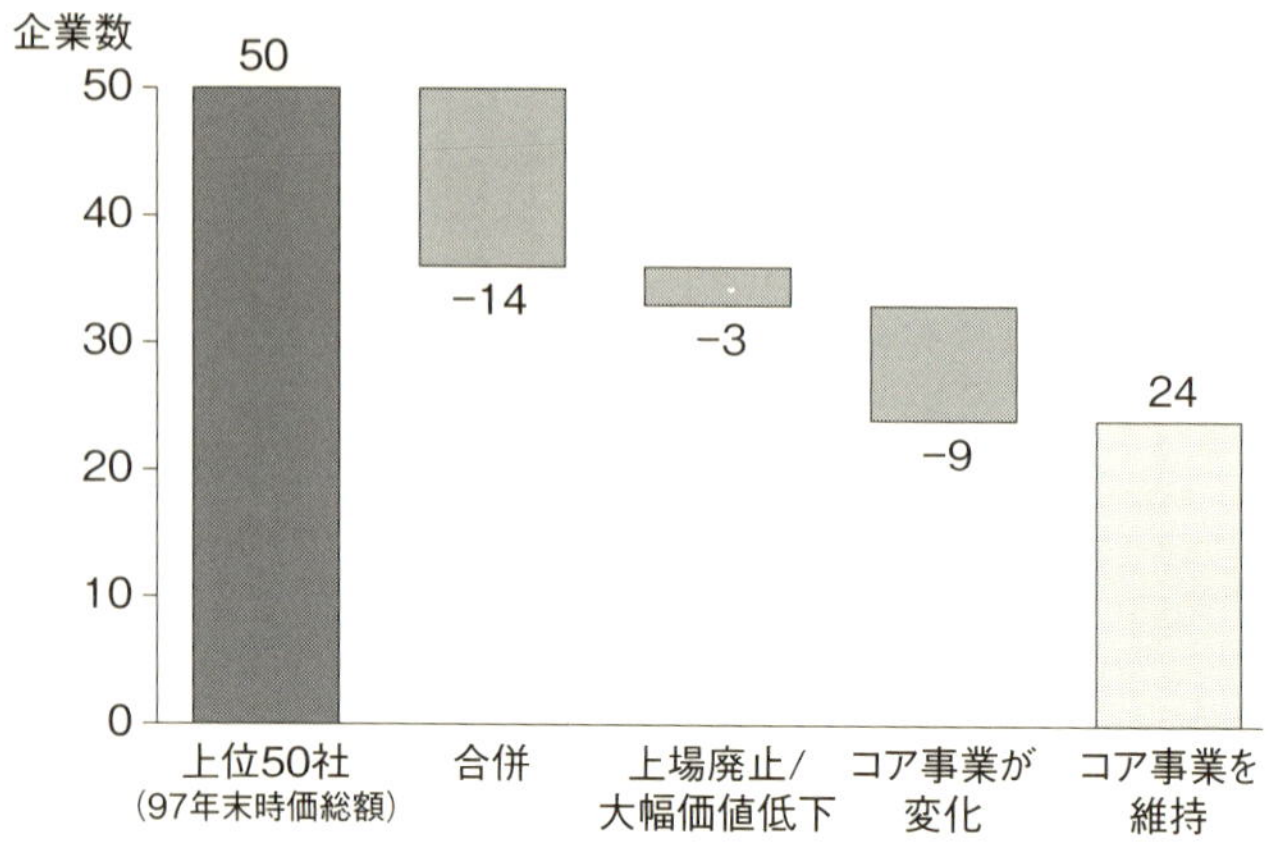

出所：東京証券取引所、有価証券報告書、ファクトブック、各社ホームページ、文献検索

圧力、敵対的買収の脅威などに直面して、あえなく潰《つい》え去ったように見える。立ち止まっていては勝ち残るどころか、生き残れない恐れすらあるのだ。

全世界において、この一〇年間コア事業を維持したまま生き残っている企業は、企業全体の三分の一にすぎないという分析結果を第1章で紹介したが、日本企業とて例外ではない。

日本企業を対象に一〇年前の時価総額上位五〇社について調査したところ、少なくとも約半数の会社で、コア事業に大きな変化が生じたことが判明した。具体的には、五〇社のうち一四社で合併・統合による業界再編、三社で企業価値の大幅減少や上場廃止など抜本的なポジションの変化を体験しており、さらに九社がコア事業の収益基盤（主要地域、事業、顧客）における大幅な変化に見舞われていた。つまり、一〇年間でコア事業の事業モデルを維持できた企業は、約半数以下にとどまる（図表７－１）。

我々が行った世界各国の事業環境に関する調査を見ても、事業環境の激変に直面している業界に属する日本企業は、全体の六割にも達する（図表７－２）。

また内閣府が二〇〇七年に上場企業一〇〇〇社に対して行った「企業の新しい成長戦略に関するアンケート」結果では、重視する項目として、コスト競争（八四％が回答）、需要変動（同七四％）、技術革新（同三九％）、製品ライフサイクルの短期化（同二三％）、海外企業との競争激化（同一四％）などを挙げている。激変する事業環境に翻弄される日本企業の姿が透けて見える（図表７－３）。

さらに、資本市場からのプレッシャーは強まり、かつ、株主は企業の成果達成に対してますます短期的な見方をするようになっている。どうやら、今の経営者が発する「果たしてわが社は一〇年後まで勝ち残れるのか？」という問いは、今後も日本企業を苦しめ続ける問いのようだ。実際、我々に持ち込まれる日本企業からの相談も、次世代成長戦略、海外戦略、M＆A戦略を中心としたものが圧倒的に多い。この問いは、そうした相談の枕詞として必ず語られるフレーズである。では、どうしたらよいのだろうか。ここに日本企業の成長戦略実践のための七つの成功法則をまとめてみたい。

図表7-2　世界各国における事業環境変化の動向

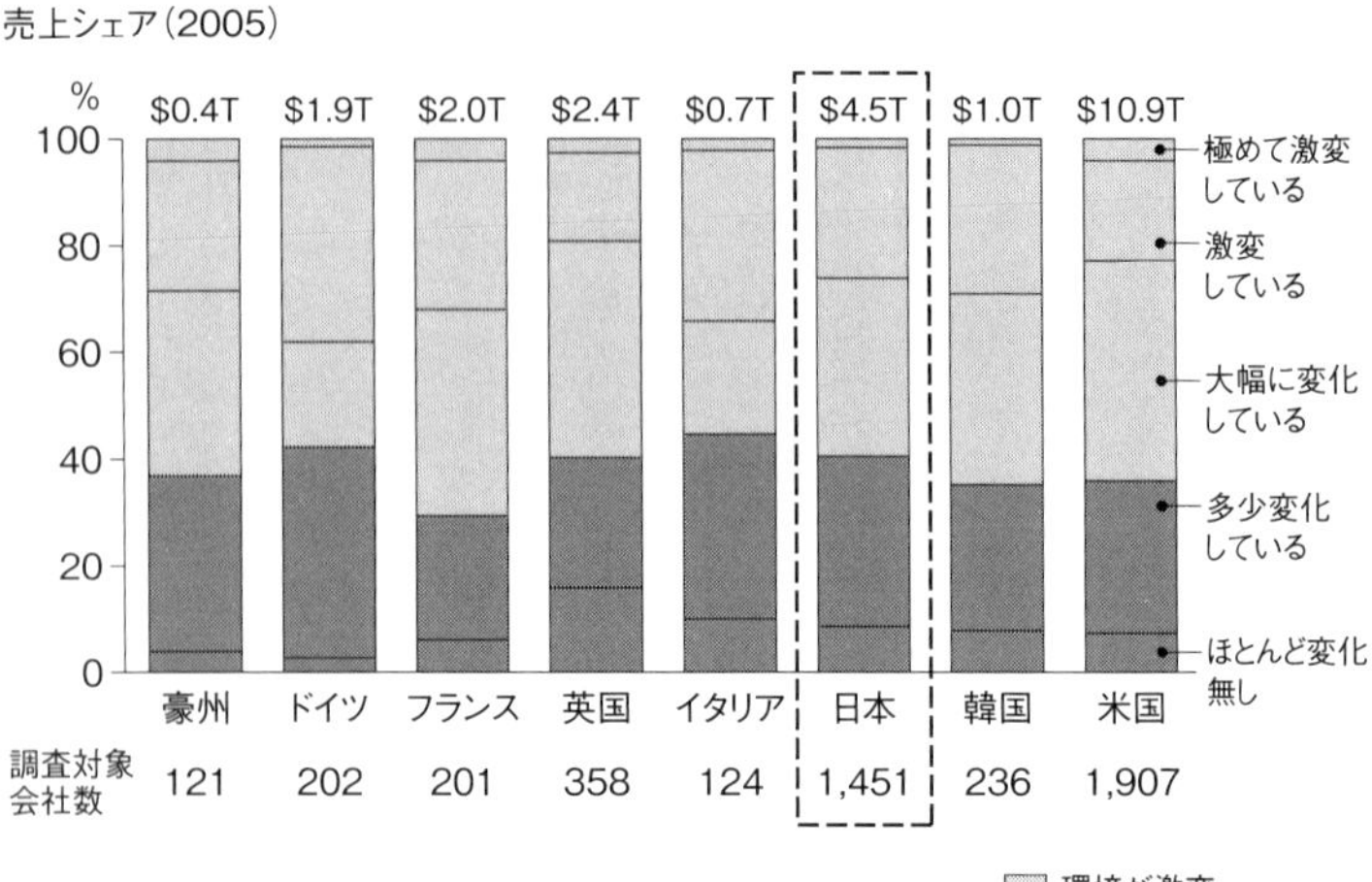

出所：Worldscope database, Bain analysis

図表7-3　事業環境の急激な変化に対する日本企業の認識

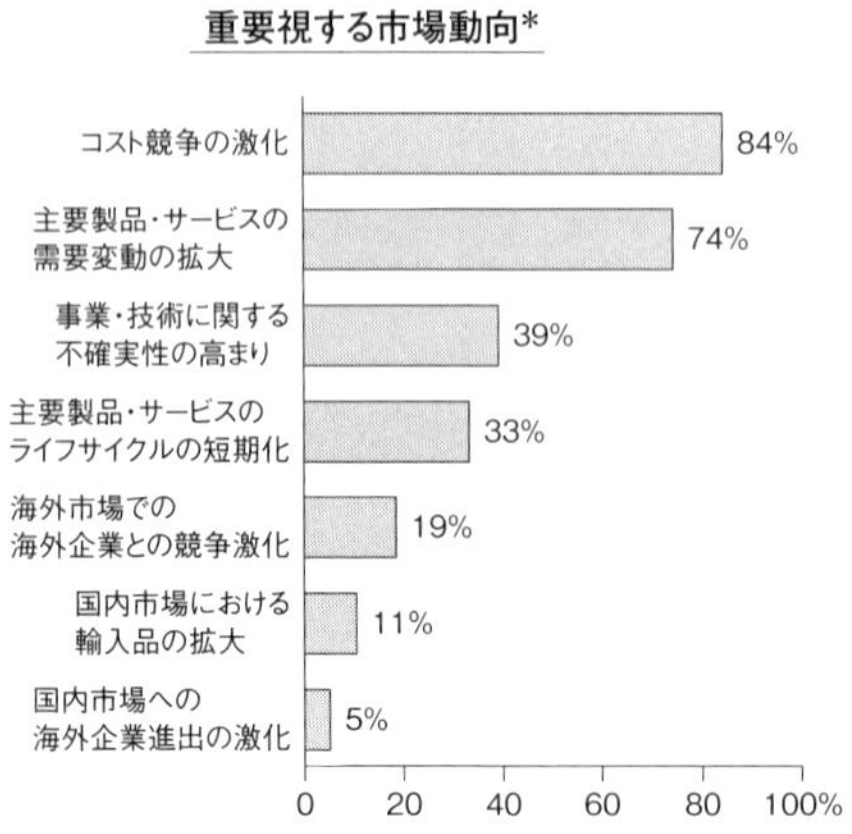

"日本の企業を取り巻く経営環境は、需要変動や事業・技術に対する不確実性の高まりなど競争環境が激しさを増していると、経営者に認識されている"

"「主要製品・サービスのライフサイクルの短期化」は、食料品、電気機械、通信業、その他サービス業で高くなった。また、「海外市場での海外企業との競争激化」は全体では2割弱となっているが、広範な製造業で高い値となっている"

内閣府
平成19年度年次経済財政報告

＊特に重要視する市場動向として上位三つを選択
出所：内閣府(2007)「企業の新しい成長戦略に関するアンケート」(全国全市場上場会社約1000社対象、2007年3月実施)

2　日本企業を永続的な成長企業にする七つの成功法則

第一の成功法則：永続的な企業価値向上を目標とし、その成果達成にこだわれ

グローバルからの時として獰猛に見える資本市場からの圧力にさらされている日本企業においては物議を醸すかもしれないメッセージである。正統的な経営学の教えに従うとすれば、すべての情報が等しく需要者・供給者には共有されないという不完全な市場を前提とすると、企業は株主だけのものではない[1]。企業は、株主、従業員、顧客、社会といった代表的なステークホルダーのものであり、四者の同時満足が不可欠の条件である。したがって、成功の第一法則は、四者のステークホルダーを同時に満足させる企業の永続的な「あるべき姿」を掲げ、追求することであるとも言い換えられる。

事業環境の激変に直面すれば、現在のコア事業にだけ執着し続ける戦略が孕むリスクは当然ながら大きい。激変環境下で将来にわたって勝ち残ることが企業の追い求める王道であることは、これまでも十分に強調したところである。成長戦略を捨て去った企業に存在価値はない。永続的な企業成長は避けられないテーマ選択である。

では、なぜ、ここであえて「永続的な企業価値」という表現を使っているのか。それは、見果てぬ夢の追求としか見えない、美辞麗句に彩られ実現可能性の低い、壮大なあるべき姿を掲げることだけに逃避するリスクへの警鐘を鳴らすためである。日本企業は「選択と集中」の一〇年間、本書で提示した企業戦略サイクルである、フォーカス─拡張─再定義サイクル（FERサイクル）のフォーカスのサイクルを経験した。リストラに耐える時代を経たことで、今や、一気に夢、甘えに立ち返るリスクが常に存在している。せっかくの「選択と集中」の時代に営々と創り上げた企業価値指標の体系を捨て去ることで、現実を見つめず、自社の道程を確認することのない無謀な成長戦略への取り組みへと暴走するリスクも大きい。

一発逆転を狙ったビッグバン型変革戦略、自らのコア事業から遠く離れた事業への成功確率の低い無謀な進出などを避けながら、地に足の着いた成果を上げつつ、あるべき姿の追求を目指さなければならない。高い志と使命を胸に、しかも結果としての具体的成果（リザルト）を確実に踏みしめながらの成長が求められる。自らの足元を常に確認するための指標として、企業価値の着実な向上を追いかけてもらいたい。

企業価値の数字は冷徹に、あるがままの現実を直言する。顧客、従業員、社会、株主というすべてのステークホルダーの満足度追求と同時に、企業価値の指標を通じ現実を直視し、かつ、その向上を意識した経営を目指すことが必要なのである。企業価値という指標に使われるのではなく、それを企業変革の指標として使いこなし、具体的成果にこだわり続けるのである。

◉——第二の成功法則：FERサイクルを冷静に見極めたマネジメントを追求せよ

本書を通じて訴えかけている永続的な企業成長を考える枠組みが、前述のＦＥＲサイクルである。過去の選択と集中の時代は、フォーカスの段階であった。自らのコア事業に資源を集中し、資源配分量で競合に勝り、コア事業において自社のフルポテンシャルを追求し、達成する段階である。日本企業の直面した問題は、選択と集中戦略の完成時に、わが国経済に構造変革が起こったことである。それは二〇〇五年であったと考える。初めて人口減少が確認され、団塊の世代の定年が現実問題として浮上し、かつ、資本市場を皮切りにグローバル経済に本格的に巻き込まれ、さらには資本市場が本格的にわが国でも機能し始めた年でもあった。ようやく「選択と集中」で業績回復を達成した日本企業が直面した新たな現実が、二〇〇五年に具現化した構造変化であったと見ている。フルポテンシャル追求を超えた一手を追求しない限り、成長の果実は味わえない。フォーカスの段階でのさらなる競争力構築や「選択と集中」が終了していないにもかかわらず、次の拡張の段階や、再定義の段階に目を向ける企業も多く目にする。一方、沈み行くコア市場でリーダー企業としてすでにフルポテンシャルを実現しているにもかかわらず、一向に次のステージに動こうとしない企業も目にする。

コア事業でフルポテンシャルを実現し、次の拡張の段階に歩を進めることを意識し、新事業、新市場、新地域、新顧客、新チャネルへの果敢な挑戦を旗印にするものの、思慮を欠いた拡張戦略の追求により、戦う前から負けが濃厚な戦略を選ぼうとしている企業も多い。拡張戦略で成功を遂げるためには、コアからの距離を慎重に見極めなければならない。コアから遠く離れた拡張戦略の成功確率が低いことは前述したが、日本企業とて同じである。成長戦略の追求を旗印に、やみくもにM&Aのブームに乗っかる企業を目にすることもある。成長戦略の実現手段がM&Aであるにもかかわらず、その手段が目的化しているリスクである。かつ、M&Aは、経験の蓄積が成果を大きく左右する手法であり、小規模で頻繁なM&Aを通じて知恵を組織知として蓄積し、横展開していかない限り、成功はおぼつかない。

また、本書のテーマの中心である再定義フェーズでは、自社の「隠れた資産」を発掘し、それをテコに新たなコア事業への転換を図ることがテーマになる。再定義フェーズに歩を進めるべき企業は、次の三つの条件のどれかが自社のコア事業に当てはまる企業だけである。それらは①業界のプロフィット・プールの大きな縮小・移動、②競争優位を持つ新たなビジネスモデルの出現、③従来の成長モデルの失速である。いずれかの条件を満たす企業は、再定義フェーズの作業に専念しコア事業の転換を追求するべきである。しかし、そうした条件のいずれにも当てはまらない企業、たとえばフォーカス戦略の追求を先行すべき企業や、拡張戦略の後始末に集中すべき企業が、漫然と再定義戦略を追求しても成功はおぼつかないであろう。自社がどのフェーズにあるのか（あるいは複数フェーズの組み合わせ）を冷静に見極め、明確に意識したマネジメントの実行がカギである。

●第三の成功法則：自社の「隠れた資産」に本当に競争力があるのか？ 顧客、現場第一線、外部の視点から冷徹に疑え

事業のFERサイクルの再定義フェーズにおいては、事業転換の成功確率を高めるため、自社がすで

に持っている、事業基盤、顧客インサイト、ケイパビリティという三種類の「隠れた資産」をうまく活用し、コア事業の再定義を通じて事業転換を図ることが特に重要である。わが国の企業の事業転換の成功例を見ても、こうした三つの「隠れた資産」への着目が成功の大きな要因となっているようだ。

第一の事業基盤では、幾多の差別化された技術をテコに周辺領域に軸足を移し成功した事例としてテルモが挙げられる。テルモは、医療機器・医薬品の両分野における長年の研究開発に基づく独自の技術力を融合させることで、従来の注射器・体温計などの病院関連事業から高付加価値分野である人工心臓・血管事業領域へと、コア事業を進化・再定義させることに成功している。また、旭硝子も、従来のガラス事業基盤の中で培ってきたディスプレイ技術を活用し、別組織に分かれていた電子・ディスプレイ事業に関する事業部門を統合、新事業部門を設置し積極的に投資することで、ガラス事業から電子ディスプレイ事業へと収益基盤を移行することに成功した。

また、顧客インサイト、すなわち顧客との長期的な関係に基づく事業転換の例としては、化学素材メーカーの日東電工が挙げられる。同社は、従来の工業用材料分野を中心とする事業から液晶用光学フィルムなどの電子材料分野へとコア事業を進化させるにあたり、グローバル展開を進めていた、自動車や電機メーカーといった顧客との緊密な関係を通じ海外へと事業基盤を展開し、他社に先んじた商品開発により収益性が高くかつ競争力のある事業を構築している。また後述する地方銀行のスルガ銀行も、都市郊外顧客層のローン商品に関するニーズを、現場第一線の社員が、不動産業者などとの長年の関係に基づく対話を通じて本部にフィードバックし商品開発に生かしたことが、顧客分析データの精度向上と相まって独自の住宅ローン商品の開発につながっている。また総合建設業のフジタも、従来の建設事業で確立した優良顧客層からの信頼を「アカウントプラン」策定により、受動的でなく会社全体の資源を生かしたより積極的な提案営業の形で発展させることで、顧客満足と収益性の両方を拡大させることに成功している。

最後にケイパビリティ、すなわち企業能力を改革のテコとした事例としては、三井不動産が挙げられる。同社は、「世界で最も魅力的な都市を創りたい」という強い意識の下、常に新たな事業の可能性を追求する（組織に埋め込まれた）DNAをコア事業の転換の大きな原動力とした。また、スルガ銀行においては、将来を担う若手管理職層が中心となり今後数十年後のスルガ銀行のあるべき姿に向け今何をすべきかを議論した「Eプロジェクト」（Eは、二一世紀を探究する「Expedition」の略）が、今日のスルガ銀行の絶え間ない発展（地域銀行―先進的都市型顧客密着銀行―商品開発力を生かしたイネーブラー型銀行）の原動力となっている。

日本企業でも、前記のようにコア事業の再定義に成功した事例は少なくはない。自社の「隠れた資産」を発掘し、そこから夢のある新事業創造を行うというのは、耳に優しくかつ、楽しい作業に見えるかもしれない。

しかし、成功企業となるためには、「隠れた罠」への注意も必要である。経営学にエイジェンシー・プロブレムという考え方がある。企業の経営者、従業員は、本来ステークホルダーから企業価値向上のミッションを託された代理人（エージェント）であるはずだが、その本来の役割を忘れ、自らの利害のために企業価値にマイナスになるような意思決定をしてしまうというリスクを指している。企業の「隠れた資産」の発掘にあたっては、会社内での組織的ポジション、報酬、義理といったようなノイズが、正しい意思決定の障害になるケースが予想される。「誰それが始めた事業である」「部門のモラールが……」といった理屈づけも、そうしたノイズの一部であろう。ノイズを除去し、事実を「あるがままに」客観化して「隠れた資産」の評価にあたる必要がある。

そこで、挙がってくる「隠れた資産」選択の提言を、一度冷徹な目で疑ってかかることが重要である。その際のポイントは二つある。一つは、現場第一線、顧客および外部の視点から自社の現状を見つめ直す「外部視点の導入」である。第6章で示したとおり、隠れた資産は、多くの場合、顧客や、顧客と毎日接している最前線の社員、さらには新ＣＥＯや、他の業界とその業界の成功パターンを注意深く観察していた人々といった外部視点からの洞察によりもたらされることが多い。二つ目は、その資産に基づき構築される戦略が、コア顧客に対し明確かつ測定可能な形で、競合と差別化した価値を訴求できるかどうかのチェックである。このチェックの重要性は、コア事業の再定義に成功したほぼすべての事例が、新たな戦略の中心にあるコア顧客に関する明確なコンセプトに基づいていたこと、そのフォーカスは具体的かつ識別可能なコア顧客における詳細な購買行動パターンと経済性に基づいてなされていたことからも明白であろう。社内の偏りがちな視点に捉われず、コア顧客、現場第一線の社員や外部の視点で隠れた資産を評価し、コア顧客に対する十分な理解と明確な価値訴求から戦略構築をスタートさせることの重要性を、再度強調しておきたい。

日本の事例においても、たとえばスルガ銀行では、アメリカの先進銀行視察や八〇年代を海外で過ごしたミドル層の経験を通じ、アメリカにおけるリテール銀行業界の成功パターンを実感し、事業モデルの方向性を見極めたことが、顧客密着型の先進銀行への転換のきっかけとなった。日東電工においてはコアの顧客である自動車、電機業界の将来像に対する顧客からの要請が、グローバル展開の加速につながっている。いずれも外部の目をベースにコア顧客から戦略を構築したことが成功のカギとなった事例であろう。

◉――第四の成功法則：あえて成長のための縮小に目をつけよ

本章執筆時点では、二〇〇七年後半からのサブプライム問題に端を発する外国人投資家の株式市場からの急激な資金引き上げを通じて、日本企業のPERは急激に低下している。また、前述のように株主の見る時間軸はどんどん短くなってきている。こうした環境下で、悠長にも見える「隠れた資産」発見を通じたコア事業の再定義に取り組むことには、多大な困難が伴う。短期の業績を落とすことなく、中長期の種を仕込むという作業が要請されるからである。本書の中でも強調している「成長のための縮小」という考え方が必要になる所以である。現在のコア事業が、プロフィット・プールの縮小、新しいコスト構造のライバルの出現、成功モデルの崩壊に直面している中で、劣勢に立たされたコア事業から、さらにキャッシュを生み出していかなければいけないことを意味している。そのキャッシュを、業績を維持し、コア事業を再定義するための「種銭」とするのだ。かつての「選択と集中」時代のリストラと事業選択を経て新しい成長の時代に立ち向かう時に、さらに、現在のコア事業の抜本的な改革を要請するのである。それなしには、永続的な企業価値向上は達成できない。

事業の再定義は、考えようによっては、将来があり、楽しい夢のある仕事である。しかし、浮かれていてはいけない。冷徹な外部の目で「隠れた資産」を見つけるだけでなく、現在のコア事業にもさらに新鮮な視点で効率改善の目を向けなければならない。逆説的に聞こえるかもしれないが、新しいコア事業を通じた成長を考えるのであれば、あえて現在のコア事業の縮小（あるいは、業績改善）を覚悟することを肝に銘じておかなければならない。

スルガ銀行の事業再定義の過程においては、将来のあるべき姿を達成すべくCRM投資を始めるのと同時期に、徹底的なコスト削減と支店オペレーションの効率化を実行している。また利益拡大が企業の存立基盤であるとの観点から、高ROAのビジネスを徹底的に追求し、またIRを強化し外部投資家とも明確なコミュニケーションを図っている。

●第五の成功法則：ハード中心の競争戦略とソフト中心のケイパビリティ戦略を併せ呑め

FERサイクルの中で、現在のコア事業に徹底的に集中し、マーケットリーダーのポジションを勝ち得て、市場のフルポテンシャルを確立するのがフォーカスの段階である。この段階で重要なのは、自社のコア事業の相対的市場シェアの高さを通じたコスト競争力の確立である。市場における自社の相対的ポジショニングを考えた事業戦略の構築が求められる。自社が市場リーダーか、フォロワーか、脆弱なフォロワーであるか、あるいは、ニッチプレーヤーであるかのポジションに応じたハード中心の競争戦略が求められる。ここではマイケル・ポーターが提唱する市場ポジショニング戦略の活用が基本的な考え方となる。また、現在のコア事業からの新事業による拡張を考えるにあたっては、現在コア事業を中心に据え、コアからの距離を顧客、コスト基盤、地域、チャネル、ケイパビリティなどの点から評価し、コアからの距離が近いものを選び成功確率を高くすることが鉄則である。市場ポジショニング戦略の延長線上にあると考えてもよい。一方、再定義の段階で重要なのは、「隠れた資産」というソフトを中心とした資産である。事業基盤、顧客インサイト、ケイパビリティというような資産は、市場ポジショニング戦略の考え方になじまない。社内の仕事の仕組み、顧客関係、企業DNAといったようなソフトな企業資産をどう生かすかという視点を持つことが重要である。左脳作業を中心とする市場ポジショニング戦略論と右脳作業を要請するケイパビリティ戦略論を統合する役割を担っているのが、FERサイクルのフレームワークであるという考え方もできる。

最近の日本企業を見ていると、過去の市場ポジショニング戦略を中心コンセプトとした「選択と集中」時代の反動からか、業績回復後は、自然にケイパビリティを重視する戦略展開に軸足が移りつつあるのを感じる。しかし、市場ポジショニング戦略か、それとも、ケイパビリティ戦略の追求かは、自社の業績が決めるのではない。むしろ自社のFERサイクルの位置、とりわけ自社の戦略テーマが決めるものである。先に述べた「成長のための縮小」においては、両戦略の同時追求が徹底して求められる。

たとえば、日東電工では、事業部を中心とする分権的な組織マネジメントと、全社R&Dや統合技術戦略会議などによるセンター部門のサポートをバランスする体制が、顧客のニーズに即応しつつ企業全体の技術力を高める事業活動を促進している。分権化の追求による個別事業の集中の追求と、部門横断での再定義の追求のバランスと解釈できるのではないだろうか。

◉──第六の成功法則：トップダウンで始め、ボトムアップで成功を狙え

言うまでもなく、コア事業の再定義は、トップダウンの推進力なしには成し得ない難事業である。否、再定義だけではない。ＦＥＲサイクルの中心をなす将来の自社の「あるべき姿」の定義を決め、ＦＥＲサイクルのあらゆるフェーズで自社の立ち位置を確認し、とるべき自社の戦略フェーズを決めると同時にフェーズに応じた改革ミッションを呈示することは、トップ・マネジメントの最重要ミッションである。これらはトップダウンでしか成し得ない。この重要な仕事をミドル任せにしてはならない。ＦＥＲサイクルに応じた戦略ミッションを社内に一貫性とバランスをもって浸透させ、ぶれない実行工程を担保するのは、トップだけにできる仕事である。

たとえばスルガ銀行では、岡野社長・岡野副社長の強いリーダーシップとアメリカのリテール銀行の視察を通じて策定した「あるべき姿」が、企業内に変革ＤＮＡとして構築され、社員に浸透する結果をもたらした。三井不動産では、「街作りを通じた社会貢献」という観点で、埋立事業開発からオープンシステムによる共同事業、さらには大規模都市開発といったさまざまな事業にチャレンジしてきたが、それは代々の社長が、自ら担当者時代に培った成功体験をもとに、過去の事業進出で培ったノウハウや資産を活用しながら積極的にリスクをとることによって、三〇〇年の伝統の中で培ってきた変革のＤＮＡを維持・向上させてきたものである。

しかし、トップダウンだけでは事業変革はうまくいかない。トップが方向性を示した上で、具体的な

事業の遂行においてトップはミドルにその多くを一任し、ミドルが現場でイニシアチブをとって進める、いわゆる「ミドルトップ・ダウン」が、日本企業が築き上げてきた成功モデルとなっている。ミドルがトップの方向性にただ従うだけでなく、自らが主役となって事業変革をやり遂げないと真の意味での事業変革が実現できない。前記の事例においても、事業変革の担い手は、ミドルである。事業変革のプロセス、それこそに夢と美を見出すミドルの存在抜きにして、その成功は語れない。

第七の成功法則：キーワードは「直視」「主体性」「情熱と無我の喜び」

事業再定義に成功した日本企業の事例、また、ベイン・アンド・カンパニーが支援したクライアント企業の成功事例を通じて痛感するのは、現実を直視し、主体性を発揮し、そして情熱を持ってあえて楽しく艱難辛苦《かんなんしんく》に取り組むという社員の姿勢であった。この三つのキーワードは、ベイン・アンド・カンパニーが社内において共有し、かつクライアント企業に対してコミットしている価値観でもあるが、これはコア事業再定義の遂行においても有効であると我々は信じている。

①「**直視（true north）**」：そもそものFERサイクルにおける自社の位置づけ、事業の再定義、「隠れた資産」の発見においても、現実を直視する視点は常に基礎になる。ファクトに裏づけられた分析により、自社のポジションを把握する。その上で外部の冷静な目をもって「隠れた資産」を発見しなければ、成功はおぼつかない。「隠れた資産」に基づく事業の再定義は、単なる不振事業の救済策や過去への回

帰とはまったく異なるものである。本書で提示したフレームワークに基づき、外部・顧客の視点を可能な限り活用しながら、正確に事業環境と自社の競争優位性を認識し、組織内の意見・雑音に惑わされることなく事実と客観的観察に基づく真の「隠れた資産」を見つけ出すことが重要である。ファクトや外部の目を軸に、現実をあるがままに見るという姿勢を、〝True North（真北：磁力の影響を受けた地球の北極点と真の北は違うという事実から、本当の進むべき方向性を意味して使っている）〟という言葉で象徴したい。直視＝True Northが成功の第一条件である。

②「主体的な変革姿勢（at cause）」：第六の成功法則でも述べたが、事業再定義の努力はトップダウンに始まり、ボトムアップで成功を達成する。そこでは、ミドルが主体的に変革のイニシアチブを握り実行することが成功の要件である。三井不動産やスルガ銀行の再定義の事例においても、幹部社員があたかも社長と同じようなオーナーシップを持って改革に取り組んでいる姿が見受けられる。ミドルがそれぞれの部門・機能において自分がオーナーであるかのように変革に取り組む姿勢が、継続的な変革DNAを組織に維持・定着させ、コア事業の再定義を成功に導く。表面に見える課題を発見して、それを口にするだけの評論家はいらない。課題を発見したならば、必ず、その原因（Cause）にさかのぼり、「どうしたら解決できるか」という主体的行動姿勢を表す言葉としてat causeという言葉を使う。

③「情熱（passion）と無我の喜び（fun）」：事業変革は全社的に多大なパワーを要する仕事である。一方、多くの企業における慣性として、現状を肯定し、そこにとどまろうとする意向が強いのも事実で

ある。しかし、現在の企業を取り巻く環境に鑑みると、多くの場合それは「座して死を待つ」ことにつながりかねない。改善のための改善ではなく、全社員が日々の事業活動の中で、あくまで将来にわたり追求すべき「あるべき姿」に従い、現状に満足せず改革を続けていこうという強い情熱を持つこと、そしてそのプロセスにおけるさまざまな困難を楽しむことこそが重要である。事例研究の取材を通じて、我々が強く感銘を受けたのは、社員の情熱であった。

最後にわが国を代表する企業のコア事業再定義の成功事例として、三井不動産およびスルガ銀行の二社を取り上げて紹介したい。

3　事例研究1：三井不動産

三井不動産は売上高で国内トップの不動産会社である。しかし、一九九八年に、岩沙弘道が社長に就任した時点では、同社の業績は伸び悩んでいた。九一年度以降、売上高は年率約二・八%のマイナス成長で、特に九一年度の売上げの三八%を占めていた分譲事業（戸建、マンション、宅地およびオフィスビル等の分譲）と二二%を占めていた完成工事事業（戸建・マンション・オフィスビル等の建築、港湾土木、宅地造成等の工事の請負）の売上高はそれぞれ年率八・六%、三・六%で減少していた。また、営業利益も減少を続け、特に分譲事業の営業利益は九一年度の五〇六億円から九五年度には五七億円に減少し、遂に九六年度とその翌年度は資産処分の影響もあり、赤字に転落していた。

三井不動産の業績が停滞する背景には、業界全体のパラダイム変化があった。八〇年代までは、不動産業の付加価値の主な源泉は資産（土地やビル）の所有であった。よい場所によい土地を持てば価値が上がる、長期所有で利益は拡大する、土地価格の上昇時に業界は発展するという考え方が主流であり、自社の保有資産が主要な収益源であった。しかし九〇年代に入りバブル経済が崩壊しパラダイムが転換すると土地は右肩上がりの土地神話から、資産を所有するだけでは付加価値を生み出さない時代となり、さらには資産の所有が価値を生み出すどころかリスクの源泉ともなりかねない状況となった。景気にかかわらず、不動産の付加価値の創造を可能とするビジネスモデルが必要とされていた。

三井不動産はコア事業を再定義し、高付加価値・ノンアセットビジネスに注力することでそれを成功させた。同社の時価総額は一九九七年末の約一兆円から二〇〇七年末の二兆一〇〇〇億円に増加し、売上高営業利益率は五・五％から一三・二％に上昇した。その過程で、三井不動産はノンアセットビジネスを主体とするマネジメント事業の拡大を進め、同事業は〇二年度以降の五年間で年率二〇％強の利益成長を実現している。

ではいったい同社はどのように復活したのであろうか。三井不動産の活用した「隠れた資産」とは何であったのだろうか。

◉再定義のために事業基盤を強固にする

岩沙社長就任後初の中期経営計画となる一九九八年度から三年間の計画では、成長戦略の大きな柱の一つとして、従来型の保有資産事業ではなく、資産保有を伴わずに収益を上げられる事業＝「ノンアセットビジネス」の創出および、ＲＯＡを機軸としたキャッシュフロー重視の経営が打ち出された。先行するアメリカ市場での不動産投資方法を勉強し、二〇〇一年には日本におけるＪ－ＲＥＩＴ（不動産投資信託）第一号である日本ビルファンド投資法人の上場にこぎつけるなど、不動産証券化を通じ投資家の資金供給を喚起したのも、この流れの一環である。

二〇〇〇年度から三年間の中期経営計画での成長戦略の柱は、引き続きノンアセットビジネスの伸長・強化であった。加えて顧客志向の経営、最適なバリューチェーンの構築、アセット収益率の向上、新たなビジネスモデルの構築の計五項目が戦略の柱とされ、一方でノンコア事業売却や不振事業からの撤退など、事業の「選択と集中」が実践された。

◉コア事業の再定義

そして、二〇〇三年、日本経済がいまだ株式市場の停滞、資産デフレ継続という厳しい状況に置かれる中、三井不動産は不動産に関わるソリューション＆サービスプロバイダーへの進化を目指すべく、グループ長期計画「チャレンジ・プラン二〇〇八」をスタートさせた。同社社長の岩沙弘道は次のように語っている。

（我々には）三つのお客様がいます。不動産を所有するオリジネーター、その開発に投資するインベスター、テナントなどのエンドユーザー。それぞれに対して、ソリューションとサービスを提供したい。

企業あるいは公的機関が所有する不動産をどうするのか、アセットコンサルから入る。本業には必要か手放すか。我々が開発するなら、企画、プロジェクトマネジメント、コンストラクションマネジメントという段階で進む。その過程では、インベスターたちを集める。

完成したら、貸すか、分譲か。その後も、エンドユーザーとインベスターにとって価値が落ちないようにプロパティマネジメントが必要になる。昔はいい土地にいいビルを建てればそれで終わり。だが、今は違う。そうして、それらすべての段階で報酬をいただくわけです。ソリューションビジネスと言い換えてもいい。[2]

チャレンジ・プランでは、まず「保有」「開発」「マネジメント」の三つの事業が同社のコア事業として再定義された。そして、これら三つのコア事業のバランスのとれた成長と、これらを組み合わせた「東京ミッドタウン」「日本橋」などの都市再生事業推進が同チャレンジ・プランの基本戦略とされた。

同社の事業は会計セグメント上七つに分類されているが、それらの事業を前記三つに括って、それぞれ定量目標が設定された。不動産投資や仲介・コンサルティング、管理受託などノンアセットビジネスを主体とするマネジメント事業には特に重きが置かれ、二〇〇二年度に営業利益二二一億円であった同事業の〇八年度目標として、一一〇%増の四六五億円が設定された。チャレンジ・プラン以前から同社が進めていたノンアセットビジネス展開の加速を図ったのである。

他方、都市再生事業推進に関しては、「東京ミッドタウン」の事例を挙げるのが適切であろう。保有・開発・マネジメントという三つのコア事業における同社のケイパビリティをすべて活用したハイブリッドなビジネスモデルをもとに、オリジネーター、インベスター、エンドユーザーという三つの顧客へそれぞれ付加価値を提供することに成功している。プロジェクト推進にあたり、三井不動産は不動産の所有にはこだわらず、機関投資家や共同開発企業との共同保有とし、プロジェクトマネジメントなどのマネジメント業務で顧客満足度を向上させる方針をとった。

結果として、三井不動産はコアビジネス(保有・開発・マネジメント)のバランスのとれた利益成長を実現した。チャレンジ・プラン四年目の二〇〇六年度で、すでに〇八年度の目標利益であった一六〇〇億円を達成、ROAも三・八%から五・五%に伸長した。特にノンアセットビジネスであるマネジメント事業では、J-REITやプライベートファンドの拡大、預かり資産の拡大によるフィー収益の伸長、またグループレベルで効率経営を追求した結果、〇三年度からの四年間で年率二〇%強の利益成長を実現した。

事業再定義戦略の成功要因：隠れた資産

では、三井不動産が分譲・賃貸を主体とした不動産業から、保有、開発、マネジメントの三つの事業を核とした「不動産のソリューション&サービスプロバイダー」へ事業転換する際に用いた隠れた資産は何であったのか。またそれらの資産はどのように蓄積されたのであろうか。

イノベーター文化：企業革新のＤＮＡ

一番の基礎となった資産は、同社の持つ、「時代を創ろう」という企業革新のＤＮＡであろう。イノベーター文化と言い換えることもできる。三井不動産には、ただ単に短期的に収益を稼げる事業よりも、世の中をよりよくする可能性のあるチャレンジングな事業を選ぶ企業文化があるという。六本木や日本橋の都市再生事業が推進されるのも、この企業文化によるところが大きい。「東京ミッドタウン」は、同社経営陣によって「六本木を起爆剤に東京を再び元気にする」というミッションが課されたプロジェクトであった。二一世紀の日本を代表する街を作りたい、二一世紀の新しい都市の理想像を世界に発信したいというイノベーターの気概が強く感じられる。

では、イノベーター文化は、どのように社内に蓄積されていったのか。実は、同社の歴代経営者自身が、イノベーターとして積極的に新規事業を手がけてきたのである。一九五五～七四年に社長を務めた江戸英雄は、不動産業者としては比較的土地所有が少なかった同社に「新たに土地を造る」という新しい発想を持ち込み、埋立事業にいち早く着手した。千葉県市原地区での埋立事業（一九六一年完工）のように、大消費地に近い海外線を埋め立て、工業地帯化した。これらの工業地帯については、一時は環境問題など負の遺産が取りざたされることもあったが、今振り返れば明らかに戦後日本の成長の原動力の一つであったといえる。江戸はまた、霞が関ビル（一九六八年完工）などの超高層ビル建設により「空に伸びる」不動産を実現、当時の日本人にとって新鮮であった「眺望に付加価値がある」という新しい考えを世の中に定着させた。そして、東京ディズニーランドの誘致（開園一九八三年）にも積極的に取り組んだ。江戸の後任として社長に就任した坪井東（一九七四〜八七年）は、中古住宅が将来一般的になるとの見込みのもと、三井のリハウスにフランチャイズシステムを日本で初めて導入（一九七七年導入）した。また、2×4（ツーバイフォー）工法の専業住宅会社、三井ホームを創業した。これらの事例は、同社の経営層のイノベーター精神を示す好例といえる。

同社の歴代経営陣はその根底に、「世界で最も魅力的な都市を創りたい」という強い意識・夢・挑戦する心を持っているという。そうした気概は、経営層だけでなく広く一般社員にまで行き渡り、同社の企業文化・DNAを形成している。経営陣の研修、社長と若手との対話など、同社では一年に数回、社員が経営トップと事業の方向性について直接議論できる機会が設けられている。また同社内には、何かやりたい事業があり、その実現に向けての努力、勉強、真摯さと覚悟が備わっていると判断されれば、若手であっても新規事業の推進を任せるような組織の柔軟性も備わっている。実際、前述の霞が関ビルの開発を推し進めたのは、当時若手社員であった田中順一郎（一九八七〜九八年社長就任）であったことからも、このことは明らかであろう。

●―――顧客からの信頼

第二の大きな隠れた資産として、三井不動産に対する顧客からの信頼が挙げられる。これまで同社が顧客とともに進めてきた事業展開の中で育まれた信頼である。二つの例で示そう。最初の例は、同社がさまざまな事業で導入してきた、顧客とともに事業を開発する、いわゆる「オープンシステム」によって蓄積された信用力である。一九八〇年に同社が始めたレッツ事業は、所有する土地の有効活用を地主とともに検討する事業であり、三井不動産は地主と共同でマンション・オフィスビルなどを開発した。その後このレッツ事業は一九八七年からの田中順一郎社長のもと、法人にまで拡大された。法人への拡大には当初社内に慎重な考えも存在したというが、これにより個々のビルを対象とした「点」での開発だけでなく、都心部の複合的な「面」開発などの大規模な開発が可能となった。大規模な「面」開発は同社の社会的信用力を上昇させ、同社は「単なる不動産屋から社会的開発業者として見なされるようになった」という。

別の例としては、同社の開発してきたオフィスビル・商業施設・住宅などの顧客基盤からの信頼が挙げられる。そもそも不動産業は、自らが投資・開発したスペースをエンドユーザーに長期間使ってもらうことを前提としており、顧客との関係は長期間のものとなる。また、同社はさまざまな用途の建物を開発・運営してきた実績があり、エンドユーザーのニーズ分析のもととなる多彩な顧客データを活用したマーケティング力、ネットワーク力を持っているのである。

準コア事業

第三の隠れた資産としては、チャレンジ・プランが策定される以前に、すでに三井不動産が進出していた準コア事業の存在が挙げられる。前述のとおり、同社はレッツ事業での共同事業を通じて、個人地主へのソリューションサービスを提供しノウハウを蓄積してきた。法人企業との共同事業では、「面」での都市開発もすでに行っていた。つまり、同社が行ったコア事業の再定義、すなわちソリューション&サービスプロバイダーへの進化は、すでに存在していたがコア事業に準ずるものとみなされていたこれらの事業をコアに据えることによって成功したとも捉えられる。準コア事業を通じて、同社にはすでにソリューションビジネスに必要なケイパビリティが蓄積されており、それらの反復可能な成功の方程式を活用することによって、コア事業の再定義が成功したのであろう。

止まらない企業成長の長期的イネーブラー（成功促進要素）

詳細は省くが、これまでの三井不動産の歴史を見てみると、同社を取り巻く事業環境が激変するたびに、同社は社内に隠れた資産を見つけ出し、それらをうまく活用して、コア事業をたびたび再定義・進化させてきている。ここで忘れてならないのが、同社の中に繰り返しコア事業の再定義・進化を促すドライバーが存在するということである。三井不動産をアンストッパブルにさせる長期的イネーブラーといってもよい。

このイネーブラーは二つの要素で構成されている。一つ目は、三井家の家祖、三井高利が現在の日本橋に呉服店「越後屋」を創業した一六七三年以来の、三井三三〇年の歴史がもとになった社会的信用である。たとえば、三井記念美術館に所蔵されている円山応挙の「雪松図屏風」に見られるように、三井家が以前から文化や芸術に投資していたこと、また、同家が江戸時代からしっかりとした複式の帳簿をつけるなど近代的な経営をしていたという事実、さらには、日本橋という同じ場所で三三〇年間事業を継続していることなどが、外国人投資家に対しても「問わず語り」に信用力を提示するという。また三井三三〇年の歴史は、社外だけでなく、社内でもその効果を発揮している。経営者たちは「三〇〇年の歴史を前にすると、客観的にならざるを得ない」という。このことが、リーダーの先見性・実行力を伸ばし、企業を常に成長させる原動力となるのである。

長期的イネーブラーのもう一つは、同社経営陣の持つ長期的なビジョンや夢である。同社のイノベーター文化のもととなり、かつイノベーター文化によって刺激を受け研ぎ澄まされたビジョンや夢である。同社上席主幹の多田宏行は次のように言う。

（同社の）歴代の経営者は、気持ちはいつも世界と戦っている。世界で最も魅力的な街を創りたいという高い志を持っている。それと同時に、三井三三〇年の伝統や社会的な信用という守るべきものもある。これらが車の両輪のようにうまく回っている。

◉――将来分野への取り組み

三井不動産は、「チャレンジ・プラン二〇〇八」で目標とした三つのコアビジネスの成長と財務基盤の強化を二年前倒しで達成し、都市再生への貢献でも大きな成果を収めた。同社はこれらの実績を踏まえ、〇七年度をスタートとする新たな長期経営計画「新チャレンジ・プラン二〇一六」を策定している。新チャレンジ・プラン二〇一六では、「二〇〇八」の方針を引き継ぎ、同社のあるべき姿として「不動産のソリューション・パートナー」を掲げている。成長戦略としては、それまでと同じ三つのコアビジネスのバランスのとれた成長と都市再生事業の推進に加え、将来分野への取り組みとして海外事業やリゾート事業への展開の可能性にも触れている。同社が今後さらにコア事業を進化させていく経緯は、注目に値するであろう。

4　事例研究2：スルガ銀行

スルガ銀行は静岡県および神奈川県に営業基盤を持つ銀行である。二〇〇七年秋には、ゆうちょ銀行が個人ローン事業における業務提携の協議・検討を開始した先として新聞を賑わした。独自のビジネスモデルを持つ同社の二〇〇六年度ＲＯＡ（業務純益ベース）は一・二八％と地銀平均（コア業務純益ベース）の〇・七一％を大きく上回り、〇七年一二月末のＰＥＲは一五・九％（銀行平均一三・五％）と株主からの評価も高い。

しかし同社が昔から好業績を上げていたわけではない。二〇年前には苦境にあえいでいた。実際、一九八五年三月期の決算発表時には、超保守的な経営により利ざやが低迷し、総資金利ざやが逆ざやになるほど収益力が低下していた。当時スルガ銀行は、営業基盤である静岡県や神奈川県にて、横浜銀行や静岡銀行といった同社の二～三倍の規模を持つ大手地銀と競合しており、地域の二番手銀行としての地位に甘んじていた。八〇年代以降は日本経済が低成長期に入り、企業融資の利ざやも低迷していた。八五年、現社長の岡野光喜が頭取（九八年より「社長」の呼称に変更）に就任した時点では、スルガ銀行の社内の雰囲気は、革新とはほど遠いものであった。岡野社長曰く「（頭取就任当時の）スルガ銀行は典型的な地方銀行だった。業界の常識から外れてはいけない、前例にないことをやってはいけないという風土で、社内には横浜銀行や静岡銀行に負けて当たり前という雰囲気が蔓延していた[3]」。

いったいスルガ銀行はどのように変革を成し遂げたのであろうか。スルガ銀行はコア事業をどのように再定義したのであろうか。同社が活用した隠れた資産とは何であったのだろうか。

●リテール銀行への移行

現在、スルガ銀行の貸出金のうち七〇％強が個人向けであり、同社はリテールバンキングで有名である。この個人顧客への集中方針が決められたのは二〇年以上も前のことであり、同社経営陣の先見性は称賛に値する。その方針は、横浜銀行や静岡銀行に対抗できる特色ある銀行になるための戦略として、新任の岡野頭取により決断された。当時の若手幹部候補生が中心となり、すでに特色ある銀行が隆盛していたアメリカ金融市場を勉強し、視察した。

スルガ銀行がリテールバンキングに進出することを決めた背景には、同社特有の事情だけでなく、日本の金融市場全体を取り巻く環境の変化もあった。一九八五年のプラザ合意、翌年の前川レポートなどにより、日本経済の方向性が従来の「輸出主導」型から「内需拡大」型へ転換すると予測されていた。個人消費の拡大が見込まれ、スルガ銀行のリテールバンキングへの転換を後押しした。

一九九〇年には行名表示を漢字からカタカナに変更。また流通系の与信ノウハウを有するクレディセゾンと提携し「フレンドプラン」という無担保無保証人、使途自由のローンを最高限度額三〇〇万円で始めた。リテールバンキングを推進するためである。岡野や若手幹部候補生を中心に意識改革を進めていった。しかしながら社内には抵抗も強く、意識改革が根づくには時間がかかった。バブル経済崩壊後の金融不況と相俟って、結果として九〇年代前半にかけても、同社の利益および株価はともに低迷を続けていた。

●──コア事業の再々定義：顧客密着型リテール銀行

同社は、一九九四年から、ＭＣＩＦ（マーケティング・カスタマーズ・インフォーメーション・ファイル。

顧客名寄せシステム）を導入し、顧客の特性、預金の種類、金額等に応じたダイレクトメールやテレフォン・マーケティングを打ち始めた。九六年にはクレディセゾンとの無担保ローンの提携の経験を生かし、独自の自動審査のシステムを開発、全社に導入した。九〇年代後半になると、MCIFにより地元の個人顧客取引から得られたさまざまな情報が同社社内に蓄積されるようになってきていた。

そこで、同社はコア事業をさらに進化させた。個人顧客を対象とする単なるリテールバンキングではなく、個人顧客の多種多様なニーズに対応した商品をカスタマイズして提供する「顧客密着型リテール銀行（コンシェルジュ・バンク）」へと進化させたのである。具体的には、顧客をセグメント分けし収益顧客に優先順位をつけた。また、セグメント別のニーズに合った独自の商品を開発・提供し、リスクに応じた金利を適用、さらに顧客に対するクロスセルを推進し収益性を高めたのである。

事業再定義戦略の成功要因：隠れた資産

では、スルガ銀行が単なるリテール銀行から「顧客密着型リテール銀行」へ事業転換する際に使った隠れた資産は何であったのか。それらの資産はどのように蓄積されたのであろうか。また、それらの資産をどのように活用したのであろうか。

◉――三つのCRMの導入により活用された顧客基盤

一九九八年、スルガ銀行は米国情報サービス大手EDSの日本法人と共同で、全顧客情報を一元的に管理する顧客情報管理システム（CRM：カスタマー・リレーションシップ・マネジメント）を開発し、翌年から本格稼働させた。欧米銀行以外でこのシステムを本格的に導入したのは同社が初めてであった。同システムは、銀行内で従来個別に構築してきた預金・融資、外為、コールセンター、リスク管理、マーケティング、営業店支援、収益分析などのシステムをすべて包含したもので、店頭での取引の経緯や電話での会話なども全社で履歴が共有された。CRMの導入は銀行内の情報共有を促進し、どの支店、オペレーターでも顧客特性に応じた臨機応変なセールスが可能となった。

翌年には、地銀初となるクレジットカードの銀行本体発行を開始した。銀行自体がクレジットカードを発行することで、各種販売チャネルとの提携による多様なカード利用機会の創出と相まって、詳細かつ精度の高い顧客属性や取引情報の入手が可能となった。

スルガ銀行はさらに、もう一つのCRM、いわゆるクレジット・リスク・マネジメントを確立した。これは顧客属性情報と与信情報をリンクさせることで、従来の経験と勘による与信審査から、統計的かつスピーディな与信審査への移行を可能としたのである。

すでに述べたように、スルガ銀行は九〇年代の半ばから、MCIFや自動審査システムを通じて、顧客の定性的属性・取引情報を蓄積し、このような顧客情報はすでに一二万件（二〇〇八年現在七三万件）

に達していた。リテール集中型の銀行になることを決めてから意識して積極的に集められた情報ではあったが、それらがシステマティックな形で営業活動や商品開発などに活用されているとはいえなかった。つまり、この地元顧客との取引基盤はＣＲＭというケイパビリティの導入によって初めて組織的に日の目を見た、同社の「隠れた資産」の一つであったといえよう。ＣＲＭについて「概念的に知っていることとデータで分かること。この二つは全然違った」と社長の岡野は振り返っている。

スルガ銀行はこれら二つのＣＲＭにコスト・リダクション・マネジメントを加え、三つのＣＲＭと呼んでいる（三つ目のＣＲＭについては後述する）が、これらＣＲＭの導入により、顧客を収益性によってセグメント分けすることが可能になった。各顧客は現場第一線に置かれたパソコンのスクリーン上で色別に仕分けて表示された。次に各顧客セグメントにあった商品のオファーリング（提供）とプライシング（金利の設定）も可能となった。同社副社長の岡野喜之助は、「確率論でのリスク管理と分析を通じ、従来の銀行が相手にしていなかった顧客層にも商品提供が可能となったことが大きい。一件一件個別に審査していく従来の銀行融資とはまったく異なる考え方なので伝統的な銀行の審査では取り組みにくいだろう」と語っている。

スルガ銀行では、顧客に関する定量・定性情報の蓄積を通じ、次第に、商品開発力、商品提案力、リスク分析力といった自社内のケイパビリティも蓄積されてきた。たとえば、ＣＲＭシステムはさらに進化・高度化され、商品開発用、エリア戦略用といった目的別に再分化された多次元の顧客セグメントを作成することが可能になった。二〇〇八年現在では、顧客セグメントは五一三の小分類に分けられ、それぞれに対する商品モデルとリスク分析が用意されている。また、住宅ローン商品は全部で三二種類、フリーローン商品は四八種類のモデルが構築されている。このような自社ケイパビリティの蓄積により、スルガ銀行は、他の銀行が融資を渋るような顧客層（たとえば、転職の多いシステムエンジニアや外資系企業社員、スポーツ選手、独身女性、居住用でなく投資目的でマンションを購入するサラリーマンなど）をターゲット顧客とすることが可能になっている。これらの顧客層は往々にして高収益な顧客セグメントであり、当該セグメントをターゲット顧客とすることで、スルガ銀行は住宅ローンの利ざやを上昇させることに成功している（二〇〇六年度に実行された住宅ローンのうち、三％以上の利率の案件数は五八・六％を占める）。総貸出金に占める個人ローン比率の増加と蓄積されたデータ分析に基づくプライシングモデルの活用により、預貸金利ざやは一・八六％と、地銀平均の〇・七％と比べて相当高いことからも、同社が顧客セグメンテーションを通じ高収益化に成功していることが見て取れるであろう。

◉周辺地域顧客へのアクセス

スルガ銀行のもう一つの隠れた資産は同社の立地のよさに関連している。静岡県と神奈川県という同社の営業基盤は、以前は大手地銀に挟まれた弱点として捉えられていたが、実は、地域拡大のベースとなる都市型顧客層にアクセス可能な強みと捉えることもできる。実際、岡野副社長も「さまざまなセグメント顧客を相手にできる首都圏に近接しているという〝地の利〟は、リテールバンキングを行う上で大きな追い風となった」と語っている。

先に述べたとおり、他行が融資を渋るような顧客層はスルガ銀行にとって重要なターゲット顧客層である。このような戦略が生み出された背景は、スルガ銀行の立地と深い関係がある。岡野副社長は、「藤沢・湘南近辺に都市型顧客（システムエンジニア、外資系社員、女性など）の基盤があったことが、商品開発（独自のセグメント分析に基づく商品設計・プライシング）面でも、首都圏進出を容易にした面でも大きかった」と語っている。

一九九九年、スルガ銀行は住宅ローン事業においても東京に進出し、現在では日本橋、渋谷など計六店舗を出店している。首都圏出店に伴い首都圏の住宅ローン顧客比率は大幅に増加し、二〇〇〇年度には住宅ローン全体の一割にすぎなかった首都圏の住宅ローン残高は、〇六年度には全体の四割近くにまで上昇している。

DNAの明文化

スルガ銀行の持つ隠れた資産として最後に挙げるのは、同社の持つ企業文化である。八〇年代半ばにリテールへの特化を決定したことでも明らかなように、同社には以前から他行との差別化、組織変革を目指すカルチャーが備わっている。いわば組織変革DNAとも呼べよう。

一九九九年一月、スルガ銀行は、「環境変化に適合するダイナミックな企業文化の形成」などを目的とする、「スルガ二一世紀の探検プロジェクト（Eプロジェクト：Eは「Expedition」の略）」をスタートさせた。また、スルガ銀行が百余年にわたって培ってきた考え方と次世代に引き継ぐべき遺伝子が、学際的な視点からの分析を経て、スルガ銀行の価値観「Ｏｕｒ Ｐｈｉｌｏｓｏｐｈｙ」として明文化された。Ｏｕｒ Ｐｈｉｌｏｓｏｐｈｙでは、企業思想（価値観）、企業理念（ミッション：使命、ターゲット：目標、スタイル：企業活動の姿勢）などが書かれている。また、ミッションとしては「ライフアンドビジネスコンシェルジュとして〈夢をかたちに〉する、〈夢に日付を〉いれるお手伝い」、スタイルとしては、「Ａｌｌ-Ｏｕｔ Ｑｕａｌｉｔｙ（一級による最良の探究）」「Ａｌｌ-ｏｕｔ Ｕｎｉｑｕｅｎｅｓｓ（「差」より「違い」の創造）」「Ａｌｌ-Ｏｕｔ Ｏｐｅｎｎｅｓｓ（親しさと自由闊達の享受）」と明記されている。

スルガ銀行は、これら組織変革ＤＮＡを明文化するだけでなく、組織に浸透させる仕組みをつくることによって全社への浸透に成功した。たとえば、価値観を共有し、一体化を促進する経営システムとして、「ラウンドアップシステム」を導入した。これは、スルガのＤＮＡを理解、共有するためのプログラムで、各階層（経営幹部、幹部社員、若手社員、新入社員）で主に合宿形式で行われる。たとえば二〇～三〇代の選抜された社員を対象に、年に一回、一泊二日の合宿形式で行われるＩＤ（アイデンティティ）キャンプなどがある。また、スルガの価値観を現場まで浸透すべく、経営品質活動を実践している。具体的には、プロセスやシステムが目的や本質にフィットしているのか、あるいは欠点・誤りや低効率、効果の上がらないやり方をしているところはないかを見つけるために、全社員がセルフアセスメントを実践、「考える経営」を全社員に促している。

これらの仕組みを通じ、スルガＤＮＡは全社へ浸透した。岡野副社長は「現場社員が経営者の視点で業務を行い、コミュニケーションができるようになった」と語っている。

◉――止まらない企業成長の長期的イネーブラー（成功促進要素）

スルガ銀行は、先行するアメリカ市場のベンチマーク、三つのＣＲＭ手法の導入、ビジョンや価値観の体系化を通じて、地元顧客基盤、周辺地域顧客へのアクセス、組織変革ＤＮＡといった隠れた資産を活用することにより、単なるリテール銀行から顧客密着型リテール銀行へとコア事業を再定義・進化させた。

それでは、なぜスルガ銀行はコア事業の再定義を図ったのか。もちろん大きな要因の一つとして、超保守的な経営により利ざやが低迷し、収益力の面での危機意識が強かったということはいえる。しかしそれだけの理由であれば、単なるリテール銀行として、大きな変革・成長なしに細々と存続するという選択肢もとれたであろう。同社が単なるリテール銀行としてではなく、ユニークな顧客密着型リテール銀行として成長する道を選んだ背景には、スルガ銀行が持つ長期的視野・視点が大きく影響を及ぼしていると考えられる。

たとえば、顧客密着型リテール銀行とは、実は八〇年代にすでに描かれた「将来のあるべき銀行の姿」の具現化である。当時、若手幹部候補生たちがアメリカの銀行を視察した際には、すでに顧客を何十ものセグメントに分け、各セグメントに対する商品ラインナップを整備するアメリカ地銀の例を目の当たりにし、それを将来の同社の「あるべき姿」と設定した。風土改革や意識改革に時間がかかっても、このあるべき姿が、目指すべき経営の方向性としてぶれることなく実行されたのが、同社の長期的視点・視野というものをよく表している。また、一五～二〇年先のスルガ銀行のあり方を視野に入れた議論が、一五～二〇年先の潜在的な経営者層（若手幹部候補生）の間でなされるという事実も、長期的視野・視点が社内に埋め込まれていることを反映している。実際、先に述べた「Eプロジェクト」では、長期的視点Ｏｕｒ Ｐｈｉｌｏｓｏｐｈｙに加え、二〇〇一～二〇一五年の一五年間の経営計画を「Ａｉｍ15プラン」として策定している。長期的な経営計画を社内で共有することにより、まさに営業の前線で働く若手社員にまで、長期的視野・視点が育成される。これが、スルガ銀行が永続的に企業価値を向上させるための原動力（ドライバー）となっているのであろう。

もう一つのドライバーとしては同社の持つＤＮＡ、中でも創業の精神と、組織変革ＤＮＡが挙げられよう。重複を避けるためにＤＮＡについてはここでは触れないが、創業の精神について簡単に触れる。スルガ銀行の創業の精神は、地域の困った人を助けたい、というものである。これが発展して明文化されたものが、二〇〇〇年に発表された「コンシェルジュ宣言」である。スルガ銀行は顧客の「人生やビジネスのさまざまなシーンにおいて、本当に頼りがいのある存在」である「コンシェルジュ」を目指すと宣言した（同社は「コンシェルジュバンク」を商標登録している）。銀行は主役ではなく脇役であり、スルガ銀行は人々の〈夢をかたちに〉する、〈夢に日付を〉いれるお手伝いをするのだという同社の精神（ミッション）は、さまざまな顧客セグメントに、それぞれの顧客ニーズに合った商品を提供するという顧客密着型リテール銀行への事業転換を促した大きな要因の一つであったといえよう。また、二〇〇七年にはこの同社のミッションである、人々の「夢」というテーマをコミュニケーションの中から探究する場、ｄ－ｌａｂｏ（夢研究所：dream laboratory）を開設するなど、ユニークな取組みにより、顧客密着型リテール銀行の進化に力を入れている。

しかしながら、このような長期的視点・視野、創業の精神だけでは、コア事業の再定義は成功しない。隠れた資産を見つけ、それを活用する方法を見つける必要がある。また、「成長のための縮小」という方法も、コア事業の再定義に有効なことが多い。実際、スルガ銀行の社内では、前述した二つのCRMに加え、三つ目のCRMとして「コスト・リダクション・マネジメント」（抜本的なコスト削減・効率化）が提唱され、対顧客業務以外の支店業務の徹底した本部集中化や、支店電話対応のコールセンターへの一括集約等を通じた抜本的なコスト削減・効率化が実施されたことも、決して忘れてはならないだろう。

将来分野への取り組み

スルガ銀行は、さまざまな隠れた資産を活用して顧客密着型リテール銀行への事業転換を成功させた。一九九八年末に約一六〇〇億円であったであった時価総額は二〇〇七年末には約二倍の三二〇〇億円にまで増加した。これは業界平均の二倍以上の伸びである。〇六年度のコア業務純益は三八二億円で過去最高を達成、ROEは九九年度の七・二%から、〇六年度には一三・四%に上昇した。

スルガ銀行はコア事業の再定義を通じて、顧客セグメンテーション能力、商品開発力、リスクマネジメント能力を育成させた。そして、これらの育成されたケイパビリティをもとに、自社による販売だけでなく、他業種・他行へのOEM供給も行っている。細分化された顧客セグメントに他社・他行が商品供給することを可能にする「イネーブラー銀行」といってもいいだろう。また他業種との連携も、スルガ銀行ではすでに一九九八年から実行されている。たとえば旅をテーマにしたＡＮＡ支店、女性をターゲットにしたソネット支店などがその代表例である。

そして二〇〇七年、ゆうちょ銀行との個人向けローン業務における業務提携へ向けた協議の合意発表された。これは、商品提供の範囲が全国区に広がるという点で、スルガ銀行にとって非常に大きな転換点となるであろう。スルガ銀行の既存顧客が、静岡県や神奈川県の地元顧客あるいは主に首都圏に住む都市型顧客であったことを考えると、全国ネットワークを持つゆうちょ銀行との提携は、同社にとって大きな成長をもたらす可能性を含んでいる。

スルガ銀行が、ゆうちょ銀行との提携やそれ以外にも今後もたらされるであろう事業環境の変化に際しどのように自行のコア事業を進化させていくのか、これからも注目に値すると思われる。

付録　分析手法

本書の内容は、多くの分析とアンケート調査から得られたデータに基づいている。これらの分析は、企業が自社事業の再定義を行うにあたり、以下の四つの点を理解することを目的としている。

- コア事業の再定義に向けた変革への道のりと、その発生頻度
- 事業再定義における各事業転換手法および選択肢における成功・失敗確率
- 意思決定段階と実行段階において障害となる要素
- 変革のペース

データと分析の主な出所、および分析手法の概略は以下のとおりである。

1　フォーチュン五〇〇社の分析

●目的　各企業（特にコア事業を一つしか持たない企業に注目した）の変化の程度を長期的な視点から評価し、さまざまな変革パターンごとの相対的な発生頻度を推定する。

●分析手法　アメリカ最大手の株式公開企業のうち上位五〇〇社（総売上高基準）を対象に、各社の状況を一九九五年から二〇〇四年まで追跡した。これらの企業のうち、何社が破綻し、また何社が他社に買収・合併されたかを調査した。買収は必ずしも否定的な出来事とはいえないが、企業の変化という観点から考えると、買収される側にとっては、買収が重大な構造変化であるのは事実と考え、買収をこの分析に含めている。次に、破綻および買収・合併に遭遇しなかった残りの会社のうち、五〇%の企業を対象として、一〇年前の状況と現在の状況に関してより詳細な調査を行った。各企業の変革の程度は、以下の三つの観点から測定した。

- 業績に大幅な変化が起こっているか
- 対象企業、そのコア事業、および企業の優位性の源泉に関して、重大な構造的変化があったか

●対象企業およびその戦略に対するアナリストの評価に、顕著な変化があったか

2　コア事業再定義のパターンの分析

●目的　企業変革のさまざまなパターンを、事例をもとに明らかにする。

●分析手法　一四〇社のサンプル企業を選び、その中からコングロマリット（二五社）を除外した。単一のコア事業を持つ企業、および同一業界内に関連性の深い複数のコア事業を持つ企業のみを対象とすることで、ポートフォリオ内の互いに無関係な多数の事業の入れ替えを取り除き、事業レベルでの変化を調査するためである。

次に我々は、長時間に及ぶディスカッションを何度も開催し各企業の再定義前と再定義後の変化を検討した。そして、各企業のデータを一つひとつ注意深く調査し、事業再定義のパターンを以下の三つのカテゴリーに分類した。

●一定の方向性を持って周辺事業領域に進出し、長期的にコア事業の拡張や変更を通じて実行された事業の再定義

●事業モデルの根本的な変更を通じて実行された事業の再定義（通常はコア顧客に対する事業モデルの変更を伴う）
●新しいコア事業の創造や、あるいは成功法則の活用による複数の新しいコア事業の創造を通じて実行された事業の再定義

3　ビッグバン型の大規模事業転換の分析

●目的　大規模かつ急激な事業転換策の特性と、その成功確率を明らかにする。

●分析手法　一九九五年から二〇〇二年までに刊行されたビジネス誌の中から、事業転換や事業の再定義を意味する言葉を含む記事を調査した。また、この調査を補うために、ベインに蓄積されている事例研究データベースの分析も行った。

最終的に、一五社を調査対象企業として選んだ。どの事業転換においても、大規模でかつ突発的に実行されているように見えるものを選択した。多くの場合、合併（例：ＡＯＬ／タイムワーナー）もしくはテーマに沿った一連の買収（例：コアの化学事業を捨ててバイオテクノロジー企業になろうとしたモンサントの試み）であった。

我々が、調査対象に選んだ企業は以下のとおりである。

- ●AT&T（通信と放送の融合戦略に基づく、ケーブル会社と無線通信会社の買収）
- ●コンパック・コンピュータ（サービス戦略、サービス事業獲得を意図した、ディジタル・イクイップメント・コーポレーションの買収）
- ●コンアグラ（穀物商社。ブランド商品に進出）
- ●ダイムラー・ベンツ（クライスラーの買収と、製品の変革【訳注：二〇〇七年八月にクライスラーを売却して、同年一〇月からダイムラー・アーゲーに社名変更】）
- ●ドイツポスト（ロジスティクスと宅配便サービスへの進出）
- ●ヒューレット・パッカード（コンパックとの合併）
- ●ICI（汎用品から特殊化学品への進出）
- ●ローラル・スペース・アンド・コミュニケーションズ（通信衛星メーカーから、通信への進出）
- ●LVMHモエ ヘネシー・ルイ ヴィトン（総合小売業への進出）
- ●マテル（ザ・ラーニング・カンパニー戦略【訳注：一九九九年にラーニング・カンパニー社を買収したが、赤字で二〇〇〇年に売却】）
- ●マッケソン（「医療情報技術会社のHBO」の買収、およびITへの進出）
- ●メルク（「薬剤給付管理会社のメドコ」の買収、および流通戦略【訳注：一九九三年に買収し、二〇〇三年にスピンオフ】）

●モンサント（バイオテクノロジー企業買収戦略）
●タイムワーナー（ＡＯＬとの合併）
●ウォルト・ディズニー（キャピタルシティーズ［放送ネットワークのＡＢＣ等を保有するメディア企業］の買収、および関連メディア事業の拡大）

各企業について、以下の研究・調査を行った。

●大規模な事業転換策の実行前後における長期間にわたる主要アナリストのコメントの調査
●対象企業の株価パフォーマンスの、同業他社、時系列、および株価指数との比較分析
●対象企業の業績の調査
●新聞・雑誌等に掲載されている対象企業の記事の再調査

前記の各側面について体系的に内容を整理し、企業業績、戦略の成否に対する評価、成否の主な要因の判断を行った。

大規模な事業転換策は、コア事業の再定義におけるより熟慮された手法、その中でも特に既存の隠れた資産を活用してフルポテンシャルを発揮させる手法と比較すると、その成功確率が大幅に劣ることが示された。ビッグバン型の事業転換策が成功する確率は一〇％に満たないことが判明した。

4　企業経営層に対するアンケート調査

●目的　企業経営層が、自社の成長に対してどのように考えどのようなことに関心を持っているのか、および利益を拡大させる持続的な成長への障害に対してどのように考えているのかを理解し、彼らが、自社にとってコア事業の根本的な変化がどれくらい必要だと感じているのかを探る。

●分析手法　ベイン・アンド・カンパニーがエコノミスト・インテリジェンス・ユニットと共同で行った二件の調査に基づいている。これらの調査は、『エコノミスト』オンライン・サービスを購読している企業経営層に対して実施された。一番目の調査である「二〇〇四年成長戦略調査」は、二〇〇四年一〇月に実施され、世界中の二五九人の企業経営層から回答を得ている。二番目の「二〇〇五年ケイパビリティ調査」は、二〇〇五年一一月に実施され、二四〇人の経営層の回答を得ている。どちらの調査においても、世界の主要な各経済地域――アジア、北米、ヨーロッパ――における回答者の割合が、回答全体の四分の一以上を占めており、地域的なバランスも十分に勘案されている。

5 『本業再強化の戦略』データベースの分析

●目的　ベインが実施している、「利益を拡大させる持続的成長に関する世界規模統計」を更新し、企業にとってコア事業の大幅な変革を余儀なくさせるような課題が発生している背景を理解するための情報として用いる。

●分析手法　ベイン・アンド・カンパニーは、Ｇ７諸国の八〇〇〇社を超える株式公開企業のデータベースとして管理している。これら企業のうち、売上高が五億ドルを超える上位二〇〇〇社の財務データを詳細に分析し、その結果の一部を本書に用いている。我々が用いたデータベースには、企業によって公開された財務情報だけでなく、資本コストの推計値と各国の物価変動率によって実情がより正確に示されるように調整されたデータも含まれている。

6　二五社の事例研究

●目的　さまざまなタイプのコア事業再定義の事例を検証することによって、意思決定、変革に向けた企業活動、変革手法、および教訓を詳細に調査する。これらの事例の多くは、まだ進行中である。今まさに起こっている事例と、当該企業の過去の歴史とのバランスをとることによって、各事例の初期的な成果を判断することを試みている。

●分析手法　業績、差別化要因、およびアナリストなど第三者による企業と戦略に関する評価、という三つの側面を参考にすることで、コア事業の大幅な変革を行った企業に関する広範なリストを作成した。リストに掲載されている企業の大部分は、ベインで各業界のプラクティスグループを率いている全パートナーに対し、それぞれの業界においてコア事業の再定義を行った企業の事例を挙げてもらい、それらをまとめあげることにより作成した。このような調査に加え、ベインのデータベースから興味深い企業のリストアップを行い、各地域のベインのオフィスの代表者に対して、その企業について詳細を問い合わせた。

これらの方法を使って八〇社のリストを作成し、業界（コンピュータから冷蔵庫まで）、地域（一一カ国にわたる）、および変革の種類（周辺領域、新しい顧客モデル、新しいケイパビリティ）のバランスを考慮して二五社を選んだ。変革が進行中の例と、すでに変革の結果がはっきり出ているもの双方がリストに含まれるようにした。各企業が採用した変革手法、アナリストの評価、業績、および社史に関する調査を行った。さらに、二一社について面談または企業訪問を行った。多くの事例対象企業に対して、その変革活動に直接関わった経営層と数回にわたるインタビューを行うことができた。たとえば、アメリカン・エキスプレスの調査では、同社ＣＥＯのケン・シュノールトと二回インタビューを行った。いくつかの事例でインタビューを行わなかったのは、それらの企業の戦略がいまだ現在進行中であり、インタビュー以外にも非常に多くの資料が利用できたからである。以下に、調査対象とした二五社のリストを示した。直接訪問およびインタビューを実施した企業には星印をつけている。

アメリカン・エキスプレス＊
アップル＊
オートデスク＊
エイビス＊
ボストン・サイエンティフィック
ブランズウィック＊
デビアス＊
デル＊

ドメティック＊
GUS＊
ハーマンインターナショナル＊
ハイペリオン・ソリューションズ＊
IBM
リー&フォン＊
マーベル・エンターテインメント
ナイキ＊
ノボザイムズ＊
パーキンエルマー／アプレラ＊
PSAコーポレーション＊
プロクター・アンド・ギャンブル＊
ロシュ
ロイヤル・ヴォパック＊
サムスン＊
TACA＊
テスコ＊

3. 著者によるスティーン・リスゴーへのインタビュー。2005年2月14日、デンマーク、コペンハーゲンにて。
4. 著者によるマイク・キーホーへのインタビュー。2005年6月20日、シンシナティにて。
5. J. P. Morgan, Apple Computer, Inc, iPod Economics, November 16, 2004, 6-7.
6. Peter Fuhrman, "No Need for Valium," *Forbes*, January 31, 1994, 84.

第7章

1. 山本真司著『会社を変える戦略』講談社現代新書、2003年
2. 『週刊ダイヤモンド』2003年7月11日号
3. 『日経ビジネス』2003年10月20日号

3. ホワイトへのインタビュー、2005年。
4. 著者によるスヴェン・ストルクへのインタビュー。2005年9月20日、スウェーデン、ソルナにて。
5. Louis V. Gerstner, Jr., *Who Says Elephants Can't Dance: Inside IBM's Historic Turnaround* (New York: HarperBusiness, 2002), 129.(邦訳『巨象も踊る』山岡洋一、高遠裕子訳、日本経済新聞社、2002年、176頁)
6. Isaac Wolfson, *Great Universal Stores: 25 Years of Progress, 1932-1957* (London: Universal House, 1957).
7. 著者によるジョン・ピースへのインタビュー。2005年6月29日、ロンドンにて。
8. Noreen O'Leary, "Return of the Shadow," *Chief Executive*, May 1, 1999, 26.
9. Henry Chesbrough, *Open Innovation* (Boston: Harvard Business School Press, 2003).(邦訳『OPEN INNOVATION――ハーバード流イノベーション戦略のすべて』大前恵一朗訳、産業能率大学出版部、2004年)

第4章

1. 著者によるシドニー・ハーマン博士へのインタビュー。2005年1月31日、ワシントンDCにて。
2. "The Autodesk File: Bits of History, Words of Experience," www.fourmilab.ch.
3. ジョン・ウォーカー氏が、1986年3月2日にインフォコープのシルバラード会議で行った講演。出典は www.fourmilab.ch/autofile.
4. Gene G. Marcial, "Inside Wall Street: A High-Tech Issue That May Not Fly," *BusinessWeek*, July 8, 1985, 85.
5. David Lieberman, "Hot Growth Companies: There Are 100 Winners――And As Many Reasons for Their Success," *BusinessWeek*, May 25, 1987, 82.
6. 著者によるカール・バスへのインタビュー。2006年5月20日、カリフォルニア州サンラフェルにて。
7. Fred Reichheld, *The Ultimate Question: Driving Good Profits and True Growth* (Boston: Harvard Business School Publishing, 2006).(邦訳『顧客ロイヤルティを知る「究極の質問」』堀新太郎監訳、鈴木泰雄訳、ランダムハウス講談社、2006年)
8. 著者によるジェフリー・ローデックへのインタビュー。2006年5月3日、カリフォルニア州サンタクララにて。
9. 著者によるケン・シュノールトへのインタビュー。2005年5月24日、ニューヨークにて。
10. Darrel Rigby and Chris Zook, "Open-Market Innovation," *Harvard Business Review*, October 2002, 80-89.(邦訳「オープンマーケット・イノベーション」『DIAMONDハーバード・ビジネス・レビュー』2003年5月号135-146頁)
11. Constantinos C. Markides and Paul A. Geroski, *Fast Second: How Smart Companies Bypass Radical Innovation to Enter and Dominate New Markets* (San Francisco: Jossey-Bass, 2004).
12. Ted Pincus, "Buckley Transforming Brunswick a Third Time," *Chicago Sun-Times*, July 29, 2003, 50.
13. 著者によるジョージ・バックレーへのインタビュー。2005年1月23日、シカゴにて。

第5章

1. 著者によるイアン・マクローリンへのインタビュー。2005年1月23日、ロンドンにて。
2. Gary Hamel and C. K. Prahalad, *Competing for the Future* (Boston: Harvard Business School Press, 1994), 203-204.(邦訳『コア・コンピタンス経営』一條和生訳、日経ビジネス文庫、2002年、323頁)

◉——————注

第1章

1. "DeBeers History, 1900-1940," www.debeersgroup.com.
2. "Diamonds: Crystal Clear?" *Economist*, July 15, 2000.
3. 著者によるガレス・ペニーへのインタビュー。2005年10月18日、ロンドンにて。
4. "The Big Leap," *Economist*, January 15, 2000.
5. コア事業から新しく進出する事業への距離は、企業が成長の源泉を求めて行う周辺領域への進出策の成功率を左右する。この距離を測る1つの方法が、5つの観点——顧客は同様か新しいか（完全に新しい場合は1段階）、流通チャネルは同様か新しいか、共用できるインフラの量、重要なコア資産（ブランドや技術）を共同で使うか、競合企業は同じか——に沿って、進出する事業が、コア事業から何段階離れているかを測定することである。大体1.5段階以上離れると、その成功率は加速度的に下落し始める。この事実は、新事業がコアから離れるにしたがって、企業にとって複雑さを増し知識不足の問題が大きくなることを示していると思われる。

第2章

1. Geoffrey Colvin, "Managing in Chaos," *Fortune*, October 2, 2006, 76-82.
2. William T. O'Hara, *Centuries of Success: Lessons from the World's Most Enduring Family Business*（Avon, MA: Adams Media, 2004）.
3. Chris Zook, *Beyond the Core*（Boston: Harvard Business School Press, 2003）.
4. Orit Gadiesh and James L. Gilbert, "Profit Pools: A Fresh Look at Strategy" および "How to Map Your Industry's Profit Pool," *Harvard Business Review*, May-June 1998, 139-147 and 149-162.（邦訳『事業再構築への収益構造分析：プロフィット・プール」および「プロフィット・プール・マップによる戦略発想』『DIAMONDハーバード・ビジネス・レビュー』1998年11月号124–134頁および138–148頁。[DIAMONDハーバード・ビジネス・レビュー編集部編『ビジネスモデル戦略論』、ダイヤモンド社、2006年刊に再録]）。
5. Gary Hamel and C. K. Prahalad, *Competing for the Future*（Boston: Harvard Business School Press, 1994), 4.（邦訳『コア・コンピタンス経営』一條和生訳、日経ビジネス文庫、2002年［初訳は1995年］、11頁）
6. 著者によるボブ・サレルノへのインタビュー。2005年6月16日、ニュージャージー州パーシッパニーにて。
7. サレルノへのインタビュー。
8. サレルノへのインタビュー。
9. NET PROMOTERはサトメトリックス・システムズ、ベイン・アンド・カンパニー、およびフレッド・ライクヘルドの登録商標である。
10. 李会長、「社員との対話」、1998年3月22日。

第3章

1. Thomas P. Fahy, *Richard Scott Perkin and the Perkin-Elmer Corporation*（Norwalk, CT: Perkin-Elmer Print Shop, 1987）.
2. 著者によるトニー・ホワイトへのインタビュー。2005年2月22日、アトランタにて。

［訳者紹介］

山本真司（やまもと・しんじ）

ベイン・アンド・カンパニー・ジャパン・インコーポレイテッド　パートナーであり、戦略および金融プラクティスの日本におけるリーダーを務めている。慶應義塾大学経済学部卒業後、東京銀行に入行。1987年、シカゴ大学経営大学院修士課程を成績優秀者（MBA with Honors、全米成績優秀者協会会員）として修了。その後ボストン・コンサルティング・グループ、A.T.カーニー極東アジア共同代表等を経て、2005年にベインに参画。2006年１月、代表パートナー就任を経て、現職。通算16年のコンサルティング経験を通じて、金融、商社、消費財、プライベートエクイティはじめ多数の業種で戦略策定、M&A、ターンアラウンド、実行支援に数多くの経験を有する。『会社を変える戦略』（講談社現代新書）、『儲かる銀行をつくる』（東洋経済新報社）、『40歳からの仕事術』（新潮新書）等をはじめとする著書多数。慶應義塾大学大学院、早稲田大学大学院非常勤講師。

牧岡　宏（まきおか・ひろし）

ベイン・アンド・カンパニー・ジャパン・インコーポレイテッド　パートナーであり、組織プラクティスの日本におけるリーダーを務めている。東京大学工学部卒業後、丸紅に入社。1992年、マサチューセッツ工科大学スローンスクール経営科学博士課程修了。1998年にベインに参画。ヘルスケア、エネルギー分野、クレジットカード、アパレル、プライベートエクイティ等、幅広い業種で、全社・事業部戦略、企業再建、組織改革、コスト改革、M&A、PMI等のテーマを手がけている。

［協力者紹介］

本書の出版のために協力してくれたベイン・アンド・カンパニー東京事務所の同僚たち、「アンストッパブル・チーム」に感謝する。当チームのリーダーであるマネージャーの橘高友也、コンサルタントの五十嵐みゆきの両名が、平石美幸、山口剛史を中心とする同東京事務所の多数のコンサルタントとともに具体的な翻訳作業と事例取材を担当した。

［ベイン・アンド・カンパニーについて］

1973年に設立。世界25ヵ国に38拠点のネットワーク、約4300名を擁する世界有数の戦略コンサルティングファーム。クライアントとの共同プロジェクトを通じた結果主義へのこだわりをコンサルティングの信条としており、結果主義の実現のために高度なプロフェッショナリズムを追求するのみならず、きわめて緊密なグローバル・チームワーク・カルチャーを特徴としている。1981年に設立された東京事務所も100名を越える陣容で、国内およびグローバル企業の最重要経営課題の解決と結果の実現のために邁進している。収益のフルポテンシャル、事業再建、M&A戦略、プライベートエクイティ等の分野で高いシェアを有している。なお、同社は米国コンサルティングマガジン誌の「働きたいコンサルティングファーム（Best Firms to Work for）ランキング」で第１位にランクインしている（2003年、2004年、2006年、2007年）。

[著者紹介]
クリス・ズック（Cris Zook）
ベイン・アンド・カンパニーのパートナーであり、同社のグローバル戦略プラクティスチームのリーダーを務めている。ベインにおける20年を超えるキャリアを通じて、多様な業界において、利益を拡大させる持続可能な成長の新しい源泉を追求する企業を専門として研究してきた。主な著書に、*Profit from the Core*（Harvard Business School Press, 2001、邦訳『本業再強化の戦略』、日経BP社）、*Beyond the Core*（Harvard Business School Press, 2004）がある。本書を含めたこれら3冊は、ベイン・アンド・カンパニーが1990年に始めた、世界中の何千という企業を対象とした成長戦略調査に基づいている。この調査結果は毎年追加され、あらゆる業種の何百という優良企業に採用され、活用されてきた。著書以外にも、多様のビジネス誌にも寄稿しているほか、ダボスの世界経済フォーラムなどの経済会議でも頻繁に講演を行っている。ウィリアムズ・カレッジから学士号、オックスフォード大学のエクセター・カレッジから経済学修士号、またハーバード大学から公共政策学修士号と博士号を取得。

コア事業進化論
――成長が終わらない企業の条件――

2008年4月10日　第1刷発行

著　者――クリス・ズック
訳　者――山本真司、牧岡　宏
発行所――ダイヤモンド社
〒150-8409　東京都渋谷区神宮前6-12-17
http://www.diamond.co.jp/
電話／03･5778･7234（編集）　03･5778･7240（販売）
装丁――――竹内雄二
製作進行――ダイヤモンド・グラフィック社
印刷――――八光印刷（本文）・慶昌堂印刷（カバー）
製本――――ブックアート
編集担当――岩佐文夫

ISBN 978-4-478-00444-9